探寻经典国学里的智慧源泉

庄子·老子

［战国］庄周／著　　［春秋］李耳／著

吉林大学出版社

图书在版编目（CIP）数据

庄子 /(战国) 庄周著. 老子 /(春秋) 李耳著. --
长春 : 吉林大学出版社, 2011.1
　ISBN 978-7-5601-6913-2

　　Ⅰ.①庄… ②老… Ⅱ.①庄… ②李… Ⅲ.①道家
Ⅳ.①B223

中国版本图书馆CIP数据核字(2010)第260870号

书　　　名：庄子　老子

作　　　者：（战国）庄周　著，（春秋）李耳　著
责任编辑：蔡玉奎
责任校对：赵　莹
封面设计：宋双成
出版发行：吉林大学出版社
社　　　址：长春市人民大街4059号
邮　　　编：130021
发行电话：0431-89580028/29
网　　　址：http://jldxcbs.com
E-mail：jlup@mail.jlu.edu.cn
印　　　刷：唐山玺鸣印务有限公司
开　　　本：670毫米×960毫米　1/16
印　　　张：16
字　　　数：255千字
版　　　次：2011年1月　第1版
印　　　次：2022年3月　第2次印刷
书　　　号：ISBN 978-7-5601-6913-2
定　　　价：58.00元

国学
经典
阅读

前言

　　《老子》又名《道德经》，是道家的主要经典著作之一，作者李耳，字伯阳，又称老聃，楚国苦县（今河南鹿邑县）人，是我国古代最伟大的哲学家和思想家之一，被道教尊为教祖，世界文化名人。后人称其为"老子"，曾在周国都洛邑任藏室史（相当于国家图书馆馆长），老子去世后葬于距此八公里的西楼观，现存老子墓。

　　老子在函谷关前著有五千言的《老子》一书，又名《道德经》或《道德真经》。《道德经》《易经》和《论语》被认为是对中国人影响最深远的三部思想巨著。《道德经》分为上下两册，共81章，前37章为上篇"道经"，第38章以下属下篇"德经"，全书的思想结构是：道是德的"体"，德是道的"用"。上下共五千字左右。《道德经》是后来的称谓，最初该书称为《老子》，而无《道德经》之名。其成书年代过去多有争论，至今仍无法确定。

　　通观《老子》全文，五千言全用韵文写成，多有对偶，以古音读之，大致和韵，今音读来亦有诗歌之节奏韵味。细细品读，不得不感叹其文字简约而意境深远。

　　《庄子》又称《南华经》，被誉为先秦最有文采的哲学著作。作者庄子，庄氏，名周，字子休（一说子沐），楚庄王之后。著名的思想家、哲学家、文学家，是道家学派的代表人物，老子哲学思想的继承者和发展者，先秦庄子学派的创始人。庄子曾做过漆园吏，生活贫穷困顿，却鄙弃荣华富贵、权势名利，力图在乱世保持独立的人格，追求逍遥无恃的精神自由。对于庄子在中国文学史和思想史上的重要贡献，封建帝王尤为重视，在唐开元二十五年（737）庄子被诏号为"南华真人"，《庄子》一书也被称为《南华真经》。其文章具有浓厚的浪漫主义色彩，对后世文学有很大影响。

　　《庄子》分"内篇""外篇""杂篇"三个部分，一般认为"内篇"肯定是庄子所写的,"外篇"一般认为是庄子的弟子们所写,或者说是庄子与他的弟子一起合作写成的,它反映的是庄子真实的思想;"杂篇"的情形就要复杂些,应当是庄子学派或者后来的学者所写。庄子看起来是一个愤世嫉俗的人,他生活在战国时期,与梁惠王、齐宣王同时,比孟轲的年龄稍小,生活很穷困,却不接受楚威王的重金聘请,是一位非常廉洁、正直,相当有棱角和锋芒的人。虽然他一生淡泊名利,主张修身养性、清静无为,但他的内心深处却充满着对当时世态的悲愤与绝望。正因为世道污浊,所以他才退隐;正因为有黄雀在后的经历,所以他才与世无争;正因为人生有太多不自由,所以他才强调率性。庄子是以率性而凸显其特立的人格魅力的。正因为爱得热烈,所以他才恨得彻底,他认为做官会戕害人的自然本性,不如在贫贱生活中自得其乐,其实就是对现实情形过于黑暗污浊的一种强烈的觉醒与反弹。庄子主张精神上的逍遥自在,所以在形体上,他也试图达到一种不需要依赖外力而能成就的一种逍遥自在境界;庄子主张宇宙中的万事万物都具有平等的性质,人融入于万物之中,从而与宇宙相终始;庄子提倡护养生命的主宰,即人的精神是要顺从自然的法则,要安时而处顺;庄子要求重视内在德性的修养,德性充足,生命自然流注出一种自足的精神的力量。

庄子的学说涵盖了当时社会生活的方方面面,但根本精神还是皈依于老子的哲学,后世将他与老子并称为"老庄",他们的哲学为"老庄哲学"。本书将《老子》和《庄子》编辑在一起,让读者在阅读的同时,感受到先秦道家思想的传承和沿袭。

本书在编写过程中借鉴了很多知名人士的优秀作品及资料,在此给予衷心的感谢。受编者水平所限,书中难免有疏漏之处,恳请广大读者朋友和专家指正。

目录

庄　子

老 子

国学 经典 阅读

庄 子

逍遥游

"逍遥"也写作"消摇",意思是悠然自得的样子;"逍遥游"就是没有任何束缚、自由自在地活动。全文可分为三个部分,第一部分至"圣人无名",是本篇的主体,以对比许多不能"逍遥"的例子说明,要真正达到自由自在的境界,必须"无己""无功""无名"。第二部分至"窅然丧其天下焉",紧承上一部分进一步阐述,说明"无己"是摆脱各种束缚和依凭的唯一途径,只要真正做到忘掉自己、忘掉一切,就能达到逍遥的境界,也只有"无己"的人才是精神境界最高的人。余下为第三部分,论述什么是真正的有用和无用,说明不能为物所滞,要把无用当作有用,进一步表达了反对积极投身社会活动,志在不受任何拘束,追求悠然自得的生活旨趣。本篇是《庄子》的代表篇目之一,充满奇特的想象和浪漫的色彩,在说理于寓言和生动的比喻中,形成独特的风格。"逍遥游"也是庄子哲学思想的一个重要方面。全篇一再阐述无所依凭的主张,追求精神世界的绝对自由。在庄子的眼里,客观现实中的一事一物,包括人类本身都是对立而又相互依存的,这就没有绝对的自由,要想无所依凭就得无己。因而他希望一切顺乎自然,超脱于现实,否定人在社会生活中的一切作用,把人类的生活与万物的生存混为一体;提倡不滞于物,追求无条件的精神自由。

原文

北冥有鱼①,其名曰鲲②。鲲之大,不知其几千里也;化而为鸟,其名为鹏③。鹏之背,不知其几千里也;怒而飞④,其翼若垂天之云⑤。是鸟也,海运则将徙于南冥⑥。南冥者,天池也⑦。齐谐者⑧,志怪者也⑨。谐之言曰："鹏之徙于南冥也，水击三千里⑩，抟扶摇而上者九万里⑪，去以六月息者也⑫。"野马也⑬，尘埃也⑭，生物之以息相吹也⑮。天之苍苍，其正色邪？其远而无所至极邪⑯？其视下也，亦若是则已矣。且夫水之积也不厚，则其负大舟也无力。覆杯水于坳堂之上⑰，则芥为之舟⑱；置杯焉则胶，水浅而舟大也。风之积也不厚，则其负大翼也无力，故九万里则风斯在下矣⑲。而后乃今培风⑳，背负青天而莫之夭阏者㉑，而后乃今将图南。蜩与学鸠笑之曰㉒："我决起而飞㉓，抢榆枋㉔而止，时则不至，而控于地而已矣㉕；奚以之九万里而南为㉖？"适莽苍者㉗，三飡而反㉘，腹犹果然㉙；适百里者，宿舂粮㉚；适千里者，三月聚粮。之二虫又何知㉛？小知不及大知㉜，小年不及大年。奚以知其然也？朝菌不知晦朔㉝，蟪蛄不知春秋㉞，此小年也。楚之南有冥灵者㉟，以五百岁为春，五百岁为秋；上古有大椿者，以八千岁为春，八千岁为秋。而彭祖乃今以久特闻，众人匹之，不亦悲乎？

汤之问棘也是已："穷发之北有冥海者㊱，天池也。有鱼焉，其广数千里，未有知其修者㊲，其名曰鲲。有鸟焉，其名为鹏，背若太山，翼若垂天之云；抟扶摇、羊角而上者九万里㊳，绝云气㊴，负青天，然后图南，且适南冥也。斥鴳笑之曰㊵：'彼且奚适也？我腾跃而上，不过数仞而下，翱翔蓬蒿之间，此亦飞之至也㊶。而彼且奚适也？'"此小大之辩也㊷。

故夫知效一官、行比一乡㊸、德合一君、而徵一国者㊹，其自视也亦若此矣。而宋荣子犹然笑之。且举世而誉之而不加劝㊺，举世而非之而不加沮，定乎内外之分，辩乎荣辱之境，斯已矣。彼其于世，未数数然也㊻。虽然，犹有未树也。夫列子御风而行，泠然善也㊼，旬有五日而后反。彼于致福者㊽，未数数然也。此虽免乎行，犹有所待者也㊾。若夫乘天地之正，而御六气之辩，以游无穷者，彼且恶乎待哉㊿？故曰：至人无己[51]，神人无功，圣人无名。

注释

①冥：亦作溟，海之意。"北冥"，就是北方的大海。下文的"南冥"意思相同。传说北海无边无际，水深而黑。

②鲲（kūn）：本指鱼卵，这里借指大鱼之名。

③鹏：本为古"凤"字，这里用指大鸟之名。

④怒：奋起，通"努"。

⑤垂：边远，通"陲"。一说遮，遮天。

⑥海运：海水运动，这里指汹涌的海涛。一说指鹏鸟借着海的力量在海面飞行。徙：迁移。

⑦天池：天然的大池。

⑧齐谐：书名。一说人名。

⑨志：记载。

⑩击：拍打，这里指鹏鸟奋飞而起双翼拍打水面。

⑪抟（tuán）：环绕而上。一说"抟"当作"搏"，拍击的意思。扶摇：又名叫飙，由地面急剧盘旋而上的暴风。

⑫去：离，这里指离开北海。息：停歇。

⑬野马：春天林泽中的雾气。雾气浮动状如奔马，故名"野马"。

⑭尘埃：扬在空中的土叫"尘"，细碎的尘粒叫"埃"。

⑮生物：概指各种有生命的东西。息：这里指有生命的东西呼吸所产生的气息。

⑯极：尽。

⑰覆：倾倒。坳（ào）：坑四处，"坳堂"指屋前的低凹处。

⑱芥：小草。

⑲斯：则，就。

⑳而后乃今：倒装句"今而后乃"，相当于"这时……然后才"。培：通"凭"，凭借。

㉑莫：这里作没有什么力量讲。天阏（è）：又写作"天遏"，意思是遏阻、阻碍。"莫之天阏"即"莫天阏之"的倒装。

㉒蜩（tiáo）：蝉。学鸠：一种小灰雀，这里泛指小鸟。

㉓决（xuè）：同"趹"，迅疾的样子。

㉔抢（qiāng）：碰到，撞倒。榆枋：树名。榆，榆树。枋，檀木。

㉕控：投下，落下来。

㉖奚以：何以。之：去到。为：句末疑问语气词。

㉗适：往，去到。莽苍：形容景色迷茫的郊野。

㉘飧（cān）：同餐。反：返回。

㉙犹：还。果然：饱的样子。

㉚宿：这里指一夜。

㉛之：代词，这。二虫：指蜩与学鸠。

㉜知（zhì）：通"智"，智慧。

㉝朝：清晨。晦朔：农历每月的最后一天和最初一天。一说"晦"指黑夜，"朔"指清晨。

㉞蟪蛄（huìgū）：即寒蝉，春生夏死或夏生秋死。

㉟冥灵：传说中的大龟，一说树名。

㊱穷发：不长草木的地方。

㊲修：长。

㊳羊角：旋风，回旋向上如羊角状。

㊴绝：穿过。

㊵斥鴳（yàn）：一种小鸟。

㊶至：极点。

㊷辩：通"辨"，辨别、区分的意思。

㊸行（xìng）：品行。

㊹而：通"能"，能力。徵：取信。

㊺举：全。劝：劝勉，努力。

㊻数数（shuò）然：急急忙忙的样子。

㊼泠（líng）然：轻盈美好的样子。

㊽致：罗致，这里有寻求的意思。

㊾待：凭借，依靠。

㊿恶（wū）：何，什么。

51至人：这里指道德修养最高尚的人。无己：清除外物与自我的界限，达到忘掉自己的境界。

译文

北方的大海里有一条鱼，它的名字叫作鲲。鲲的体积，真不知道大到几千里。变化成为鸟，它的名字就叫鹏。鹏的脊背，真不知道长到几千里；当它奋起而飞的时候，那展开的双翅就像天边的云。这只鹏鸟呀，随着海上汹涌的波涛迁徙到南方的大海。南方的大海是个天然的大池。《齐谐》是一部专门记载怪异事情的书，这本书上记载说："鹏鸟迁徙到南方的大海，翅膀拍击水面激起三千里的波涛，海面上急骤的狂风盘旋而上，直冲九万里高空，离开北方的大海飞行了六个月的时间方才停歇下来。"春日林泽原野上蒸腾浮动犹如野马奔腾的雾气，低空里沸沸扬扬的尘埃，都是大自然里各种生物的气息吹拂所致。天空是那么湛蓝湛蓝的，难道这就是它真正的颜色吗？抑或是高旷辽远没法看到它的尽头呢？鹏鸟在高空往下看，不过也就像这个样子罢了。如果水聚集不深，它浮载大船就没有力量。倒杯水在屋前的低洼处，那么小小的芥草也可以被当作船；而搁置杯子就粘住不动了，因为水太浅而船太大了。如果风聚积的力量不强大，它托负巨大的翅膀就力量不够。所以，鹏鸟高飞九万里，狂风就在它的身下，然后才凭借风力飞行，背负青天而没有什么力量能够阻挡它了，然后才开始朝南方飞去。寒蝉与小灰雀讥笑它说："我从地面急速起飞，碰着榆树和檀树的树枝就停下来，还常常飞不到树枝的高度而落在地上，为什么要到九万里的高空而向南飞呢？"到景色迷茫的郊野去，带上三餐就可以往返，肚子还是饱饱的；到百里之外去，要用一整夜时间准备干粮；到千里之外去，三个月以前就要准备粮食。寒蝉和灰雀这两个小东西懂得什么！小聪明赶不上大智慧，寿命短比不上寿命长。怎么知道是这样的呢？清晨的菌类不会懂得什么是晦朔，寒蝉也不会懂得什么是春秋，这就是短寿。楚国南边有叫冥灵的大龟，它把五百年当作春，把五百年当作秋；上古有叫大椿的古树，它把八千年当作春，把八千年当作秋，这就是长寿。可是彭祖到如今还是以年寿长久而闻名于世，人们与他攀比，岂不可悲可叹吗？

商汤询问棘的话是这样的："在那草木不生的北方，有一个很深的大海，那就是'天池'。那里有一种鱼，它的脊背有好几千里，没有人能够知道它有多长，它的名字叫作鲲。有一种鸟，它的名字叫鹏，它的脊背像座大山，展开双翅就像天边的云。鹏鸟奋起而飞，翅膀拍击急速旋转向上的气流直冲九万里高空，穿过云气，背负青天，这才向南飞去，打算飞到南方的大海。斥鴳讥笑它说：'它打算飞到哪儿去？我奋力跳起来往上飞，不过几丈高就落了下来，盘旋于蓬蒿丛中，这也是我飞翔的极限。而它打算飞到什么地方去呢？'"这就是小与大的不同了。

所以，那些才智足以胜任一个官职，品行合乎一乡人心愿，道德能使国君感到满意，能力足以取信一国之人的人，他们看待自己也像是斥鴳一样哩。而宋荣子却讥笑他们。世上的人们都赞誉他，他不会因此越发努力，世上的人们都非难他，他也不会因此而更加沮丧。他清楚地划定自身与外物的区别，辨别荣誉与耻辱的界限，不过如此而已！宋荣子对于整个社会，从来不急急忙忙地去追求什么。虽然如此，他还是未能达到最高的境界。列子能驾风行走，那样子实在轻盈美好，而且十五天后方才返回。列子对于寻求幸福，从来没有急急忙忙的样子。他这样做虽然免除了行走的劳苦，可还是有所依凭啊。至于遵循宇宙万物的规律，把握"六气"的变化，遨游于无穷无尽的境域，他还能仰赖什么呢！因此说，道德修养高尚的"至人"能够达到忘我的境界，精神世界完全超脱物外的"神人"心目中没有功名和事业，思想修养臻于完美的"圣人"从不去追求名誉和地位。

原文

尧让天下于许由，曰："日月出矣，而爝火不息①；其于光也，不亦难乎？时雨降矣，而犹浸灌；其于泽也，不亦劳乎？夫子立而天下治②，而我犹尸之③；吾自视缺然④，请致天下⑤。"许由曰："子治天下⑥，天下既已治也；而我犹代子，吾将为名乎？名者，实之宾也⑦，吾将为宾乎？鹪鹩巢于深林，不过一枝；偃鼠饮河，不过满腹。归休乎君⑧，予无所用天下为！庖人虽不治庖⑨，尸祝不越樽俎而代之矣⑩！"

肩吾问于连叔曰⑪："吾闻言于接舆⑫，大而无当⑬，往而不反⑭。吾惊怖其言。犹河汉而无极也⑮，大有迳庭，不近人情焉。"连叔曰："其言谓何哉？"曰："藐姑射之山⑯，有神人居焉。肌肤若冰雪，淖约若处子⑰，不食五谷，吸风饮露，乘云气，御飞龙，而游乎四海之外；其神凝⑱，使物不疵疠而年谷熟⑲。吾以是狂而不信也⑳。"连叔曰："然。瞽者无以与乎文章之观㉑，聋者无以与乎钟鼓之声。岂唯形骸有聋盲哉？夫知亦有之！是其言也犹时女也㉒。之人也，之德也，将旁礴万物以为一㉓，世蕲乎乱㉔，孰弊弊焉以天下为事㉕！之人也，物莫之伤：大浸稽天而不溺㉖，大旱金石流，土山焦而不热。是其尘垢秕穅将犹陶铸尧舜者也，孰肯以物为事？"

宋人资章甫而适诸越㉗，越人断发文身，无所用之。尧治天下之民，平海内之政，往见四子藐姑射之山，汾水之阳㉘，窅然丧其天下焉㉙。

注释

①爝（jué）火：炬火，木材上蘸上油脂燃起的火把。

②立：位，在位。

③尸：庙中的神主，这里有空居其位、虚有其名之义。

④缺然：不足的样子。

⑤致：给予。

⑥子：对人的尊称。

⑦宾：次要的、派生的东西。

⑧休：止，这里是算了的意思。

⑨庖（páo）人：厨师。

⑩尸祝：祭祀时主持祭祀的人。樽：酒器。俎：盛肉的器皿。"樽俎"这里代指各种厨事。成语"越俎代庖"出于此。

⑪肩吾、连叔：旧说皆为有道之人，实是庄子为表达的需要而虚构的人物。

⑫接舆（yù）：楚国的隐士，姓陆名通，字接舆。

⑬当（dàng）：底，边际。

⑭反：同"返"。

⑮河汉：银河。极：边际，尽头。

⑯藐（miǎo）：遥远的样子。姑射（yè）：传说中的山名。

⑰淖（nào）约：柔弱、美好的样子。处子：处女。

⑱凝：指神情专一。

⑲疵疠（cī lì）：疾病，灾害。

⑳以：认为。狂：通"诳"，虚妄之言。信：真实可靠。

㉑瞽（gǔ）：盲。文章：花纹、色彩。

㉒时：是。女：通"汝"，你。

㉓旁礴：混同的样子。

㉔蕲（qí）：通祈，求的意思。乱：这里作"治"讲，这是古代同词义反的语言现象。

㉕弊弊焉：忙忙碌碌、疲惫不堪的样子。

㉖大浸：大水。稽：至。

㉗资：贩卖。章甫：古代殷地人的一种礼帽。适：往。

㉘四子：旧注指王倪、齧缺、被衣、许由四人，实为虚构的人物。阳：山的南面或水流的北面。

㉙窅（yǎo）然：怅然若失的样子。

◎ 译文

尧打算把天下让给许由，说："太阳和月亮都已升起来了，可是小小的炬火还在燃烧不熄。它要跟太阳和月亮的光亮相比，不是很难吗？季雨及时降落了，可是还在不停地浇水灌地。如此费力的人工灌溉对于整个大地的润泽，不显得徒劳吗？先生如能居于国君之位，天下一定会获得大治，可是我还空居其位。我自己越看越觉得能力不够，请允许我把天下交给你。"许由回答说："你治理天下，天下已经获得了大治，而我却还要去替代你，我是为了名声吗？'名'是'实'所派生出来的次要东西，我将去追求这次要的东西吗？鹪鹩在森林中筑巢，不过占用一根树枝；鼹鼠到大河边饮水，不过喝满肚子。你还是打消念头回去吧，天下对于我来说没有什么用处啊！厨师即使不下厨，祭祀主持人也不会越俎代庖的！"

肩吾向连叔求教："我从接舆那里听到谈话，大话连篇没有边际，一说下去就回不到原来的话题上。我十分惊恐他的言谈，就好像天上的银河没有边际，跟一般人的言谈差异甚远，确实是太不近情理了。"连叔问："他说了些什么呢？"肩吾转述道："在遥远的姑射山上，住着一位神人，皮肤润白像冰雪，体态柔美如处女，不食五谷，吸清风饮甘露，乘云气驾飞龙，遨游于四海之外。他的神情那么专注，使得世间万物不受病害，年年五谷丰登。我认为这全是虚妄之言，一点也不可信。"连叔听后说："是呀！对于盲人没法同他们欣赏花纹和色彩，对于聋子没法同他们聆听钟鼓的乐声。难道只是形骸上有聋与瞎吗？思想上也有聋和瞎啊！这话似乎就是说你肩吾的呀。那位神人，他的德行，与万事万物混同一起，以此求得整个天下的治理，谁还会忙忙碌碌把管理天下当回事！那样的人呀，外物没有什么能伤害他，滔天的大水不能淹没他，天下大旱使金石熔化、土山焦裂，他也不感到灼热。他所留下的尘埃以及瘪谷糠麸之类的废物，也可造就出尧舜那样的圣贤仁君来，他怎么会把忙着管理万物当作己任呢！"

北方的宋国有人贩卖帽子到南方的越国，越国人不蓄头发满身刺着花纹，没什么地方用得着帽子。尧治理好天下的百姓，安定了海内的政局，到姑射山上、汾水北面，去拜见四位得道的高士，不禁怅然若失，忘记了自己居于治理天下的地位。

原文

惠子谓庄子曰:"魏王贻我大瓠之种①,我树之成②,而实五石③。以盛水浆,其坚不能自举也④。剖之以为瓢,则瓠落无所容⑤。非不呺然大也⑥,吾为其无用而掊之⑦。"庄子曰:"夫子固拙于用大矣⑧!宋人有善为不龟手之药者⑨,世世以洴澼絖为事⑩。客闻之,请买其方百金⑪。聚族而谋曰:'我世世为洴澼絖,不过数金;今一朝而鬻技百金⑫,请与之。'客得之,以说吴王⑬。越有难⑭,吴王使之将⑮,冬与越人水战,大败越人,裂地而封之⑯。能不龟手一也⑰,或以封⑱,或不免于洴澼絖,则所用之异也。今子有五石之瓠,何不虑以为大樽⑲,而浮于江湖,而忧其瓠落无所容?则夫子犹有蓬之心也夫⑳!"

惠子谓庄子曰:"吾有大树,人谓之樗㉑。其大本拥肿而不中绳墨㉒,其小枝卷曲而不中规矩㉓,立之塗㉔,匠人不顾。今子之言大而无用,众所同去也。"庄子曰:"子独不见狸狌乎㉕?卑身而伏,以候敖者㉖;东西跳梁㉗,不辟高下㉘;中于机辟㉙,死于罔罟㉚。今夫斄牛㉛,其大若垂天之云。此能为大矣,而不能执鼠。今子有大树,患其无用,何不树之于无何有之乡㉜,广莫之野㉝,彷徨乎无为其侧㉞,逍遥乎寝卧其下。不夭斤斧㉟,物无害者,无所可用,安所困苦哉!"

注释

①魏王:即梁惠王。贻(yí):赠送。瓠(hú):葫芦。

②树:种植、培育。

③实:结的葫芦。石(dàn):容量单位,十斗为一石。

④举:拿起来。

⑤瓠落:又写作"廓落",很大很大的样子。

⑥呺(xiāo)然:庞大而又中空的样子。

⑦为(wèi):因为。掊(pǒu):砸破。

⑧固:实在,确实。

⑨龟(jūn):通"皲",皮肤受冻开裂。

⑩洴(píng):浮。澼(pì):在水中漂洗。絖(kuàng):丝絮。

⑪方：药方。

⑫鬻（yù）：卖，出售。

⑬说（shuì）：劝说，游说。

⑭难：发难，这里指越国对吴国有军事行动。

⑮将（jiàng）：统帅部队。

⑯裂：划分出。

⑰一：同一，一样的。

⑱或：无定代词，这里指有的人。以：凭借，其后省去宾语"不龟手之药"。

⑲虑：考虑。一说通"摅"，用绳络缀结。樽：本为酒器，这里指形似酒樽，可以拴在身上的一种浮水工具，俗称腰舟。

⑳蓬：草名，其状弯曲不直。"有蓬之心"喻指见识浅薄不能通晓大道理。

㉑樗（chū）：臭椿。

㉒大本：树干粗大。拥肿：今写作"臃肿"，这里形容树干弯曲、疙里疙瘩。中（zhòng）：符合。绳墨：木工用以求直的墨线。

㉓规矩：即圆规和角尺。

㉔涂：通"途"，道路。

㉕狸（lí）：野猫。狌（shēng）：黄鼠狼。

㉖敖：通"遨"，遨游。

㉗跳梁：跳踉，跳跃、蹿越的意思。

㉘辟：避开，这个意义后代写作"避"。

㉙机辟：捕兽的机关陷阱。

㉚罔：网。罟（gǔ）：网的总称。

㉛斄（lí）牛：牦牛。

㉜无何有之乡：指什么也没有生长的地方。

㉝莫：大。

㉞彷徨：徘徊，纵放。无为：无所事事。

㉟夭：夭折。斤：伐木之斧。

译文

惠子对庄子说："魏王送我大葫芦种子，我将它培植起来后，结出的葫芦有五石大。用大葫芦去盛水，可是它的坚固程度承受不了水的压力。把它剖开做瓢也太大了，没有什么地方可以放得下。我因为它没有什么用处而砸烂了它。"庄子说："你实在是不善于使用大东西啊！宋国有一个善于调制不皲手药物的人家，世世代代以漂洗布为职业。有个游客听说了这件事，愿意用百金的高价收买他的药方。全家人聚集在一起商量：'我们世世代代在河水里漂洗布，所得不过数金，如今一下子就可卖得百金。还是把药方卖给他吧。'游客得到药方，来游说吴王。正巧越国要发动战争，吴王派他统率部队，冬天跟越军在水上交战，大败越军，吴王划割土地封赏他。能使手不皲裂，药方是同样的，有的人用它来获得封赏，有的人却只能靠它在水中漂洗布，这是使用的方法不同。如今你有五石容积的大葫芦，怎么不考虑用它来制成腰舟，拴在身上而浮游于江湖之上，却担忧葫芦太大无处可容？看来先生你还是心窍不通啊！"

惠子又对庄子说："我有棵大树，人们都叫它臭椿。它的树干却疙里疙瘩，不符合绳墨取直的要求；它的树枝弯弯扭扭，也不适应圆规和角尺取材的需要。虽然生长在道路旁，木匠连看也不看。现今依你的言谈，大而无用，大家都会鄙弃它的。"庄子说："先生你没看见过野猫和黄鼠狼吗？低着身子匍匐于地，等待那些出洞觅食或游乐的小动物。一会儿东，一会儿西，跳来跳去，一会儿高，一会儿低，上下蹿越，不曾想到落入猎人设下的机关，死于猎网之中。再有那牦牛，庞大的身体就像天边的云，它的本事可大了，不过不能捕捉老鼠。如今你有这么大一棵树，却担忧它没有什么用处，怎么不把它栽种在什么也没有生长的地方，栽种在无边无际的旷野里，悠然自得地徘徊于树旁，优游自在地躺卧于树下。大树不会遭到刀斧砍伐，也没有什么东西会去伤害它。虽然没有派上什么用场，可是哪里又会有什么困苦呢？"

天 道

题解

　　跟《天地》篇一样，中心还是倡导"无为"。所谓"天道"，也就是自然的规律不可抗拒，也不可改变。全文大体分成八个部分。第一部分至"谓之天乐"，指出自然规律不停地运行，万事万物全都自我运动，因而圣明之道只能是宁寂而又无为。第二部分至"以畜天下也"，紧承上段讨论"天乐"，指出要顺应自然而运动，混同万物而变化。第三部分至"非上之所以畜天下也"，提出帝王无为、臣下有为的主张，阐明一切政治活动都应遵从固有的规律。如果强调事事皆有顺序，而尊卑、男女也都是自然的顺序，这不仅违背了庄子"齐物"的思想，而且还给统治者统治臣民披上了合乎哲理的外衣。第四部分至"天地而已矣"，借尧与舜的对话，说明治理天下应当效法天地自然。第五部分至"夫子乱人之性也"，写孔子与老聃的对话，指出事事皆应遵循自然规律，指出"仁义"正是"乱人之性"。第六部分至"其名为窃"，写老子顺应外物的态度，同时抨击智巧骄恣之人。第七部分至"至人之心有所定矣"，指出要"退仁义""宾礼乐"，从而做到"守其本"而又"遗万物"，即提倡无为的态度。余下为第八部分，说明事物的真情本不可以言传，所谓圣人之言，乃是古人留下的糟粕。

　　本篇内容历来非议颇多，特别是第三部分，背离庄子的思想太远，因而被认为是庄派后学者受儒家思想影响而作。

原文

　　天道运而无所积①，故万物成；帝道运而无所积②，故天下归；圣道运而无所积③，故海内服。明于天，通于圣，六通四辟④于帝王之德者，其自为也，昧然无不静者矣。圣人之静也，非曰静也善，故静也；万物无足以铙⑤心者，故静也。

水静则明烛须眉，平中准⑥，大匠取法焉。水静犹明，而况精神！圣人之心静乎！天地之鉴也；万物之镜也。夫虚静恬淡寂寞无为者，天地之平而道德之至，故帝王圣人休焉。休则虚，虚则实，实则伦矣。虚则静，静则动，动则得矣。静则无为，无为也则任事者责矣。无为则俞俞⑦，俞俞者忧患不能处，年寿长矣。夫虚静恬淡寂漠无为者，万物之本也。明此以南乡，尧之为君也；明此以北面，舜之为臣也。以此处上，帝王天子之德也；以此处下，玄圣素王⑧之道也。以此退居而闲游，江海山林之士服；以此进为而抚世，则功大名显而天下一也。静而圣，动而王，无为也而尊，朴素而天下莫能与之争美。夫明白于天地之德者，此之谓大本大宗⑨，与天和者也；所以均调天下，与人和者也。与人和者，谓之人乐；与天和者，谓之天乐。

注释

①天道：自然规律。积：积滞，自然规律的运行没有积滞。

②帝道：帝王治理国家的规律。

③圣道：圣人对宇宙万物的看法。

④六通四辟：上下四方无不相通，春秋四时顺畅。

⑤铙（ráo）：通"挠"，扰乱。

⑥平中准：水平面符合规则。

⑦俞俞：从容自得的样子。

⑧玄圣素王：玄圣、素王是指有大德而无爵位的人。

⑨大本大宗：真正的根本、真正的宗原。

译文

自然规律的运行从不曾有过停留和积滞，所以万物得以生成；帝王统治的规律也从不曾有过停留和积滞，所以天下百姓归顺；思想修养臻于圣明的人对宇宙万物的看法和主张也不曾中断和停留，所以四海之内人人倾心折服。了解自然，精通圣人之道，对于了解帝王之德的人来说，上下四方无不相通，春秋四时顺畅，会让万物自然运行，万物都在寂然地自然生长。圣明的人内心宁寂，不是说宁寂美好，所以才去追求宁寂；是因为万物不能扰乱他的内心，所以处于宁静的境界。

水在平静时便能清晰地照见人的须眉，水的平面合乎水平测定的标准，高明的工匠也会取之作为水准。水平静下来尚且清澄明澈，又何况是人的精神！圣明的人心境是多么虚空宁静啊！可以作为世间万物的明镜。虚静、恬淡、寂寞、无为，是向天地看齐，是道德修养的极致，故帝王、圣人重视休养。休就虚，虚就精神实，实就合乎伦理。虚就静，静就灵动，灵动就会自然而得。静就无为，无为，则担任事务时能尽责。无为就心情愉愉快快了。愉快的人，身心不受忧患的煎熬，年寿也就长久了。虚静、恬淡、寂寞、无为，是万物的根本。明白这个道理而居于帝王之位，就像尧作为国君；明白这个道理而居于臣下之位，就像舜作为臣属。凭借这个道理而处于尊上的地位，就是帝王治世的盛德；凭借这个道理而处于庶民百姓的地位，就是通晓了大德而无爵位人的看法和主张。凭借这个道理退隐而闲游，江湖山林隐士就会折服；凭借这个道理积极进取安抚天下，就能功业卓著名扬四海而使天下大同。清静而成为玄圣，行动而成为帝王，无为方才能取得尊尚的地位，朴素可以与天下媲美。明白天地以无为为本的规律，就可以说把握了根本和宗源，而成为跟自然谐和的人；并以此来均衡万物、体察民情，与人谐和，称作人乐；与自然谐和，就称作天乐。

原文

庄子曰："吾师乎！吾师乎！齑万物而不为戾[1]，泽及万世而不为仁，长于上古而不为寿，覆载天地刻彫众形而不为巧，此之谓天乐。故曰：'知天乐者，其生也天行，其死也物化[2]。静而与阴同德，动而与阳同波。'故知天乐者，无天怨，无人非，无物累，无鬼责。故曰：'其动也天，其静也地，一心定而王天下；其鬼不祟，其魂不疲[3]，一心定而万物服。'言以虚静推于天地，通于万物，此之谓天乐。天乐者，圣人之心，以畜天下也。"

注释

①齑：碎毁。戾：残暴。

②物化：混同万物而变化。

③祟：作祟。疲：疲倦。

译文

庄子说："我的老师啊！我的老师啊！碎毁万物而不残暴，恩泽施及万世不为仁，生长于远古之前不为寿长，覆天载地、雕刻众物之形不为巧，这就叫作天乐。所以说：'通晓天乐者，其存在就是不停运化，其不存在时就已经转化为物。静时与阴的性质一样，虚寂空无；动时与阳的性质一样，流荡无羁。'因此通晓天乐者，不会受到天的抱怨，不会受到人的非难，不会受到外物的牵累，不会受到鬼神的责备。所以说：'动时合乎天，静时合乎地，心一安定天下皆归。鬼不作祟，魂不疲惫，心一安定万物无不折服。'这些话就是把虚静推及到天地，通达于万物，这就叫作天乐。所谓天乐，就是圣人之心，用以涵容天下。"

原文

夫帝王之德，以天地为宗，以道德为主，以无为为常。无为也，则用天下而有余；有为也，则为天下用而不足。故古之人贵夫无为也。上无为也，下亦无为也，是下与上同德，下与上同德则不臣；下有为也，上亦有为也，是上与下同道，上与下同道则不主。上必无为而用天下，下必有为为天下用，此不易之道也。故古之王天下者，知虽落天地，不自虑也；辩虽彫万物，不自说也；能虽穷海内，不自为也。天不产而万物化，地不长而万物育，帝王无为而天下功。故曰莫神于天，莫富于地，莫大于帝王。故曰帝王之德配天地。此乘天地驰万物，而用人群之道也。

本在于上，末在于下，要在于主，详在于臣。三军五兵之运，德之末也；赏罚利害，五刑之辟，教之末也；礼法度数，形名比详，治之末也；钟鼓之音，羽旄之容，乐之末也；哭泣衰绖，隆杀之服，哀之末也。此五末者，须精神之运，心术之动，然后从之者也。

末学者，古人有之，而非所以先也。君先而臣从，父先而子从，兄先而弟从，长先而少从，男先而女从，夫先而妇从。夫尊卑先后，天地之行也，故圣人取象焉。天尊地卑，神明之位也；春夏先，秋冬后，四时之序也。万物化作，萌区有状，盛衰之杀，变化之流也。夫天地至神，而有尊卑先后之序，而况人道乎！宗庙尚亲，朝廷尚尊，乡党尚齿，行事尚贤，大道之序也。语道而非其序者，非其道也；语道而非其道者，安取道！

是故古之明大道者，先明天而道德次之，道德已明而仁义次之，仁义已明而分守次之，分守已明而形名次之，形名已明而因任次之，因任已明而原省次之，原省已明而是非次之，是非已明而赏罚次之。赏罚已明而愚知处宜，贵贱履位，仁贤不肖袭情。必分其能，必由其名。以此事上，以此畜下，以此治物，以此修身；知谋不用，必归其天，此之谓太平，治之至也。

故书曰："有形有名。"形名者，古人有之，而非所以先也。古之语大道者，五变而形名可举也，九变而赏罚可言也。骤而语形名，不知其本也；骤而语赏罚，不知其始也。倒道而言，迕道而说者，人之所治也，安能治人！骤而语形名赏罚，此有知治之具，非知治之道；可用于天下，不足以用天下，此之谓辩士，一曲之人也。礼法数度，形名比详，古人有之，此下之所以事上，非上之所以畜下也。

译文

帝王的德行，以天地为根本，以道德为中心，以顺应无为而治为常规。帝王无为就能够利用天下，而感到闲暇有余；臣子有为，为天下事竭心尽力，而且感到急迫不足。因此，古时候的人都看重帝王无为的态度。处于上位的帝王无为，处于下位的臣子也无为，这样臣子跟帝王的态度相同，臣子跟帝王相同那就不像臣子了；处于下位的臣子有为，处于上位的帝王也有为，这样帝王跟臣子的做法就相同了，帝王跟臣子相同那就不像帝王了。帝王必须无为，方能役用天下，臣子必须有为而为天下所用，这是天经地义不能随意改变的规律。所以，古代统治天下的人，智慧即使能笼络天地，也从不亲自去思虑；口才即使能周遍万物，也从不亲自去言谈；才能即使能雄踞海内，也从不亲自去做。上天并不着意要产生什么而万物却自然变化产生，大地并不着意要长出什么而万物却自然繁衍生长，帝王能够无为天下就会自然得到治理。所以说没有什么比上天更为神妙，没有什么比大地更为富饶，没有什么比帝王更为伟大。因此说帝王的德行能跟天地相合。这就是驾驭天地、驱遣万物而任用天下人的办法。

道德存在于上古，仁义则推行于当今；治世的纲要掌握在帝王手里，繁杂的事务留在臣子的操劳中。军队和各种兵器的运用，这是德化衰败的表现；奖赏处罚利导惩戒，并且施行各种刑法，这是诲谕衰败的表现；礼仪法规度量计数，对事物实体和称谓的比较和审定，这是治理衰败的表现；钟鼓的声音，用鸟羽兽毛装饰的仪容，这是声乐衰败的表现；痛哭流涕披麻戴孝，不同规格的隆重或省简的丧服，这是哀伤情感不能自然流露的表现。这五种微末之举，等待精神的自然运行和心智的正常活动，方能排除骄矜、率性而生。

追求末节的情况，古人中已经存在，但并不是用它来作为根本。国君为主而臣下从属，父亲为主而子女从属，兄长为主而弟弟从属，年长为主而年少从属，男子为主而妇女从属，丈夫为主而妻子从属。尊卑、先后，这都是天地运行的规律，所以古代圣人取而效法之。上天尊贵，大地卑下，这是神明的位次；春夏在先，秋冬在后，这是四季的序列。万物变化而生，萌生之初便存在差异而各有各的形状；盛与衰的次第，这是事物变化流动的表现。天与地是最为神圣而又玄妙的，尚且存在尊卑、先后的序列，何况是社会的治理呢！宗庙崇尚血缘，朝廷崇尚高贵，乡里崇尚年长，办事崇尚贤能，这是永恒的大道所安排下的秩序。谈论大道却非议大道安排下的秩序，这就不是真正在尊崇大道；谈论大道却非议体悟大道的人，怎么能真正获得大道？

因此，古代通晓大道的人，首先阐明自然的规律而后才是道德，道德已经阐明而后才是仁义，仁义已经阐明而后才是职守，职守已经明确而后才是事物的外形和称谓，外形和称谓已经明确了而后才是依其才而任其职，依才任职已经明确而后才是恕免或废除，恕免或废除已经明确而后才是是非，是非明确而后才是赏罚。赏罚明确因而愚钝与聪颖的人都能相处合宜，尊贵和卑贱的人也都能各安其位，仁慈贤能和不良的人也才能都袭用真情。必须区分各自不同的才能，必须遵从各自不同的名分。用这样的办法来侍奉帝王，用这样的办法来养育百姓，用这样的办法来管理万物，用这样的办法来修养自身；智谋不宜用，必定归依自然，这就叫作天下太平，也就是治理天下的最高境界。

因此古书上说："有形体，有名称。"明了并区分事物的形体和称谓，古代就有人这样做，不过并不是把形、名的观念摆在首位。古时候谈论大道的人，从说明事物自然规律开始，经过五个阶段方才可以称述事物的形体和名称，经过九个阶段方才可以谈论关于赏罚的问题。唐突地谈论事物的形体和称谓，不可能了解"形名"问题演绎的根本；唐突地讨论赏罚问题，不可能知晓赏罚问题的开始。把上述演绎顺序倒过来讨论，或者违背上述演绎顺序而辩说的人，只能是为别人所统治，怎么能去统治别人？离开上述顺序而唐突地谈论形名和赏罚，这样的人即使知晓治世的工具，也不会懂得治世的规律；可以用于天下，而不足以用来治理天下，这种人就称作辩士，即只能认识事物一隅的浅薄之人。礼仪法规计数度量，对事物的形体和名称比较和审定，古时候就有人这样做，这都是臣下侍奉帝王的做法，而不是帝王养育臣民的态度。

原文

昔者舜问于尧曰："天王之用心何如？"尧曰："吾不敖无告，不废穷民，苦死者，嘉孺子而哀妇人。此吾所以用心已。"舜曰："美则美矣，而未大也。"尧曰："然则何如？"舜曰："天德而出宁，日月照而四时行，若昼夜之有经，云行而雨施矣。"尧曰："胶胶扰扰乎！子，天之合也；我，人之合也。"夫天地者，古之所大也，而黄帝尧舜之所共美也。故古之王天下者，奚为哉？天地而已矣。

译文

过去舜曾向尧问道："你作为天子用心怎么样？"尧说："我从不侮谩庶民百姓，也不抛弃生活无计走投无路的穷苦人民，为死者苦苦焦虑，很好地对待留下的幼子并悲悯那些妇人。这些就是我用心的方式。"舜说："这样做好当然是很好了，不过还说不上伟大。"尧说："如此那么将怎么办呢？"舜说："自然而成形迹安宁，像日月照耀，四季运行；像昼夜交替，形成常规；像云彩随风飘动，雨点布施万物。"尧说："整日里纷纷扰扰啊！你，跟自然相合；我，跟人事相合。"天和地，自古以来是最为伟大的，黄帝、尧、舜都共同赞美它。所以，古时候统治天下的人，做些什么呢？仿效天地罢了。

原文

孔子西藏书于周室。子路谋曰："由闻周之徵藏史有老聃者，免而归居，夫子欲藏书，则试往因焉。"孔子曰："善。"

往见老聃，而老聃不许，于是繙十二经以说。老聃中其说，曰："大谩，愿闻其要。"孔子曰："要在仁义。"老聃曰："请问，仁义，人之性邪？"孔子曰："然。君子不仁则不成，不义则不生。仁义，真人之性也，又将奚为矣？"老聃曰："请问，何谓仁义？"孔子曰："中心物恺，兼爱无私，此仁义之情也。"老聃曰："意，几乎后言！夫兼爱，不亦迂乎！无私焉，乃私也。夫子若欲使天下无失其牧乎？则天地固有常矣，日月固有明矣，星辰固有列矣，禽兽固有群矣，树木固有立矣。夫子亦放德而行，循道而趋，已至矣；又何偈偈乎揭仁义，若击鼓而求亡子焉？意，夫子乱人之性也！"

译文

孔子想把书保藏到西边的周王室去。子路出主意说："我听说周王室管理文典的史官老聃，已经引退回到家乡隐居，先生想要藏书，不妨暂且经过他家问问意见。"孔子说："好。"

孔子前往拜见老聃，老聃对孔子的要求不予承诺，孔子于是翻检众多经书反复加以解释。老聃中途打断了孔子的解释，说："你说得太冗繁，希望能够听到有关这些书的内容大要。"孔子说："要旨就在于仁义。"老聃说："请问，仁义是人的本性吗？"孔子说："是的。君子如果不仁就不能成其名声，如果不义就不能立身社会。仁义的确是人的本性，离开了仁义又能干些什么呢？"老聃说："再请问，什么叫作仁义？"孔子说："中正而且和乐外物，兼爱而且没有偏私，这就是仁义的实情。"老聃说："噫！你后面所说的这许多话几乎都是浮华虚伪的言辞！兼爱天下，这不是太迂腐了吗？对人无私，其实正是希望获得更多的人对自己的爱。先生你是想让天下的人都不失去养育自身的条件吗？那么，天地原本就有自己的运动规律，日月原本就存在光亮，星辰原本就有各自的序列，禽兽原本就有各自的群体，树木原本就直立于地面。先生你还是仿依自然的状态行事，顺着规律去进取，这就是极好的了。又何必如此急切地标榜仁义，这岂不就像是打着鼓去寻找逃亡的人，鼓声越大那人跑得越远吗？噫！先生扰乱了人的本性啊！"

原文

士成绮[①]见老子而问曰："吾闻夫子圣人也，吾固不辞远道而来愿见，百舍重趼②而不敢息。今吾观子，非圣人也。鼠壤③而余蔬，而弃妹④，不仁也，生熟不尽于前，而积敛无崖。"老子漠然不应。

士成绮明日复见，曰："昔者吾有刺于子，今吾心正郤⑤矣，何故也？"老子曰："夫巧知神圣之人，吾自以为脱焉。昔者子呼我牛也而谓之牛，呼我马也而谓之马。苟有其实，人与之名而弗受，再受其殃。吾服也恒服，吾非以服有服。"士成绮雁行避影⑥，履行遂进而问⑦："修身若何？"老子曰："而容崖然，而目衝然，而颡頯然，而口阚然⑧，而状義然⑨，似系马而止也。动而持，发也机，察而审，知巧而睹于泰，凡以为不信。边竟有人焉，其名为窃。"

注释

①士成绮：庄子虚拟的人名。

②重趼（jiǎn）：长途跋涉，脚掌上磨出层层厚茧。趼，同"茧"，脚跟厚皮。

③鼠壤：老鼠洞口的积土。

④妹：通"昧"。

⑤正郤：正在回转，即有所觉悟。

⑥雁行避影：雁行，像大雁排成人字形、之字形飞行一样，人在同尊者一起走路时，让尊者在前，自己在斜后方随行，走成斜列。避影，避开尊者的影子，以免被脚踏到。这些都表示对尊者的礼敬。

⑦履行遂进：一步跟着一步，尾随而进入室内。

⑧頯（kuí）然：宽大高亢。阚（hǎn）然：张口自辩。

⑨義然：巍峨高大的样子。

译文

士成绮见到老子问道："听说先生是个圣人，我便不辞路途遥远而来，一心希望能见到你，走了上百里路程，脚上磨出厚厚的老茧也不敢停下来。如今我观察先生，竟不像是个圣人。老鼠洞口积土里有狼藉的蔬菜，不爱惜东西，可以说是不仁！生物熟食堆满在面前，而聚敛财物却没有限度。"老子好像没有听见似的不作回答。

第二天，士成绮再次见到老子，说："昨日我用言语讽刺了你，现在我心里有所觉悟，这是什么原因呢？"老子说："巧智神圣的人，我自以为不是。过去你叫我牛，我就称作牛；叫我马，我就称作马。假如名副其实，别人给我的名称却不愿接受，这是两重罪过。我接受人们给予的名称是长久的接受，我并不是因为有心接受才去接受。"士成绮像雁一样侧身斜行避开老子的身影，不敢践踏老子的足迹，慌乱之中竟然忘了脱鞋就进入了室内，问道："修身之道是怎样的呢？"老子说："你容颜不凡且高傲，你眼睛鼓目突出，你的额头宽大高耸，你的嘴巴虚张欲言，你的体形高大威猛，好像奔跑的马被拴住才暂时停住。你行为蠢蠢欲动却矜持作态，行动就像剑拔弩张，你明察而又审慎，自持智巧而外露骄恣之态，凡此种种表现，都是矫情伪态，都不是修身的作为。边境上有一种人，他的名字就叫窃贼。"

原文

夫子曰："夫道，于大不终①，于小不遗，故万物备。广广乎其无不容也②，渊渊乎其不可测也。形德仁义，神之末也，非至人孰能定之！夫至人有世，不亦大乎！而不足以为之累。天下奋棅而不与之偕③，审乎无假而不与利迁，极物之真，能守其本，故外天地，遗万物，而神未尝有所困也。通乎道，合乎德，退仁义，宾礼乐，至人之心有所定矣。"

注释

①于大不终：从大的方面看，没有终结。
②广广乎：广阔无垠的样子。
③奋棅而不与之偕：棅，同"柄"。奋棅，争夺权柄。偕，同"道"。

译文

先生说："道，从大的方面说它没有穷尽，从小的方面说它没有遗缺，所以说具备于万物之中。宽广而无所不容，深远而不可探测。推行刑罚、德化与仁义，这是精神衰败的表现，若不是道德修养高尚的'至人'，谁能判定它？道德修养高尚的'至人'一旦居于统治天下的位置，那责任不是很大吗？可是却不足以成为他的拖累。天下人争相夺取权威但他却不会随之趋附，审慎地不为私利所动，深究事物的本原，持守事物的根本，所以忘忽天地，弃置万物，而精神世界不曾有过困扰。通晓于道，合乎常规，辞却仁义，摈弃礼乐，'至人'的内心也就恬淡而不乖违。"

原文

世之所贵道者书也①，书不过语，语有贵也。语之所贵者意也，意有所随。意之所随者，不可言传也，而世因贵言传书。世虽贵之，我犹不足贵也，为其贵非其贵也。故视而可见者，形与色也；听而可闻者，名与声也。悲夫，世人以形色名声为足以得彼之情！夫形色名声果不足以得彼之情，则知者不言，言者不知，而世岂识之哉？

桓公读书于堂上。轮扁斫轮于堂下，释椎凿而上②，问桓公曰："敢问，公之所读者何言邪？"公曰："圣人之言也。"曰："圣人在乎？"公曰："已死矣。"曰："然则君之所读者，古人之糟粕已夫！"桓公曰："寡人读书，轮人安得议乎！有说则可，无说则死。"轮扁曰："臣也以臣之事观之。斫轮，徐则甘而不固，疾则苦而不入。不徐不疾，得之于手而应于心，口不能言，有数③存焉于其间。臣不能以喻臣之子，臣之子亦不能受之于臣，是以行年七十而老斫轮。古之人与其不可传也死矣，然则君之所读者，古人之糟粕已夫！"

注释

①贵：意动用法，以……为贵，变通翻译为看重、重视。
②轮扁：制造车轮的人。斫：砍削。释：放下。椎，同"槌"，敲打用的木棒。凿：木工所用的工具。
③数：术数，窍门。

译文

世人所看重的大道，载见于书籍。书的内容不能超过（原来的）语言，而语言确有可贵之处。语言中最重要的是意义，而意义又有它所追随的（大道）。意义的大道，是不可以用言语来传达的，然而世人却因为看重语言的重要性而通过书籍来传播大道。世人虽然看重书籍记载的内容，我还是认为它不值得看重，因为他们所看重的并不是它内在重要的东西。所以，用眼睛看而可以看见的，是外在的形状和色彩；用耳朵听而可以听到的，是名称和声音。可悲啊，世人以为形状、色彩、名称、声音就足以获得事物的实情！然而形状、色彩、名称、声音实在是不足以表达那大道的实情，而知道大道的不说，说的不知道，因而世人怎么能认识它吗？

齐桓公在堂上读书，制造车轮的人扁在堂下砍削车轮，他放下锤子和凿子走到桓公面前说："冒昧地请问，您读的是什么书呢？"齐桓公说："是圣人的话语。"轮扁说："圣人还在世吗？"齐桓公说："已经死了。"轮扁说："这样，那么国君所读的书，就是古人的糟粕啊！"齐桓公说："寡人读书，制作车轮的人怎么敢妄加评议呢！有什么道理说出来那还可以原谅，没有道理可说那就得处死。"轮扁说："我用我所从事的工作观察到这个道理，砍削车轮，动作慢了松缓而不坚固，动作快了涩滞而不入木。不慢不快，手上顺利而且应合于心，口里虽然不能言说，却有技巧存在其间。我不能用来使我的儿子明白其中的奥妙，我的儿子也不能从我这儿接受这一奥妙的技巧，所以我活了七十岁如今还在砍削车轮。古人和他们不可言传的道理一块儿消失了，那么国君所读的书，正是古人的糟粕啊！"

缮　性

题解

本篇的中心是讨论如何养性。所谓"缮性"就是修治生性。

全篇大体分为三个部分。第一部分至"冒则物必失其性也"，提出"以恬养知"的主张，认为遵从世俗必定不能"复其初"，只有自养而又敛藏，方才不"失其性"。第二部分至"其德隐矣"，缅怀远古混沌鸿蒙、淳风未散的时代，并指出随着时代的推移德行逐渐衰退，以致不能返归本真，这都因为"文灭质""博溺心"。余下为第三部分，指出修治生性的要领是"正己"和"得志"，既能正己，又能自适，外物就不会使自己丧身失性，因而也就不会本末倒置。

原文

缮性于俗①，俗学以求复其初；滑欲于俗思②，以求致其明；谓之蔽蒙之民。

古之治道者，以恬养知③；生而无以知为也，谓之以知养恬。知与恬交相养，而和理出其性④。夫德，和也；道，理也。德无不容，仁也；道无不理，义也；义明而物亲⑤，忠也；中纯实而反乎情，乐也；信行容体而顺乎文，礼也。礼乐徧行⑥，则天下乱矣。彼正而蒙己德⑦，德正则不冒⑧，冒则物必失其性也。

注释

①缮性：修治本性。
②滑（gǔ）：通"汩"，没也。
③知：通"智"。
④和：和顺。理：天理。
⑤物亲：万物皆来依附。
⑥徧：同"遍"。
⑦蒙：感化。
⑧冒：覆盖。

译文

从世俗学来修养心性，想恢复到原始状态；从世俗的想法入手来消除欲念，以达到彻底觉醒，就是闭塞愚昧的人。

古来修道的人，以恬淡颐养智慧。活着无须靠智慧行事，只是用智慧颐养恬淡。智慧和恬淡互相颐养，道德也就从中产生出来。所谓德，就是和；所谓道，就是理。德无所不包，就是仁；道无所不合，就是义；义理明白，与物相亲，就是忠；心中朴实又返归到情，就是乐；行为忠信、宽容、仁爱又合乎自然文理，就是礼。礼乐偏执一方而又多方有失，天下就大乱了。自我端正还要加上自己的德性，有了德性就不受蒙蔽，受蒙蔽的事物必然失去它的本性。

原文

古之人，在混芒之中^①，与一世而得澹漠焉。当是时也，阴阳和静，鬼神不扰，四时得节，万物不伤，群生不夭，人虽有知，无所用之，此之谓至一^②。当是时也，莫之为而常自然。

逮德下衰^③，及燧人、伏羲始为天下，是故顺而不一。德又下衰，及神农、黄帝始为天下，是故安而不顺。德又下衰，及唐、虞始为天下，兴治化之流^④，澆淳散朴，离道以善，险德以行^⑤，然后去性而从于心。心与心识知，而不足以定天下，然后附之以文，益之以博。文灭质，博溺心，然后民始惑乱，无以反其性情而复其初。

由是观之，世丧道矣，道丧世矣。世与道交相丧也，道之人何由兴乎世，世亦何由兴乎道哉！道无以兴乎世，世无以兴乎道，虽圣人不在山林之中，其德隐矣。

注释

①混芒：指天地未分时的混沌状态。
②至一：最完美纯全的境界。
③逮：及，到。
④治化：教化。流：风尚。
⑤澆（xiāo）：通"浇"。险：摧残。

译文

古时候的人，在混沌之中，与世间为一体而能够淡漠。在这时候，阴阳调和安定，没有鬼神的骚扰，四时正常运转，各种事物没被伤害，生物也没有早死的。人虽有心智，但没有任何用处，这就是最大的一体。在这时候，什么都不要做，都是自然存在的。

待到德性衰败，到燧人氏、伏羲开始治理天下的时候，就只是和顺而不能混成一体了。德性再次衰败，到神农、黄帝开始治理天下的时候，就只是安定而不能和顺了。德性更加衰败，到唐尧、虞舜开始治理天下的时候，刮起管理教化的一股风，消灭了淳厚，失掉了朴实，离开大道来修好，不顾品性来行事，就这样丢弃本性而随心所欲。费心思琢磨用智力考虑，也不能够安定天下。于是再加以文饰，增添各种花样。文饰毁灭了本质，各种花样淹没了心，人们开始陷于迷乱，再没有办法返还本来的性情，恢复原来的模样。

就这种情况来看，人间丧失大道了，大道丧失人间，人间和大道都丧失了。道怎么能在人间兴起，人间又怎能兴于大道呢？道无法兴于人间，人间无法兴于大道，虽然圣人不退入山林之中，他的品性却隐藏起来了。

原文

隐，故不自隐①。古之所谓隐士者，非伏其身而弗见也②，非闭其言而不出也，非藏其知而不发也，时命大谬也。当时命而不行乎天下，则反一无迹；不当时命而大穷乎天下，则深根宁极而待；此存身之道也。

古之行身者，不以辩饰知，不以知穷天下，不以知穷德，危然处其所而反其性③，己又何为哉！道固不小行，德固不小识。小识伤德，小行伤道。故曰：正己而已矣。乐全之谓得志④。

古之所谓得志者，非轩冕之谓也，谓其无以益其乐而已矣。今之所谓得志者，轩冕之谓也。轩冕在身，非性命也，物之傥来⑤，寄者也。寄之，其来不可圉⑥，其去不可止。故不为轩冕肆志，不为穷约趋俗⑦，其乐彼与此同，故无忧而已矣。今寄去则不乐，由是观之，虽乐，未尝不荒也。故曰，丧己于物，失性于俗者，谓之倒置之民。

注释

①故不自隐："故"为"固"，古通。
②见：通"现"。
③危然：独正不倚的样子。
④乐全：以保全自然本性为快乐。

⑤傥来：偶然得到。

⑥围：又作"御"，阻挡。

⑦穷约：困穷潦倒。

译文

隐藏，自然不是自己要隐藏。早些时候那些所谓隐士，并不是藏起了身躯而不出头露面，并不是闭紧嘴而不出言，并不是有看法埋在心底而不发表，因是形势不大对头。遇到形势应合而得以在天下大显身手，就毫不含糊地返归淳一；形势难以应合天下无用武之地，就深埋其根极安静地躲起来等待时机，这就是保全本身的办法。

古时候保全本身的人，不用辩论表现智慧，不用智慧亏损天下，不用智慧亏损品性，高高居其上回归本性，除此之外，还干什么呢！大道自然不在谨小慎微，品性自然不在浅显的识见。浅显的识见伤害品性，谨小慎微伤害大道。所以说，端正自己也就是了，全身心地干着所乐于干的事情就叫作称心。

古时候所谓的称心，并不是指高官厚禄，只是说没有比他干的事情更被他喜爱也就是了。现在所谓的称心，指的却是高官厚禄。高官厚禄对于个人并不是性命，是外物的偶然来临，是暂时的寄托。暂时的寄托，其来是无法阻挡的，其去是无法制止的。所以不因为高官厚禄自以为了不起，不因为时运不济便随从大流，各干各的事彼此是一样的，没什么不舒服也就是了。假如暂时的寄托丢了就无精打采，这样的话，即使是喜欢干的，也难免不是虚闹一场。所以说，因为外物而失掉自己，泯灭本性而随从大流的，就是本末倒置的人。

则　阳

　　"则阳"是篇首的人名。本篇内容仍很庞杂，全篇大体可以分成两大部分，前一部分写了十个小故事，用人物的对话来说明恬淡、清虚、顺任的旨趣和生活态度，同时也对滞留人事、迷恋权势的人给予抨击。后一部分则讨论宇宙万物的基本规律，讨论宇宙的起源，讨论对外在事物的主体认识。

　　前一部分大体分作九小段，至"故曰待公阅休"为第一段，写公阅休清虚恬适的生活旨趣和处世态度。至"以十仞之台县众间者也"为第二段，写圣人的心态和人们对于道的尊崇与爱慕。至"无内无外"为第三段，写一个人要善于自处，善于应物。至"譬犹一吷也"为第四段，通过巧妙的比喻指出人在世间的渺小，倡导与世无争的态度，同时讽刺和嘲弄了诸侯国之间的战争争夺。至"其室虚矣"为第五段，通过孔子之口盛赞市南宜僚"声销"而"志无穷"的潜身态度。至"内热溲膏是也"为第六段，指出为政"卤莽"、治民"灭裂"的严重危害。至"于谁责而可乎"为第七段，通过柏矩游齐之所见，批评当世君主为政的虚伪和对人民的愚弄。至"然乎"为第八段，说明人们的是非观念不是永恒的，认识也是有限的。至"之二人何足以识之"为第九段，谴责卫灵公的荒唐无道。

　　后一部分写少知与大公调的对话，借大公调之口从讨论宇宙整体与万物之个体间"合异""散同"的关系入手，指出各种事物都有其自身的规律，各种变化也都会向自己的反面转化，同时还讨论了宇宙万物的产生，又最终归结为浑一的道。

　　前一部分可以说是杂论，内容并不深厚，后一部分涉及宇宙观和认识论上的许多问题，较有价值。

原文

则阳游于楚①，夷节言之于王②，王未之见，夷节归。彭阳见王果曰③："夫子何不谭我于王?④"王果曰："我不若公阅休。"

彭阳曰："公阅休奚为者邪?"曰："冬则擉鳖于江⑤，夏则休乎山樊。有过而问者，曰：'此予宅也。'夫夷节已不能，而况我乎！吾又不若夷节。夫夷节之为人也，无德而有知，不自许，以之神其交固，颠冥乎富贵之地⑥，非相助以德，相助消也。夫冻者假衣于春，暍者反冬乎冷风。夫楚王之为人也，形尊而严；其于罪也，无赦如虎；非夫佞人正德，其孰能桡焉！

"故圣人，其穷也，使家人忘其贫，其达也，使王公忘爵禄而化卑。其于物也，与之为娱矣；其于人也，乐物之通而保己焉；故或不言而饮人以和，与人并立而使人化。父子之宜，彼其乎归居，而一闲其所施。其于人心者若是其远也。故曰待公阅休。"

注释

①则阳：姓彭，名阳，以下皆称彭阳。
②夷节：楚国大臣。
③王果：楚国大夫。
④谭：通"谈"，推荐。
⑤擉（chuò）：通"戳"，刺。
⑥颠冥：神情颠倒。颠，癫狂。冥，妄行。这里是把富贵看成是什么也没有。

译文

则阳周游到楚国，夷节将这件事告诉了楚王，楚王没有接见他，夷节只好回家作罢。则阳见到王果时说："先生怎么不在楚王面前推荐我呢?"王果说："我推荐你不如公阅休推荐管用。"

则阳问："公阅休是干什么的?"王果说："他冬天到江河里刺鳖，夏天到山脚下休憩。有人经过那里问他，他就（指着那山）说："这就是我的住宅。"夷节尚且不能做到，何况是我呢？我又比不上夷节。夷节的为人，虽然无视道德修养，但颇有智慧，他不以有德之人自诩，只凭他的智慧施展他的交际才能，他一直沉迷于同富贵人家交往，这不能帮助人家提高德性，只会使得同他交往的人的德性消退。受冻的人盼着温暖的春天，相反，中暑的人刚好希望得到冷风带来凉爽。楚王的为人，外表高贵而又威严；他对于有过错的人，像老虎对待猎物一样，决不宽恕；不是极有才辩的人或者是德行端正之士，谁能够使他改变主意！

"所以，圣人即使不得志也不会让家里人因感到缺少什么而忧心，得志时则能够使居上位者不自以为高人一等，而平等谦恭地待人；对外界环境，他与之和谐相处，心情欢乐；对所有他人，他都乐于按世俗规则与之沟通，同时保持自己的自然本性。因此，他也许无须说什么就能让人心平气和，前嫌尽释，同人一起生活哪怕只有很短的时间，就能让人因为受到他的影响而改变原先的偏见，转而认同他的观点；即使父子关系有了问题，只要他其间做点工作，就又会回到最初的正常状态。圣人对于人心的了解和感化人的力量，就是如此地超出常人啊！所以我说，（你想得到楚王的赏识）要靠公阅休来推荐你。"

原文

圣人达绸缪①，周尽一体矣②，而不知其然，性也。复命摇作而以天为师③，人则从而命之也。忧乎知而所行恒无几时，其有止也若之何！

生而美者，人与之鉴④，不告则不知其美于人也。若知之，若不知之，若闻之，若不闻之，其可喜也终无已；人之好之亦无已，性也。圣人之爱人也，人与之名，不告则不知其爱人也。若知之，若不知之，若闻之，若不闻之，其爱人也终无已，人之安之亦无已，性也。

旧国旧都，望之畅然；虽使丘陵草木之缗⑤，入之者十九，犹之畅然。况见见闻闻者也，以十仞之台县众间者也⑥！

注释

①绸缪（móu）：纠葛，即贯通人际间的纠葛。

②周尽：周知万物，穷尽其理。

③复命：复归于无命。一说为"静"。摇作：动作。

④鉴：鉴别。原意为镜子。

⑤缗（mín）：蔓延，言草木遮盖。

⑥县（xuán）：同"悬"，挺立。

译文

圣人贯通人际间的纠葛，透彻地了解万物混同一体的状态，但不知道为什么会是这样，这决定于自然的本性。为回返真性而有所动作，但总是效法自然，人们才称呼他为圣人。整日忧心于智巧与谋虑因而有所动作，常常不会持久。如果停止了对知识的追逐而无忧无虑，又将怎样呢？

生来就漂亮的人，是因为别人给他一面镜子，如果没有人告诉他，他也就不会知道自己比别人漂亮。好像知道又好像不知道，好像听见了又好像没有听见，他的欣喜竟无止时，人们的好感不会因此而中止，这是出于自然本性啊！圣人知道爱抚众人，是因为人们赋予了他相应的名称，如果人们不相告，也就不知道他爱人。好像知道又好像不知道，好像有所闻又好像没有所闻，他爱人就没有终止，人们安于他的爱也就处之泰然，这是出于自然的本性。

故乡故土，人总是一看到它就会心情舒畅，即使它上面草木丛生，绝大部分都被埋没了，也依然如此。更何况亲眼看到的故土是完好无损的，看它就像是观望一个悬立在众人之间的十仞高台一样，清清楚楚呢！

原文

冉相氏得其环中以随成①，与物无终无始，无几无时②。日与物化者，一不化者也，阖尝舍之③！夫师天而不得师天，与物皆殉④，其以为事也若之何？夫圣人未始有天，未始有人，未始有始，未始有物，与世偕行而不替，所行之备而不洫⑤，其合之也若之何？

汤得其司御门尹登恒为之傅之，从师而不囿；得其随成，为之司其名；之名嬴法，得其两见。仲尼之尽虑，为之傅之。容成氏曰："除日无岁，无内无外。"

注释

①冉相氏：事迹不详，一般认为是指一位古代圣王。得其环中以随成：是《齐物论》篇"枢始得环中，以应无穷"句的缩略表达，喻指一个人总是居于中心不变之地，就能始终顺应外界一切迁移变化。"随成"是随顺外界的变化同时也就成全自己的意思。"以"字是表示顺从关系，相当于"因而"。

②"与物无始无终，无几无时"是接着前面的"以"字说下来的。"无几无时"，没有时间和空间的限制。"几"借作"畿"，边际义。"物"是指众人。

③阖尝：即何尝。舍：同"捨"。之：指代词，即复指前句的"一"。

④殉：这里是"受损害"的意思。

⑤备：这里指完满、充实的意思。洫：这里是空的意思。与"虚"音近。

译文

古代圣人冉相氏是个遇事顺其自然发展，总是与人亲近，一点儿也不受时间和地点的限制，每天都能够顺随环境变化的人，他之所以能够如此，原因就在于他有一点是不变的，那就是坚决守住了他的自然本性，决不稍有舍弃或违逆。要知道，一个人如果只是心里想"师天"，实际行为却做不到始终"师天"，那就会使自己与交往的对象都受到伤害，这结果会怎样呢？（当然是成不了圣人。）要知道，圣人待人接物行事，既不考虑天，也不考虑人，既不考虑怎样开始，也不考虑如何结束，既不考虑对自己有何效益，也不考虑对他人有何影响，只是顺应世风民情，所以他的言行是实在而不虚空的。想一想，聚这些品性于一身的人会是怎样的人？（当然是圣人了。）

商汤启用他的司御门尹登恒当他的师傅，而他随从师傅学习却从不拘泥于所学；能够随顺而成，为此而察其名迹；对待这样的名迹又无心寻其常法，因而君臣、师徒能各得其所、各守其分。孔子最后弃绝了谋虑，因此，对自然才有所辅助。容成氏说："摒除了日就不会累积成年，忘掉了自己就能忘掉周围的事物。"

原文

魏莹与田侯牟约，田侯牟背之①。魏莹怒，将使人刺之。犀首闻而耻之曰②："君为万乘之君也，而以匹夫从仇！衍请受甲二十万，为君攻之，虏其人民，系其牛马，使其君内热发于背③。然后拔其国。忌也出走，然后抶其背，折其脊。"

季子闻而耻之曰："筑十仞之城，城者既十仞矣，则又坏之，此胥靡之所苦也④。今兵不起七年矣，此王之基也。衍乱人，不可听也。"

华子闻而丑之曰："善言伐齐者，乱人也；善言勿伐者，亦乱人也；谓伐之与不伐乱人也者，又乱人也。"君曰："然则若何？"曰："君求其道而已矣！"

惠子闻之而见戴晋人。戴晋人曰："有所谓蜗者，君知之乎？"曰："然。"有国于蜗之左角者，曰触氏，有国于蜗之右角者，曰蛮氏。时相与争地而战，伏尸数万，逐北旬有五日而后反。"君曰："噫！其虚言与？"曰："臣请为君实之。君以意在四方上下有穷乎？"君曰："无穷。"曰："知游心于无穷，而反在通达之国，若存若亡乎？"君曰："然。"曰："通达之中有魏，于魏中有梁，于梁中有王。王与蛮氏，有辩乎？"君曰："无辩。"客出而君惝然若有亡也。

客出，惠子见。君曰："客，大人也，圣人不足以当之。"惠子曰："夫吹管也，犹有嗃也⑤；吹剑首者，吷而已矣⑥。尧舜，人之所誉也；道尧舜于戴晋人之前，譬犹一吷也。"

注释

①魏莹：指魏惠王。田侯牟：齐威王。
②犀首：武官名。
③内热发于背：因悲愤而背生痈疽。
④胥靡：服役的人。
⑤嗃（xiāo）：洪亮而悠长的声音。
⑥吷（xuè）：细微的声音。

译文

魏惠王与齐威王订立盟约，而齐威王违背了盟约。魏王大怒，要派人刺杀齐威王，将军公孙衍知道后认为做法可耻，说："您是大国的国君，却用普通百姓的手段去报仇！我愿统率二十万部队，替你攻打齐国，俘获齐国的百姓，牵走他们的牛马，使齐国的国君心急如焚而热毒发于背，然后吞并他的国土。等大将田忌战败逃跑时，然后抓住他，鞭打他，折断他的脊骨。（这是大国的风度。）"

季子听了认为公孙衍的做法可耻，说："建筑十仞高的城墙，筑城已经十仞高了，又把它毁掉，这是服役之人最痛苦的事情。如今不用兵打仗已经七年了，这是王业的基础。公孙衍实在是挑起祸乱的人，不可听从他的主张。"

华子听了这些议论，说："极力主张讨伐齐国的人，是拨弄祸乱的人；极力劝说不要讨伐齐国的人，也是拨弄祸乱的人；说讨伐与不讨伐来搅乱人心的人，也是拨弄祸乱的人。"魏王说："那将怎么办呢？"华子说："你还是遵守自然之道就是了！"

惠子听了这事，引见戴晋人给魏王。戴晋人说："有叫蜗牛的小动物，国君知道吗？"魏王说："知道。"戴晋人说："有个国家建在蜗牛的左角，名字叫触氏；有个国家建在蜗牛的右角，名字叫蛮氏，他们常常为争夺土地而打仗，战争中倒下的尸体数也数不清，战胜者追赶战败者往往十天半月才返回。"魏王说："唉，这是虚妄的言论吧？"戴晋人说："让我为你证实这些话。你认为宇宙的空间有限吗？"魏王说："没有止境。"戴晋人说："知道使自己的思想在无限中遐想，而返于通达的国土，是不是感到若有若无？"魏王说："是的。"戴晋人又说："在这人迹所至的狭小范围内有一个魏国，在魏国中有一个大梁城，在大梁城里有你魏王。大王与那蛮氏相比，有区别吗？"魏王回答说："没有。"戴晋人辞别而去，魏王心中怅然若有所失。

戴晋人离开后惠子见魏惠王，魏王说："戴晋人，真是个了不起的人，圣人不足以和他相提并论。"惠子说："吹起竹管，就会有洪亮的响声；吹着剑首的环孔，只会有细微的声音罢了。尧与舜，都是人们所赞誉的圣人；在戴晋人面前称赞尧与舜，就好比那微弱的声音罢了。"

原文

孔子之楚^①，舍于蚁丘之浆。其邻有夫妻臣妾登极者，子路曰："是稷稷何为者邪？^②"仲尼曰："是圣人仆也。是自埋于民，自藏于畔^③。其声销^④，其志无穷，其口虽言，其心未尝言，方且与世违而心不屑与之俱。是陆沈者也^⑤，是其市南宜僚邪？"

子路请往召之。孔子曰："已矣！彼知丘之著于己也，知丘之适楚也，以丘为必使楚王之召己也，彼且以丘为佞人也。夫若然者，其于佞人也羞闻其言，而况亲见其身乎！而何以为存？"子路往视之，其室虚矣。

注释

①之：往。
②稷稷（zōng）：聚集的样子
③畔：田界，这里泛指田园。
④销：通"消"，消散、消失的意思。
⑤陆沈：喻指隐遁。沈（chén），同"沉"。

译文

孔子到楚国去，寄宿在蚁丘的卖浆人家。卖浆人家的邻居夫妻奴仆全都登上了屋顶观看孔子的车骑，子路说："这么多人聚集在一起是干什么呢？"孔子说："这些人都是圣人的仆从。这个圣哲之人把自己隐藏在百姓之中，藏身于田园生活里。他的声音从世上消失了，他的志向却是伟大的，他嘴里虽然在说着话，心里却好像不曾说过什么，处处与世俗相违背而且心里总不屑与世俗为伍。这是隐遁于世俗中的隐士，这个人恐怕就是楚国的市南宜僚吧？"

子路请求前去召见他。孔子说："算了吧！他知道我对他十分了解，又知道我到了楚国，认为我必定会让楚王来召见他，他将把我看成是巧言献媚的人。如果真是这样，他对于巧言献媚的人一定会羞于听其言谈，更何况是亲自见到其人呢！你凭什么认为他还会留在那里呢？"子路前往探视，市南宜僚的居室已经空无一人了。

原文

长梧封人问子牢曰①："君为政焉勿卤莽②，治民焉勿灭裂③。昔予为禾④，耕而卤莽之，则其实亦卤莽而报予；芸而灭裂之⑤，其实亦灭裂而报予，予来年变齐⑥，深其耕而熟耰之⑦，其禾蘩以滋⑧，予终年厌飧。"

庄子闻之曰："今人之治其形，理其心，多有似封人之所谓，遁其天，离其性，灭其情，亡其神，以众为。故卤莽其性者，欲恶之孽，为性萑苇蒹葭⑨，始萌以扶吾形，寻擢吾性⑩，并溃漏发，不择所出，漂疽疥痈，内热溲膏是也⑪。"

注释

①长梧封人：即长梧子。
②卤莽：草率。
③灭裂：胡乱。
④为禾：种庄稼。
⑤芸：除草。
⑥齐：通"剂"，制作，耕作方法。
⑦熟耰（yōu）：细致地反复除草。耰，古代弄碎土块使土地平坦的农具。
⑧蘩（fán）：白蒿。这里指繁盛。
⑨萑（huán）：古书上指芦苇一类的植物。
⑩擢（zhuó）：拔，助长。
⑪溲（sōu）膏：排泄膏状小便。

译文

长梧子对子牢说："你处理政事不要草率，治理百姓不要乱来。从前我种庄稼，耕作时草率从事，则果实也因草率而报复我；除草乱来，其果实也因乱来而报复我。我来年改变了原有的方式，深耕细作，禾苗繁茂滋壮，我一年到头不愁食品不足。"

庄子听了后说："如今人们对待自己的身体，修养自己的心神，许多都像长梧子所说的情况，逃避自然，背离天性，泯灭真情，丧失精神，以从众俗行为。所以对本性草率的，喜好厌恶的滋生，就像崔苇、兼葭没有秀穗本性一样，开始以此来扶助人的形体，逐渐地就拔除了自己的本性，就像遍体毒疮一齐溃发，不选择地方而泄出，毒疮流脓，内热排泄膏状小便就是这样。"

原文

柏矩学于老聃①，曰："请之天下游。"老聃曰："已矣！天下犹是也②。"又请之，老聃曰："汝将何始？"曰："始于齐。"

至齐，见辜人焉③，推而强之④，解朝服而幕之⑤，号天而哭之曰："子乎子乎⑥！天下有大菑，子独先离之⑦，曰莫为盗，莫为杀人！荣辱立，然后睹所病；货财聚，然后睹所争。今立人之所病，聚人之所争，穷困人之身使无休时，欲无至此，得乎！

"古之君人者⑧，以得为在民，以失为在己；以正为在民，以枉为在己；故一形有失其形者⑨，退而自责。今则不然。匿为物而愚不识，大为难而罪不敢，重为任而罚不胜，远其塗而诛不至。民知力竭，则以伪继之，日出多伪，士民安取不伪！夫力不足则伪，知不足则欺，财不足则盗。盗窃之行，于谁责而可乎？"

注释

①柏矩：姓柏，名矩。老子的学生。

②是：这里。

③辜人：死刑人的尸体放在街上示众。

④推而强之：尸体摆正。"强"通"僵"。

⑤幕：覆盖。

⑥子：你，先生。

⑦菑："灾"的异体字。离：借作"罹"。

⑧君人者：统治人的人，指君主。

⑨一：一旦。形：通"刑"。

译文

柏矩在老聃那里学习，说："请老师同意我到天下去游览。"老聃说："算了，天下就像这里一样。"柏矩再次请求，老聃说："你打算先去哪里？"柏矩说："先从齐国开始。"

柏矩到了齐国，见到一个处以死刑而抛尸示众的人，推推尸体摆正，解下朝服覆盖在尸体上，仰天号啕大哭说："你呀你呀！天下有大灾祸，偏偏你先遭遇上了。"哭完后就说："你遭遇这下场，莫非是因为你做了盗贼？或者杀了人？自从人们有了荣辱的观念，原先担心的弊端就出现了；自从聚敛财物成了人们的追求，因聚财而起的争斗也就发生了。如果社会建立的竟是人们所厌恶的弊端，聚积的是人们所争夺的财物，穷困的人就都没有欢乐可言了。想要不出现这样的局面，怎么可能呢？

"古时候统治百姓的人，会把便利方便给民众，把不便留给自己；将正直的做法归于百姓，不正直的做法归于自己，所以，只要刑律未能达到制定它的目的，就会废除并且自责。如今的统治者就不是这样了：他隐瞒自己制定的制度，又责备不知情的人；还夸大办事的困难，又怪罪不进取的人；不但加重下达的任务，还惩罚力不胜任的人；把办事的地点安排在很远的地方，却责罚未能按时到达的人。当民众感到力不从心时，就会用造假来应付差事了；当君主使出的手段很多具有虚假性时，老百姓怎会不弄虚作假呢！要知道，人在能力不足以胜任某事，而又不得不做的时候就会造假；其知识不足以解决某问题，而又不能不表态的时候就会行诈；财物不足以养活自己，而又不能不活下去的时候就会为盗。（这是人性的正常表现。）这样，社会上出现盗窃行为，到底谴责谁才是正确合理的呢？"

原文

蘧伯玉行年六十而六十化①，未尝不始于是之而卒诎之以非也②，未知今之所谓是之非五十九非也③。万物有乎生而莫见其根④，有乎出而莫见其门⑤。人皆尊其知之所知，而莫知恃其知之所不知而后知⑥，可不谓大疑乎！已乎已乎！且无所逃，此所谓然与，然乎？

注释

①行年：即经历过的年岁，这里指年龄。六十化：指六十年来思想观念一直都在变化。

②之："是之"和"诎之以非"中的"之"字是泛指"某事"。卒：这里是"后来"的意思。

③谓：认为的意思。

④根：指事物产生的根由。

⑤门：门径、法门的意思。

⑥知："尊其知"和"恃其知"的"知"字都通"智"。恃：依仗。

译文

蘧伯玉活了六十岁，而六十年来他的思想观念一直都在与时俱进；他并非没有当初认为做得对而后来认为是错的事，也不知道现今认为是对的就不是他五十九年来认为是错的。这是不足为怪的，因为万物有其产生，却看不见它的根由，有其成长过程，而人却看不到它的成长法门。人人都尊崇自己的才智所了解的知识，却不懂得心是先有自己并不知道的东西，然后才能获得新知识，这能不算是最大的疑惑吗？算了吧！这疑惑是人类认知过程中必然发生的。这里说得对吗？很对吧？

原文

仲尼问于太史大弢、伯常骞、狶韦曰①："夫卫灵公饮酒湛乐，不听国家之政，田猎毕弋，不应诸侯之际；其所以为灵公者，何邪？"大弢曰："是因是也。"伯常骞曰："夫灵公有妻三人，同滥而浴②。史鳅奉御而进所，搏币而扶翼③。其慢若彼之甚也，见贤人若此其肃也④，是其所以为灵公也。"狶韦曰："夫灵公也死，卜葬于故墓不吉，卜葬于沙丘而吉。掘之数仞，得石椁焉，洗而视之，有铭焉，曰：'不冯其子，灵公夺而里之⑤。'夫灵公之为灵也久矣⑥，之二人何足以识之！"

注释

①弢（tāo）：通"韬"。

②滥：大浴盆。

③搏币：接取巾帛。扶翼：扶掖，即扶臂。

④"其慢若彼之甚也，见贤人若此其肃也"："慢"指三妻同滥而浴。"贤人"指史鳅，即史鱼，卫之贤者。孔子称赞他说："直哉史鱼。"（《论语·卫灵公》）"肃"，敬也，指"搏币而扶翼"，接受奉献礼品而后亲自搀扶。这两句话是伯常骞的解释，其意"灵"善恶兼备。

⑤里：埋。

⑥"夫灵公之为灵也久矣"指灵公死不葬故墓而葬沙丘，早已备有石椁。这是狶韦的看法。事本荒诞，狶韦却据以为言，而肯定其为"灵"。"灵"全善而无恶意。

译文

孔子向太史大弢、伯常骞、狶韦请教："卫灵公沉湎饮酒作乐，不愿处理国家政务，经常出外张网打猎射杀飞鸟，又不参与诸侯间的交往与盟会。他死之后为什么还追谥为灵公呢？"大弢说："这样的谥号就是因为他具有这样的德行。"伯常骞说："那时候卫灵公有三个妻子，他们在一个盆池里洗澡。卫国的贤臣史鳅奉召进到卫灵公的寓所，只得急忙接过衣裳并扶着他的手臂。他对待大臣是多么的傲慢，而他对贤人又是如此的肃敬，这就是他死后追谥为灵公的原因。"狶韦则说："当年卫灵公死了，占卜问葬说葬在原墓地不吉利，而葬在沙丘上就吉利。于是挖掘沙丘数丈，发现有一石制外棺，洗去泥土一看，上面还刻有一段文字，说：'不靠子孙，灵公将得此为冢。'灵公被叫作'灵'看来已经很久很久了，大弢和伯常骞怎么能够知道！"

原文

少知问于大公调曰："何谓丘里之言？"①大公调曰："丘里者，合十姓百名而以为风俗者也[2]；合异以为同，散同以为异。今指马之百体而不得马，而马系于前者[3]，立其百体而谓之马也。是故丘山积卑而为高，江河合水而为大，大人合并而为公。是以自外入者，有主而不执；由中出者，有正而不距。四时殊气，天不赐，故岁成；五官殊职，君不私，故国治；文武大人不赐，故德备；万物殊理，道不私，故无名。无名故无为，无为而无不为。时有终始，世有变化。祸福淳淳[4]，至有所拂者而有所宜；自殉殊面，有所正者有所差。比于大泽[5]，百材皆度；观于大山，木石同坛。此之谓丘里之言。"

少知曰："然则谓之道，足乎？"大公调曰："不然。今计物之数，不止于万，而期曰万物者[6]，以数之多者号而读之也。是故天地者，形之大者也；阴阳者，气之大者也；道者为之公。因其大以号而读之则可也，已有之矣，乃将得比哉！则若以斯辩，譬犹狗马，其不及远矣。"

注释

①丘里之言：表达世间风俗规范的语言。
②十姓百名：群众。
③系：栓。
④淳淳：流动自然的样子。
⑤泽：聚水的地方。
⑥期：要，限。

译文

少知向大公调求教："什么叫作'丘里'之言？"大公调说："所谓的'丘里'，就是聚合十家姓，上百个人而形成共同的风气与习俗；组合各个不同的个体就形成混同的整体，离散混同的整体又成为各个不同的个体。如今指称马的上百个部位都不能获得马的整体，而马就拴缚在眼前，只有确立了马的每一个部位并组合成一整体才能称之为马。所以说山丘积聚卑小的土石才成就其高，江河汇聚细小的流水才成就其大，伟大的人物并合了众多的意见才成就其公。所以，从外界反映到内心里的东西，自己虽有定见却并不执着己见；由内心里向外表达的东西，即使是正确的也不愿跟他人相违逆。四季具有不同的气候，大自然并没有对某一节令给予特别的恩赐，因此年岁的序列得以形成；各种官吏具有不同的职能，国君没有偏私，因此国家得以治理；文臣武将具有各不相同的本事，国君不做偏爱，因此各自德行完备；万物具有各自的规律，大道对它们也都没有偏爱，因此不去授予名称以示区别。没有称谓因而也就没有作为，没有作为因而也就无所不为。时序有终始，世代有变化。祸福在不停地流转，出现违逆的一面同时也就存在相宜的一面；各自追逐其不同的侧面，有所端正的同时也就有所差误。就拿大泽来比方，生长的各种材质全都有自己的用处；再看看大山，树木与石块处在同一块地方。这就叫作'丘里'的言论。"

少知问："既然如此，那么称之为道，可以吗？"大公调说："不可以。现在计算一下物的种数，不止一万种，而只限于称作万物，是用数字最多的来称述它。所以，天和地，是形体中最大的；阴与阳，是元气中最大的；而大道却把天地、阴阳相贯通。因为它大就用'道'来称述它是可以的，已经有了'道'的名称，还能够用什么来与它相提并论呢？假如用这样的观点来寻求区别，就好像狗与马，其间的差别也就太大了！"

原文

少知曰："四方之内，六合之里，万物之所生恶起①？"大公调曰："阴阳相照相盖相治，四时相代相生相杀，欲恶去就于是桥起，雌雄片合于是庸有②。安危相易，祸福相生，缓急相摩③，聚散以成。此名实之可纪，精微之可志也④。随序之相理，桥运之相使，穷则反，终则始；此物之所有。言之所尽，知之所至，极物而已。睹道之人，不随其所废，不原其所起，此议之所止。"

少知曰："季真之莫为，接子之或使，二家之议，孰正于其情，孰偏于其理？"大公调曰："鸡鸣狗吠，是人之所知；虽有大知，不能以言读其所自化，又不能以意其所将为⑤。斯则析之⑥，精至于无伦，大至于不可围，或之始，莫之为，未免于物而终以为过。或始则实，莫为则虚。有名有实，是物之居；无名无实，在物之虚。可言可意，言而愈疏。未生不可忌，已死不可徂⑦。死生非远也，理不可睹。或之使，莫之为，疑之所假。吾观之本，其往无穷；吾求之末，其来无止。无穷无止，言之无也，与物同理；或使莫为，言之本也，与物终始。道不可有，有不可无。道之为名，所假而行⑧。或使莫为，在物一曲，夫胡为于大方？言而足，则终日

· 43 ·

言而尽道；言而不足，则终日言而尽物。道物之极，言默不足以载；非言非默，议有所极。"

①恶：通"乌"，是疑问代词，相当于"哪里""如何"。
②欲：这里是爱好的意思。片：指两方中的一方。桥起：指突然。桥，通"乔"，高而不平。庸有：子孙繁衍不断。庸，这里是"常"的意思。
③摩：接近的意思。
④纪：通"记"，记载。精微：思想意识。
⑤读：这里指说出的意思。将：准备、打算。
⑥斯：副词，相当于"如此说来"。
⑦徂：通"祖"，开始的意思。
⑧所假：有所依据。行：成功。

✿✿ 译文

少知问："四境之内，宇宙之间，万物的产生从哪里开始?"大公调说："阴阳互相辉映、互相伤害又互相调治，四季互相更替、互相产生又互相衰减。于是，求偶的欲念兴起，雌雄的交合导致子孙繁衍不断。安全与危险相互交替，灾祸与福祉相互发生，自身变化的快慢相互接近，他物之间的聚散相互促成。这些是可以用语言文字记载的，人的思想是能够记忆的。事物在常态时相互有区别，变化时彼此难辨，发展到了尽头就会折回，死亡则意味着新的开始，万物都是如此。因此，人的语言所能表达出来的，知识所能达到的，都是具体的东西。悟道的人不追问事物的消亡，也不探究它的起源，进行的讨论只限于事物本身存在其间的性状。"

少知又问："季真的'莫为'的观点，接子的'或使'的主张，这两家的议论，哪个切合实情，哪个偏离常理?"大公调说："鸡鸣狗叫，这是人能感知到的，可是，即使大有超人的智慧，也不能用语言说出它们的鸣叫究竟表达了什么，同样也不能凭思考预测出它们打算做什么。据此推论下去，那对于小到无比小的东西和大到无限大的东西的产生，你说它有主宰者也好，说它没有主宰者也好，都是用讨论可感知的有限物体的方式去认识它的，故而终归是错误的。'或使'的主张是对于可感知东西的思考，'莫为'的观点则是出于对不可感知的领域的设想。有名有实的（领域），只对可感知到的有限物来说成其为居所；无名无实的（领域），对于它来说就意味着没有居所了。即使是可以言谈和测度的东西，也是谈论得越多，越显得不好理解了。尚未产生的东西，不能禁止其产生，已经死亡的东西，不能让它重新开始。死亡与产生相距不远，但其中的规律却是不易察看的。而像'或使论'这样的说法，'莫为论'这样的见解，都是人在有所疑惑时做出的假设之说。人们观察宇宙万物本原这样的问题，是可以不断往前追溯的，是永远没有穷尽的；人们寻找它们的终点，一样可以不断跟踪下去，不会有停止的时候。所以说某个东西是可以无休止地追寻的，其实说的是根本不存在的东西，与说具体事物时的道理是一样的；而'或使'和'莫为'的假说，说的是宇宙万物的本原，和宇宙万物存在多久，就可以谈论多久一样，宇宙万物永远是得不出结论的。道不认可宇宙万物有个主宰者的说法（'或使论'），也不肯定宇宙万物没有主宰者的观点（'莫为论'）。从道的观点来看，给对象起名字，只要有凭有据就可以的，而'或使论''莫为论'在谈论宇宙万物起源时都是具有片面性的，怎么会达到大道的境界呢？然而，谈论如果周到全面，就会每天的谈论都符合于道；谈论的如果做不到全面周到，那就会整天的谈论都停留于物象的层面。大道处在物象的尽头，那是无论言谈或沉默都不足以表达的，既不言语，又不沉默，这才是大道的极致。"

在　宥

题解

　　"在"是自在的意思，"宥"是宽容的意思。反对人为，提倡自然，阐述无为而治的主张就是本篇的主旨。

　　全篇大体分为六个部分。第一部分至"吾又何暇治天下哉"，指出一切有为之治都会使天下之人"淫其性"而"迁其德",因此"君子不得已而临莅天下"就应当"莫若无为";一开始就推出了"无为"而治的主张,而开篇的两句话便是提挈全文的总纲。第二部分至"故曰'绝圣弃知而天下大治'",借老聃对崔瞿的谈话说明推行仁义扰乱人心是天下越治越坏的原因,极力主张"绝圣去知"。第三部分至"而我独存乎",通过广成子对黄帝的谈话,阐明治天下者必须先治身的道理,并详细说明了治身、体道的方法和途径。第四部分至"起辞而行",用鸿蒙与云将的对话,进一步阐明无为与养心的关系,指出无为的要害就在于"心养"。第五部分至"天地之友",着力说明拥有土地的统治者一心贪求私利必定留下祸患,从而进一步阐明了"养心"和"忘物"的关系,做到了"无己"也就能忘形、忘物。余下为第六部分,概括了治理天下时遇到的十种情况,指出对待这些情况都只能听之任之,随顺应合,并就此提出了君主无为、臣下有为的主张。不过,本篇所反映的庄子思想与庄子在前几篇中抨击仁义、绝圣弃智的思想似有偏离之嫌。

原文

闻在宥天下[①],不闻治天下也。在之也者,恐天下之淫其性也[②];宥之也者,恐天下之迁其德也[③]。天下不淫其性,不迁其德,有治天下者哉!昔尧之治天下也,使天下欣欣焉人乐其性[④],是不恬也[⑤];桀之治天下也,使天下瘁瘁焉人苦其性[⑥],是不愉也。夫不恬不愉,非德也。非德也而可长久者,天下无之。

人大喜邪,毗于阳[⑦];大怒邪,毗于阴。阴阳并毗,四时不至,寒暑之和不成,其反伤人之形乎!使人喜怒失位,居处无常,思虑不自得,中道不成章[⑧],于是乎天下始乔诘卓鸷[⑨],而后有盗跖、曾史之行。故举天下以赏其善者不足,举天下以罚其恶者不给,故天下之大不足以赏罚。自三代以下者,匈匈焉终以赏罚为事[⑩],彼何暇安其性命之情哉!

而且说明邪[⑪],是淫于色也[⑫];说聪邪,是淫于声也;说仁邪,是乱于德也;说义邪,是悖于理也[⑬];说礼邪,是相于技也[⑭];说乐邪,是相于淫也;说圣邪,是相于艺也[⑮];说知邪,是相于疵也。天下将安其性命之情,之八者,存可也,亡可也;天下将不安其性命之情,之八者,乃始脔卷狯囊而乱天下也[⑯]。而天下乃始尊之惜之,甚矣,天下之惑也!岂直过而去之邪^⑰，乃齐戒以言之^⑱，跪坐以进之，鼓歌以儛之^⑲，吾若是何哉！故君子不得已而临莅天下^⑳，莫若无为。无为也而后安其性命之情。故贵以身于为天下，则可以托天下；爱以身于为天下，则可以寄天下。故君子苟能无解其五藏^㉑，无擢其聪明^㉒；尸居而龙见^㉓，渊默而雷声^㉔，神动而天随，从容无为而万物炊累焉^㉕。吾又何暇治天下哉！

注释

①在宥天下：指任天下自在地发展，也就是无为而治。宥，宽容。在，自在。

②淫：过，超出。

③德：常态，指遵循于"道"的生活规律和处世的基本态度。

④乐其性：为其性而乐，意思是为保有真性而欣喜。一说"其"字指代"尧"，跟下句的"其"字指代"桀"一样。

⑤恬：静。

⑥瘁瘁：忧愁的样子。

⑦毗（pí）：损伤。

⑧章：章法，法度。

⑨乔诘：骄傲自大。乔，骄。诘，挑剔别人的过错。卓鸷：悖戾不平。卓，孤立。鸷，这里指猛厉。

⑩匈匈：即"讻讻"，喧嚣、吵嚷。

⑪说（yuè）：喜悦，这个意思后代写作"悦"。

⑫淫：沉溺，为之所迷乱。

⑬悖：违背。

⑭相：助。技：技巧，这里指熟悉礼仪。

⑮艺：才能。

⑯八者：指上述所说的明、聪、仁、义、礼、乐、圣、智。脔（luán）卷：屈曲不舒展的样子。仓（cāng）囊：扰攘纷争的样子。

⑰直：止，仅仅。过而去之：一代一代地流传下去。

⑱齐（zhāi）：通"斋"。

⑲儛（wǔ）：通"舞"。

⑳莅（lì）临：统管，治理。

㉑五藏：五脏。藏，通"脏"。

㉒擢（zhuó）：拔，提升，引申为滥用。

㉓尸居而龙见：像受祭的活人那样一动不动地坐着，精神像腾龙显现一般。

㉔渊默而雷声：像深渊一样深沉静默，像雷声一样在震动。

㉕炊累：形容游尘浮动升腾。

译文

只听说听任天下自然而然地发展，没有听说要控制天下。听任天下优游自在地发展，是因为担忧人们超越了原本的真性；听任天下宽容自由地发展，是因为担忧人们改变了自然的常态。天下人不超越原本的真性，不改变自然的常态，哪里用得着治理天下呢！从前唐尧治理天下，使天下人欣喜若狂，人人都为有其真性而欢乐，这就不安宁了；当年夏桀治理天下，使天下人忧心不已，人人都为有其真性而痛苦，这就不欢快了。不安宁与不欢快，都不是人们生活和处世的常态。不合于自然的常态而可以长久存在，天下是没有的。

人们过度欢欣，定会损伤阳气；人们过度愤怒，定会损伤阴气。阴与阳相互侵害，四时就不会顺应而至，寒暑也就不会调和形成，这恐怕反倒会伤害自身吧！使人喜怒失却常态，居处没有定规，考虑问题不得要领，办什么事到半途失去章法，于是天下就开始出现种种不平，而后便产生盗跖、曾参、史鰌等各种不同的行为和做法。所以，动员天下所有力量来奖励人们行善也嫌不够，动员天下所有力量来惩戒劣迹也嫌不足，因此天下虽很大，仍不足以用来赏善罚恶。自夏、商、周三代以来，始终是喋喋不休地把赏善罚恶当作当政之急务，他们又哪里有心思去安定人的自然本性和真情呢！

而且，喜好目明吗，这是沉溺于五彩；喜好耳聪吗，这是沉溺于声乐；喜好仁爱吗，这是扰乱人的自然常态；喜好道义吗，这是违反事物的常理；喜好礼仪吗，这就助长了烦琐的技巧；喜好音乐吗，这就助长了淫乐；喜好圣智吗，这就助长了技艺；喜好智巧吗，这就助长了琐细之差的争辩。天下人想要安定自然赋予的真情和本性，这八种做法，存留可以，丢弃也可以；天下人不想安定自然赋予的真情和本性，这八种做法，就会成为屈曲不伸、扰攘纷争的因素而迷乱天下。可是，天下人竟然会尊崇它，珍惜它，天下人为其所迷惑竟达到如此地步！这种种现象岂止是一代一代地流传下来呀！人们还虔诚地谈论它，恭敬地传颂它，欢欣地供奉它，对此我能够怎么样呢！所以，君子不得已而治理天下，最好的方法就是顺其自然。顺其自然才能使天下人保持人类自然的本性与真情。正因为这样，看重自身甚于看重统驭天下的人，便可以把天下托付给他；爱护自身甚于爱护统驭天下之事的人，便可以把天下寄付给他。也正因为这样，君子倘能不敞开他的五脏欲望，不显露自己的聪明，安然不动而神采奕奕，沉静缄默而感人深切，精神活动都合乎自然，从容无为而万物的繁殖就像游尘浮动升腾。我又何必去治理天下呢！

原文

崔瞿问于老聃曰①："不治天下，安藏人心②？"老聃曰："女慎无撄人心③。人心排下而进上④，上下囚杀⑤，淖约柔乎刚彊⑥。廉刿雕琢⑦，其热焦火⑧，其寒凝冰。其疾俛仰之间而再抚四海之外⑨，其居也，渊而静⑩，其动也，县而天。偾骄而不可系者⑪，其唯人心乎！

"昔者黄帝始以仁义撄人之心，尧舜于是乎股无胈⑫，胫无毛⑬，以养天下之形，愁其五藏以为仁义，矜其血气以规法度。然犹有不胜也，尧于是放讙兜于崇山⑭，投三苗于三峗⑮，流共工于幽都，此不胜天下也。夫施及三王而天下大骇矣⑯，下有桀跖，上有曾史，而儒墨毕起。于是乎喜怒相疑，愚知相欺，善否相非⑰，诞信相讥，而天下衰矣。大德不同⑱，而性命烂漫矣；天下好知，而百姓求竭矣。于是乎釿锯制焉，绳墨杀焉，椎凿决焉⑲。天下脊脊大乱⑳，罪在撄人心。故贤者伏处大山嵁岩之下㉑，而万乘之君忧憟乎庙堂之上。今世殊死者相枕也㉒，桁杨者相推也㉓，刑戮者相望也，而儒墨乃始离跂攘臂乎桎梏之间㉔。意，甚矣哉！其无愧而不知耻也甚矣！吾未知圣知之不为桁杨椄槢也㉕，仁义之不为桎梏凿枘也㉖，焉知曾史之不为桀跖嚆矢也㉗！故曰'绝圣弃知而天下大治'。"

注释

①崔瞿：虚拟的人名。
②藏：乃"臧"字之讹。"臧"是善的意思。
③撄（yīng）：触犯，扰乱。

④排：排斥，压抑。进：推崇，器重。

⑤囚杀：憔悴。

⑥淖约：柔美的样子。彊（qiáng）："强"字之古体。

⑦廉刿（guì）：刚强强贞。廉，棱角。刿，锋利。

⑧"热"与下句的"寒"分别形容两种截然不同的心态：情感激动和情绪低落。

⑨疾：快速，这里指心境变化迅速。俛："俯"字的异体。"俛仰之间"比喻时间短暂。抚：临。

⑩渊：这里是深沉的意思。

⑪偾（fèn）骄：偾发骄矜。系：缀连，这里含有拘绊的意思。

⑫股：大腿。胈（bá）：大腿上的肉。

⑬胫：小腿。

⑭讙："歡"字的异体，今简化为"欢"。讙兜：人名，传说跟尧作对，被尧放逐。

⑮三苗：帝尧时代的古国名。三峗：又作"三危"，山名，地处西北。

⑯施（yì）：延续。三王：即夏、商、周三代。

⑰否（pǐ）：坏，恶。

⑱大德：人类的根本德性。

⑲椎凿：肉刑之具。决：判决。

⑳脊脊：通"藉藉"，相互践踏的样子。

㉑伏处：隐居。嵁（kān）岩：深谷。

㉒殊死：斩首。

㉓桁（háng）杨：加在被囚禁者颈上和脚上的刑具。

㉔离跂（qí）：奋力的样子。攘臂：举臂。桎梏（zhì gù）：在脚曰桎，在手曰梏。这里指一切刑具。

㉕楱楃（jié xí）：接合桎梏两孔的大梁。"楃"通"楔"。

㉖凿：用来固定桎梏的榫眼。枘（ruì）：榫头。

㉗嚆（hāo）：响箭，这里含有导向、先导的意思。

译文

崔瞿向老聃请教："不治理天下，怎么能使人心向善？"老聃回答说："你应谨慎而不要随意扰乱人心。人们受到压抑便会消沉颓丧，受到推崇便会振奋，无论消沉颓丧或者振奋都像是受到拘禁和伤害一样自累自苦，唯有柔顺能软化刚强。受伤害时即像被刀切雕刻，情绪激动时像熊熊大火，情绪低落时像凛凛寒冰。内心变化之快，俯仰之间便能畅游四海之外，静处时深幽宁寂，活动时腾跃于高天。骄矜不可抑制的，恐怕就只有人的内心了！

"当年黄帝开始用仁义来扰乱人心，尧和舜于是疲于奔波而腿上无肉、胫上秃毛，用以养育天下众多的形体，满心焦虑地推行仁义，并耗费心血来制定法度，然而他还是未能治理好天下。此后尧将驩兜放逐到南方的崇山，将三苗放逐到西北的三峗，将共工放逐到北方的幽都，这些就是没能治理好天下的明证。延续到夏、商、周三代，更是多方面地惊扰了天下的人民，下有夏桀、盗跖之流，上有曾参、史鰌之流，而儒家和墨家的争辩又全面展开。这样一来，或喜或怒相互猜疑，或愚或智相互欺诈，或善或恶相互责难，或妄或信相互讥刺，因而天下也就逐渐衰败了；基本观念和生活态度如此不同，人类的自然本性散乱了，天下都追求智巧，百姓中便纷争迭起。于是用斧锯之类的刑具来制裁他们，用绳墨之类的法度来规范他们，用椎凿之类的肉刑来惩处他们。天下相互践踏而大乱，罪在扰乱了人心。因此贤能的人隐居于高山深谷之下，而帝王诸侯忧心如焚战栗在朝堂之上。当今之世，遭受杀害的人的尸体一个压着一个，戴着脚镣手铐而坐大牢的人一个挨着一个，受到刑具伤害的人更是举目皆然，而儒家墨家竟然在枷锁和羁绊中挥手舞臂地奋力争辩。唉，真是太过分了！他们不知心愧、不识羞耻竟然达到这等地步！我不知道那所谓的圣智不是脚镣手铐上用作连接左右两部分的插木，我也不明白那所谓的仁义不是枷锁上用作加固的孔穴和木栓，又怎么知道曾参和史鰌之流而不是夏桀和盗跖的先导！所以说，'断绝圣人，抛弃智慧，天下就会得到治理而太平无事'。"

原文

黄帝立为天子十九年[1]，令行天下，闻广成子在于空同之山[2]，故往见之。曰："我闻吾子达于至道，敢问至道之精。吾欲取天地之精，以佐五谷[3]，以养民人。吾又欲官阴阳[4]，以遂群生[5]，为之奈何？"广成子曰："而所欲问者，物之质也[6]；而所欲官者，物之残也[7]。自而治天下，云气不待族而雨[8]，草木不待黄而落，日月之光益以荒矣[9]。而佞人之心翦翦者^⑩，又奚足以语至道！"黄帝退，捐天下^⑪，筑特室^⑫，席白茅^⑬，闲居三月，复往邀之。

广成子南首而卧^⑭，黄帝顺下风^⑮，膝行而进^⑯，再拜稽首而问曰："闻吾子达于至道，敢问，治身奈何而可以长久？"广成子蹶然而起，曰："善哉问乎！来！吾语女至道。至道之精，窈窈冥冥；至道之极，昏昏默默。无视无听，抱神以静，形将至正。必静必清，无劳女形，无摇女精，乃可以长生。目无所见，耳无所闻，心无所知，女神将守形，形乃长生。慎女内^⑰，闭女外^⑱，多知为败。我为女遂于大明之上矣^⑲，至彼至阳之原也^⑳。为女入于窈冥之门矣，至彼至阴之原也。天地有官，阴阳有藏^㉑；慎守女身，物将自壮。我守其一以处其和^㉒，故我修身千二百岁矣，吾形未常衰^㉓。"黄帝再拜稽首，曰："广成子之谓天矣！"

广成子曰："来，余语女。彼其物无穷，而人皆以为有终；彼其物无测，而人皆以为有极。得吾道者，上为皇而下为王；失吾道者，上见光而下为土。今夫百昌皆生于土而反于土^㉔，故余将去女，入无穷之门，以游无极之野。吾与日月参光^㉕，吾与天地为常。当我^㉖，缗乎^㉗！远我^㉘，昏乎^㉙！人其尽死，而我独存乎！"

注释

①黄帝：轩辕氏，相传为中原部族的祖先。

②广成子：庄子虚构的人物。空同：虚构的山名。

③敢问至道之精：精，精髓，精微。吾欲取天地之精：精，精气。

④官：掌管、主宰的意思。

⑤遂：成就。

⑥而：通"尔"，你的意思。物之质：道的精髓。

⑦物之残：阴阳二气。

⑧族：聚集。

⑨益：渐渐。荒：迷乱，晦暗。

⑩佞人：谄谀的小人。翦翦：心地狭隘的样子。

⑪捐：弃置。

⑫筑特室：为了避喧嚣而另辟静室。

⑬席：铺。白茅：白色的茅草，表示洁净。

⑭南首：头朝南。

⑮下风：下方。

⑯膝行：用膝盖着地而行。

⑰内：精神世界。

⑱外：耳目。

⑲遂：达到。大明之上：至道。

⑳前一个"至"字是动词，去到的意思；后一个"至"字是形容词，极的意思。

㉑藏：府，居所。

㉒一：至道。和：阴阳调谐。

㉓常：通"尝"。

㉔百昌："百"，言其多；"百昌"就是说万物昌盛。

㉕参：同"叁"。

㉖当我：向着我而来。

㉗缗（mín）：通"冥"，昏暗。

㉘远我：背着我而去，与上句之"当我"对文。

㉙昏（mín）：昏暗。同"缗"。

译文

黄帝做了十九年天子，诏令通行天下，听说广成子居住在空同山上，特意拜见他，说："我听说先生已经通晓至道，冒昧地请教至道的精华。我一心想获取天地的灵气，用来帮助五谷生长，用来养育百姓。我又希望能主宰阴阳，从而使众多生灵遂心地成长，对此我将怎么办？"广成子回答说："你所想问的，是万事万物的根本；你所想主宰的，是万事万物的残留。自从你治理天下，云气不等到聚集就下起雨来，草木不等到枯黄就飘落凋零，日月的光辉越来越暗淡。小人心胸狭隘，又如何听大道！"黄帝听了这一席话便退了回来，弃置朝政，筑起一间静室，铺上洁白的茅草，独居三月，再次前往求教。

广成子头朝南地躺着，黄帝则顺着下方，双膝着地匍匐向前，叩首礼后问道："听说先生已经通晓至道，冒昧地请教，修养自身怎么样才能活得长久？"广成子急速地挺身而起，说："问得好啊！来，我告诉你至道。至道的精髓，幽深邈远；至道的至极，晦暗沉寂。不看也不听，持守精神保持宁静，形体自然顺应正道。一定要保持宁寂和清静，不要使身形疲累

· 53 ·

劳苦，不要使精神动荡恍惚，这样就可以长生。眼睛不看，耳也不听，内心不去想，这样你的精神定能持守你的形体，身体也就长生。摒除一切思虑，封闭起对外的一切感官，智巧太盛定然招致败亡。我帮助你达到最光明的境地，直达那阳气的本原。我帮助你进入幽深邈远的大门，直达那阴气的本原。天和地都各有主宰，阴和阳都各有府藏，谨慎地守护你的身形，万物将会自然地成长。我持守着大道，而又处于阴阳二气调谐的境界，所以我修身至今已经一千二百年，而我的身形还从不曾有过衰老。"黄帝再次行了大礼叩头至地说："先生真可说是跟自然混而为一了！"

广成子又说："来，我告诉你。宇宙间的事物是没有穷尽的，然而人们却认为有个尽头；宇宙间的事物是不可能探测的，然而人们却认为有个极限。掌握了我所说的道的人，在上可以成为皇帝，在下可以成为王侯；不能掌握我所说的道的人，在上只能见到日月的光亮，在下只能化为土块。如今万物昌盛可都生于土地又返归土地，所以我将离你而去，进入那没有穷尽的大门，从而遨游于没有极限的原野。我将与日月同光，我将与天地共存。向着我而来，我无所觉察！背着我而去，我无所在意！人们恐怕都要死去，而我还独自留下来啊！"

原文

云将东游①，过扶摇之枝而适遭鸿蒙②。鸿蒙方将拊脾雀跃而游③。云将见之，倘然止④，贽然立⑤，曰："叟何人邪？叟何为此？"鸿蒙拊脾雀跃不辍⑥，对云将曰："游！"云将曰："朕愿有问也⑦。"鸿蒙仰而视云将曰："吁！"云将曰："天气不和，地气郁结，六气不调，四时不节⑧。今我愿合六气之精以育群生，为之奈何？"鸿蒙拊脾雀跃掉头曰："吾弗知！吾弗知！"云将不得问。

又三年，东游，过有宋之野而适遭鸿蒙⑨。云将大喜，行趋而进曰："天忘朕邪⑩？天忘朕邪？"再拜稽首，愿闻于鸿蒙。鸿蒙曰："浮游，不知所求；猖狂⑪，不知所往。游者鞅掌⑫，以观无妄⑬。朕又何知！"云将曰："朕也自以为猖狂，而民随予所往；朕也不得已于民，今则民之放也⑭。愿闻一言。"

鸿蒙曰："乱天之经⑮，逆物之情，玄天弗成⑯；解兽之群，而鸟皆夜鸣；灾及草木，祸及止虫⑰，意，治人之过也！"云将曰："然则吾奈何？"

鸿蒙曰："意，毒哉[18]！僊僊乎归矣[19]。"云将曰："吾遇天难，愿闻一言。"

鸿蒙曰："意！心养[20]。汝徒处无为[21]，而物自化。堕尔形体，吐尔聪明[22]，伦与物忘[23]，大同乎涬溟[24]，解心释神，莫然无魂[25]。万物云云[26]，各复其根[27]，各复其根而不知[28]；浑浑沌沌[29]，终身不离；若彼知之，乃是离之。无问其名，无闚其情[30]，物固自生。"云将曰："天降朕以德[31]，示朕以默[32]；躬身求之，乃今也得。"再拜稽首，起辞而行。

注释

①云将：虚构的名字。

②扶摇：神木。一说为飚风。鸿蒙：虚构的名字，有浑然无象之义。

③拊（fǔ）：拍击。脾：通"髀"，大腿。

④倘然：惊疑的样子。

⑤贽（zhì）然：一动不动的样子。

⑥辍（zhuò）：停止。

⑦朕（zhèn）：我。

⑧节：节令；"不节"即不合节令。

⑨有：语助之辞，"有宋"也就是"宋"。

⑩天：这里实指鸿蒙，敬如上天的意思。

⑪猖狂：漫不经心地随意活动。

⑫鞅掌：纷纭众多的样子。

⑬无妄：指万物的真实面目。

⑭放：通"仿"，仿效。

⑮经：常道。

⑯玄天：天。

⑰止虫：即豸虫。

⑱毒：这里是受毒害太深的意思。

⑲僊僊（xiān）："僊"是"仙"字的异体。"僊僊"指轻扬的样子。

⑳心养：养心，即摒弃思虑、清心寂神。

㉑徒：只。

㉒吐：抛弃。

㉓伦：理。

㉔涬（xìng）溟：自然之气。

㉕莫然：即漠然。

㉖云云：众多的样子。

㉗根：这里指固有的真性。

㉘知：感知。

㉙浑浑沌沌：各任自然，浑然无知，保持自然真性的状态。

㉚阚：通"窥"。

㉛天降：天，指鸿蒙。降，赐。

㉜默：静默之行。

译文

云将到东方巡游，经过神木扶摇的枝旁恰巧遇上了鸿蒙。鸿蒙正拍着大腿像雀儿一样跳跃游乐。云将见鸿蒙那般模样，惊疑地停下来，纹丝不动地站着，说："老先生是什么人呀？老先生为什么这般动作？"鸿蒙拍着大腿不停地跳跃，对云将说："自在地游乐！"云将说："我想向你请教。"鸿蒙抬起头来看了看云将道："哎！"云将说："天上之气不和谐，地上之气郁结了，阴、阳、风、雨、晦、明六气不调和，四时变化不合节令。如今我希望调谐六气之精华来养育众生灵，对此将怎么办？"鸿蒙拍着大腿掉过头去，说："我不知道！我不知道！"云将得不到回答。

过了三年，云将再次到东方巡游，经过宋国的原野时恰巧又遇到了鸿蒙。云将大喜，快步来到近前说："老先生忘记我了吗？老先生忘记我了吗？"叩头至地行了大礼，希望得到鸿蒙的指教。鸿蒙说："自由自在地遨游，不知道追求什么；漫不经心地随意活动，不知道往哪里去。游乐人纷纷攘攘，观赏那绝无虚假的情景，我又能知道什么！"云将说："我自以为能够随心地活动，人民也都跟着我走；我不得已而对人民有所亲近，如今却为人民所效仿。我希望能聆听您的一言教诲。"鸿蒙说："扰乱自然的常规，违背事物的真情，整个自然的变化不能顺应形成。离散群居的野兽，飞翔的鸟儿都夜鸣，灾害波及草木，祸患波及昆虫。唉，这都是治理天下的过错！"云将问："这样，那么我能怎么办呢？"鸿蒙说："唉，你受到的毒害实在太深了！你还是就这么回去吧。"云将说："我遇见你实在不容易，恳切希望能听到你的指教。"

鸿蒙说："唉！修身养性。你只需处心于无为之境，万物会自然地有所变化。忘却你的形体，废弃你的智慧，将伦理和万物一块儿遗忘。混同于茫茫的自然之气，解除思虑释放精神，像死灰一样木然地没有魂灵。万物纷杂繁多，全都各自回归本性，各自回归本性却是出自无心，浑然无知保持本真，终身不得违背；假如有所感知，就是背离本真。不要询问它们的名称，不要窥测它们的实情，万物本是自然地生长。"云将说："你把对待外物和对待自我的要领传授给我，你把清心寂神的方法晓谕给我；我亲身探求大道，如今方才有所领悟。"叩头至地再次行了大礼，起身告别而去。

原文

世俗之人，皆喜人之同乎己，而恶人之异于己也。同于己而欲之，异于己而不欲者，以出乎众为心也。夫以出乎众为心者，曷常出乎众哉①！因众以宁②，所闻不如众技众矣。而欲为人之国者，此揽乎三王之利而不见其患者也③。此以人之国侥倖也，几何侥倖而不丧人之国乎！其存人之国也，无万分之一；而丧人之国也，一不成而万有余丧矣。悲夫，有土者之不知也④。

夫有土者，有大物也⑤。有大物者，不可以物物⑥；而不物⑦故能物物。明乎物物者之非物也，岂独治天下百姓而已哉！出入六合⑧，游乎九州⑨，独往独来，是谓独有⑩。独有之人，是谓至贵。

大人之教⑪，若形之于影，声之于响⑫。有问而应之，尽其所怀，为天下配⑬。处乎无响，行乎无方。挈汝适复之挠挠⑭，以游无端；出入无旁⑮，与日无始；颂论形躯⑯，合乎大同，大同而无己。无己，恶乎得有有⑰！睹有者⑱，昔之君子；睹无者，天地之友。

注释

①曷常：何尝。
②因：随顺，顺乎。宁：安。
③揽：通"览"，看到。
④有土者：指"有国者"。
⑤大物：指天下。
⑥物物：指主宰天下。
⑦"而不物"是说用物而又不为外物所用。

⑧六合：指天、地和四方。

⑨九州：上古时期的九大行政区域。

⑩独有：指独能与大道往来。

⑪大人：即独有之人。

⑫响：回声。

⑬配：响应者。

⑭挈：提。适复：往返。挠挠：纷纷。

⑮旁：通"傍"，依。

⑯颂论：言谈。

⑰有有：指有物，有对象世界的存在。

⑱睹：看见。

译文

　　世俗的人，都喜欢别人赞同自己的观点，而厌恶别人不赞同自己。赞同的自己就喜欢，不同意自己的就不喜欢，其原因是有出人头地的心理。随顺众人之意当然能够得到安宁，其实一般人并不如众人的智慧多。希望治理邦国的人，是采取了夏、商、周三代帝王之利，而又看不到这样做的后患的人。这是凭借统治国家的权力贪求个人的利益，可是有几个不是谋求利益而丧失国家统治权力的呢！他们中能够保持住国家权力的人，还不到万分之一，而丧失国家权力的人，自身一无所成还会留下许多祸患。可悲呀，拥有国土的统治者是何等的不聪明！

　　拥有土地的国君，必然拥有天下。拥有天下就可以主宰天下，主宰天下是不可以滥用权力的，明白了驾驭权力而非滥用权力，岂止是治理天下百姓而已啊！这样的人已经能往来于天地四方，游乐于整个世界，独自无拘无束地去，又自由自在地来，这样的人就是独自能与大道往来的人，这就称得上是至高至贵的人。

　　因此，至高至贵之人的教诲，就好像形躯对于身影，传声对于回响。他对民众是有问有答的，而且竭尽自己所能，将自己定位于做天下人的公仆，引领着人们往返于纷扰的世界，从而遨游在无始无终的浩渺之境，无依无傍，像太阳那样没有尽头；他的谈吐和躯体都一点不失自然本色。所以，他可以说是"无己"的，无己之人，哪里用得着据有他物呢！看到了自身和外物的存在，这是过去的君子；因无己而对任何外物都熟视无睹的君主，则是和永恒的天地结为了朋友。

原文

贱而不可不任者①，物也；卑而不可不因者②，民也；匿而不可不为者，事也；麤而不可不陈者③，法也；远而不可不居者④，义也；亲而不可不广者⑤，仁也；节而不可不积者⑥，礼也；中而不可不高者⑦，德也；一而不可不易者，道也；神而不可不为者，天也。故圣人观于天而不助，成于德而不累，出于道而不谋，会于仁而不恃⑧，薄于义而不积⑨，应于礼而不讳⑩，接于事而不辞，齐于法而不乱，恃于民而不轻，因于物而不去⑪。物者，莫足为也，而不可不为。不明于天者，不纯于德；不通于道者，无自而可。不明于道者，悲夫！

何谓道？有天道，有人道。无为而尊者，天道也；有为而累者，人道也。主者，天道也；臣者，人道也。天道之与人道也，相去远矣，不可不察也。

注释

①任：任凭，听任。

②因：顺应，依随。

③麤（cū）："粗"字的异体。陈：陈述。

④远：指距离大道甚远。居：遵守。

⑤亲：有偏爱。广：扩大、推广的意思。

⑥节：礼仪。积：增多。

⑦中：顺。一说获得的意思。

⑧会：符合。恃：依靠。

⑨薄：通"迫"，接近、靠拢的意思。

⑩讳：回避。

⑪因：循，遵从。

译文

低贱而不可不听任的，是万物；卑微而不可不随顺的，是百姓；不显眼而不可不去做的，是事情；不周全而不可不陈述的，是可供效法的言论；距离遥远但又不可不恪守的，是道义；亲近而不可不扩展的，是仁爱；细末的小节不可不累积的，是礼仪；顺依其性而不可不尊崇的，是德；本于一气而不可不变化的，是道；神妙莫测而不可不顺应的，是自然。所以圣人观察自然的神妙却不去扶助，成就了无瑕的修养却不受拘束，行动出于道却不是事先有所考虑，符合仁的要求却不有所依赖，接近了道义却不积不留，应合礼仪却不回避，接触琐事却不推迟，同于法度而不肆行妄为，依靠百姓而不随意役使，遵循事物变化的规律而不轻率离弃。万事万物均不可强为，但又不可不为。不明白自然的演变和规律，也就不会具备纯正的修养；不通晓道的人，没有什么事情可以办成。不通晓道的人，可悲啊！

什么叫作道？有天道，有人道。无所事事无所作为却处于崇高地位的，这就是天道；事必躬亲有所作为而积劳累苦的，这就是人道。君王就是天道，臣下就是人道。天道跟人道比较，相差实在太远，不能不细加体察。

天　运

题解

全文大体可以分为七个部分，第一部分至"此谓上皇"，就日、月、云、雨等自然现象提出疑问，这一切都是自身运动的结果，因而"顺之则治""逆之则凶"。第二部分至"是以道不渝"，写太宰荡向庄子请教，说明"至仁无亲"的道理。第三部分至"道可载而与之俱也"，写黄帝对音乐的谈论，"至乐""听之不闻其声"，却能"充满天地，苞裹六极"，因而给人以迷惑之感，但正是这种无知无识的浑厚心态接近于大道，保持了本真。第四部分至"而夫子其穷哉"，写师金对孔子周游列国推行礼制的评价，指出古今变异因而古法不可效法，必须"应时而变"。第五部分至"天门弗开矣"，借老聃与孔子的谈话来谈论道，指出名声和仁义都是身外的器物与馆舍，可以止宿而不可以久处，真正需要的则是"无为"。第六部分至"子贡蹴蹴然立不安"，写老聃对仁义和三皇五帝之治的批判，指出仁义对人的本性和真情的扰乱毒害至深，以致使人昏聩糊涂，而三皇五帝之治天下，实则是"乱莫甚焉"，其毒害胜于蛇蝎之尾。余下为第七部分，写孔子得道，进一步批判先王之治，指出唯有顺应自然变化才能够教化他人。

原文

"天其运乎①？地其处乎②？日月其争于所乎？孰主张是③？孰维纲是④？孰居无事推而行是？意者其有机缄而不得已邪⑤？意者其运转而不能自止邪？云者为雨乎？雨者为云乎？孰隆施是⑥？孰居无事淫乐而劝是⑦？风起北方，一西一东，有上彷徨，孰嘘吸是⑧？孰居无事而披拂是⑨？敢问何故？"巫咸祒曰⑩："来！吾语女。天有六极五常，帝王顺之则治，逆之则凶。九洛之事⑪，治成德备，监照下土，天下戴之，此谓上皇⑫。"

注释

①运：指运转于上。

②处：指宁静处下。

③所：处所，指轨道。主张：主宰。

④维纲：维系，维持。

⑤意者：推测，猜想。机：机械。

⑥隆：升起，即兴云。施：散布，即施雨。是：指代云与雨。

⑦淫乐：沉溺于欢乐。

⑧嘘：吐气。

⑨披拂：摇荡，扇动。

⑩巫咸：殷中宗相，是以筮占卜的创始者，又是占星家，后世有假托他所测定的恒星图。

⑪九洛：指九州。

⑫上皇：上古帝王。

译文

"天在自然运行吗？地静止不动吗？日月交替出没往来是在相互追逐吗？谁主宰着天的运行？谁维持着地静止不动的呢？是谁闲暇无事推动日月运行，揣测日月运行有什么机械装置，所以不会停呢？还是揣测日月运行由不得自己而停不下来呢？云是为雨水服务的吗？雨是为云服务的吗？是谁在行云布雨？是谁闲居无事贪求欢乐而促成了这种现象？风起于北方，一会儿西一会儿东，在天空中来回徘徊，是谁吐气或吸气造成了云彩的飘动？还是谁闲居无事煽动而造成这样的现象？敢问这是什么缘故？"巫咸招说："来！我告诉你。大自然本身就存在六合和五行，帝王顺应它便能治理好国家，违背它就会招来灾祸。顺应九州聚居之人的各种事务，致使天下治理而道德完备，光辉照临人间，天下人拥戴，这就叫作'上皇'。"

原文

商大宰荡问仁于庄子[1]。庄子曰："虎狼，仁也。"曰："何谓也？"庄子曰："父子相亲[2]，何为不仁？"曰："请问至仁。"庄子曰："至仁无亲。"大宰曰："荡闻之，无亲则不爱[3]，不爱则不孝。谓至仁不孝，可乎？"

庄子曰："不然。夫至仁尚矣[4]，孝固不足以言之。此非过孝之言也，不及孝之言也。夫南行者至于郢[5]，北面而不见冥山，是何也？则去之远也。故曰：以敬孝易，以爱孝难；以爱孝易，以忘亲难[6]；忘亲易，使亲忘我难；使亲忘我易，兼忘天下难；兼忘天下易，使天下兼忘我难。夫德遗尧舜而不为也，利泽施于万世，天下莫知也，岂直大息而言仁孝乎哉[7]？夫孝悌仁义，忠信贞廉，此皆自勉以役其德者也，不足多也[8]。故曰，至贵，国爵并焉[9]；至富，国财并焉；至愿，名誉并焉。是以道不渝[10]。"

注释

①商：即宋，因宋为殷商后裔。大宰：官名，也称冢宰。荡：大

宰名。

②父子：即虎狼父子。

③爱：这里指偏爱父母。

④尚：指值得崇尚。

⑤郢：楚国的都城，现今在湖北江陵西北。

⑥亲：双亲。

⑦大息：赞叹。

⑧多：赞美，推崇。

⑨并：除弃，摒弃。

⑩渝：改变。

译文

宋国的大宰荡向庄子请教仁爱的问题。庄子说："虎和狼也具有仁爱。"大宰荡说："这是什么意思？"庄子说："虎狼也能父子相互亲爱，为什么不能叫作仁呢？"大宰荡又问："请教最高境界的仁。"庄子说："最高境界的仁就是没有亲。"大宰荡说："我听说，没有亲就不会有爱，没有爱就不会有孝，说最高境界的仁就是不孝，对吗？"

庄子说："不是这样。最高境界的仁实在值得推崇，孝本来就不足以说明它。这并不是要责备行孝的言论，而是不涉及行孝的言论。向南方走的人到了楚国都城郢，面朝北方也看不见冥山，这是为什么呢？距离冥山越发地远了。所以说：用恭敬的态度来行孝容易，以爱的本心来行孝困难；用爱的本心来行孝容易，用虚静淡泊的态度对待双亲困难；虚静淡泊地对待双亲容易，使双亲也能虚静淡泊地对待自己困难；使双亲虚静淡泊地对待自己容易，能一并虚静淡泊地对待天下人困难；一并虚静淡泊地对待天下之人容易，使天下之人能一并忘却自我困难。盛德遗忘了尧舜因而尧舜方能任物自得，利益和恩泽施给万世，天下人却没有谁知道，难道偏偏需要深深慨叹而大谈仁孝吗？孝、悌、仁、义、忠、信、贞、廉，这些都是用来劝勉自身而拘执真性的，不值得推崇。所以说，最为珍贵的，一国的爵位都可以随同忘却自我而弃除；最为富有的，一国的资财都可以随同知足的心态而弃置；最大的心愿，名声和荣誉都可以随同通适本性而泯灭。所以，大道是永恒不变的。"

原文

北门成问于黄帝曰①："帝张咸池之乐于洞庭之野②，吾始闻之惧，复闻之怠，卒闻之而惑③；荡荡默默，乃不自得④。"

帝曰："汝殆其然哉⑤！吾奏之以人，徵之以天，行之以礼义，建之以大清⑥。夫至乐者，先应之以人事，顺之以天理，行之以五德，应之以自然，然后调理四时，太和万物。四时迭起，万物循生；一盛一衰，文武伦经⑦；一清一浊，阴阳调和，流光其声；蛰虫始作，吾惊之以雷霆。其卒无尾，其始无首；一死一生，一偾一起；所常无穷，而一不可待。汝故惧也。

"吾又奏之以阴阳之和，烛之以日月之明。其声能短能长，能柔能刚；变化齐一，不主故常；在谷满谷，在阬满阬⑧；涂郤守神⑨，以物为量。其声挥绰，其名高明。是故鬼神守其幽，日月星辰行其纪。吾止之于有穷，流之于无止。予欲虑之而不能知也，望之而不能见也，逐之而不能及也；傥然立于四虚之道，倚于槁梧而吟⑩。目知穷乎所欲见，力屈乎所欲逐，吾既不及已夫！形充空虚，乃至委蛇⑪。汝委蛇，故怠。

"吾又奏之以无怠之声，调之以自然之命。故若混逐丛生⑫，林乐而无形；布挥而不曳，幽昏而无声。动于无方，居于窈冥⑬；或谓之死，或谓之生，或谓之实，或谓之荣；行流散徙，不主常声。世疑之，稽于圣人⑭。圣也者，达于情而遂于命也。天机不张而五官皆备，此之谓天乐，无言而心说。故有焱氏为之颂曰：'听之不闻其声，视之不见其形，充满天地，苞裹六极'。汝欲听之而无接焉，而故惑也⑮。

"乐也者，始于惧，惧故祟；吾又次之以怠，怠故遁；卒之于惑，惑故愚；愚故道，道可载而与之惧也。"

注释

①北门成：庄子虚构的人物。

②帝：指黄帝。张：设置，演奏。咸池：周代"六舞"之一，用以祭祀地神，即《大咸》。

③惧：即骇听，说明北门成对大道全然不悟。怠：即懈怠，说明已稍

有领悟。惑：即愚暗迷惑，说明已黜聪堕明，与大道接近了。

④荡荡：恍惚的样子。默默：无知的样子。

⑤殆：大概。

⑥徵：即征，印证、引证。大清：太初元气。

⑦文：即乐声细微。武：即乐声洪大。伦经：指乐声的演奏有条理。

⑧阬：通"坑"，坑洼。

⑨郤：通"隙"，孔。

⑩傥然：指无依倚的样子。

⑪委蛇（wēi yí）：同"逶迤"，宛转徘徊的样子。

⑫混逐：像禽兽一般互相追逐，形容乐声的动态。

⑬无方：不固定在一个地方。

⑭稽：稽考，求问。

⑮而：通"尔"，你，指北门成。

译文

北门成向黄帝问道："黄帝在广漠的原野上演奏咸池乐曲，我起初听起来感到惊惧，再听下去就逐步松缓下来，听到最后却又感到迷惑不解，神情恍惚无知无识，竟而不知所措。"

黄帝说："你当然感觉如此啊！我是因循着人情来演奏乐曲，同时参照自然的规律，表现出礼义的要求，让一切都建立在天道的基础上。因此，我让乐曲和声像开始时给人以四季更替、万物继生、盛衰有致、生杀有序的强烈印象，并且忽而清新忽而浊重，阴阳相互调配交合，声光交流；犹如冬眠的虫豸开始活动，我就让雷霆大作，使它们惊起。以致它们有卒而无尾，有始而无首；刚死刚生，即倒即起；变化的方式无穷无尽，全不可以有所期待。因此，你会感到惊恐不安。

"我又让我的乐音和声像呈现出阴阳调和的气象，而且都充满着日月的光辉。于是乐声能短能长，刚柔相济，变化齐一，又错落有致，以致在谷满谷，在坑满坑；使听者保持精神的安宁，对一切都只用人自己的标准来度量。这种声音悠扬广远，节奏高明。所以它会使鬼神都坚守在幽暗之中而不外出作祟，能够保证日月星辰顺利地循规运行。我的演奏可以稍有停顿，回音余响却是不休不停。听到这种乐声你有所想却不能理解它，想观望它却看不到，想追赶它却赶不上，只好怅然立于茫茫四向的大道上，

·65·

倚靠着枯槁的梧桐树独自吟咏。想要看到的不知所向，想要追赶的没有力气追逐了，只有哀叹自己已经什么也做不成达不到了，可说是形体充盈却内心空虚，于是反而随遇而安顺应一切变化。你顺应一切变化了，所以你惊恐不安的心情就松弛了下来。

"我就又开始让我的乐音转变为无怠之声，并且调之以自然的节奏。故而显得浑厚朴实，像是林中起风，有乐音而无形，像是旗幡飘扬，有挥动而不曳，幽暗而无声。此时，乐声来自不可探测的地方，滞留于深远幽暗的境界，像是已经消失，又像是仍然存在，像是死气沉沉，又像是欣欣向荣，因为它变幻莫测，不守一调了。世人对此迷惑不解，就请教于圣人，所谓圣人，就是通晓万物的本性，顺应自然规律行事，从不泄露天机，过着常人的生活，寡言少语而内心常怀喜悦之人，而他享有的正是天乐。所以有焱氏赞扬他说：'用耳听，听不到他的声音，用眼看，看不见他的形迹，但他充满于大地，包容了六极。'因此，你想听圣人的意见也无法得到回答。所以，你就感到不解了。

"这样的乐章，初听时感到惊惧，觉得有鬼魅作祟；继而感到心情轻松，于是觉得鬼魅逃遁消失；最后是感到迷迷糊糊、混混沌沌，像是失去了自我，就是愚，愚正是进入了道境的表征。此时人就会载道而与道同在了。"

原文

孔子西游于卫。颜渊问师金曰："以夫子之行为奚如？"师金曰："惜乎，而夫子其穷哉①！"颜渊曰："何也？"

师金曰："夫刍狗之未陈也②，盛以箧衍，巾以文绣③，尸祝齐戒以将之。及其已陈也，行者践其首脊，苏者取而爨之而已④；将复取而盛以箧衍，巾以文绣，游居寝卧其下，彼不得梦，必且数眯焉⑤。今而夫子，亦取先王已陈刍狗，聚弟子游居寝卧其下。故伐树于宋，削迹于卫，穷于商周，是非其梦邪？围于陈蔡之间，七日不火食，死生相与邻，是非其眯邪？

"夫水行莫如用舟，而陆行莫如用车。以舟之可行于水也，而求推之于陆，则没世不行寻常⑥。古今非水陆与？周鲁非舟车与？今蕲行周于鲁，是犹推舟于陆也，劳而无功，身必有殃。彼未知夫无方之传，应物而不穷者也。

"且子独不见夫桔槔者乎？引之则俯，舍之则仰。彼，人之所引，非引人也，故俯仰而不得罪于人。故夫三皇五帝之礼义法度，不矜于同而矜于治。故譬三皇五帝之礼义法度，其犹柤梨橘柚邪！其味相反而皆可于口。

"故礼义法度者，应时而变者也。今取猨狙而衣以周公之服，彼必龁啮挽裂⑦，尽去而后慊⑧。观古今之异，犹猨狙之异乎周公也。故西施病心而矉其里⑨，其里之丑人见之而美之，归亦捧心而矉其里。其里之富人见之，坚闭门而不出，贫人见之，挈妻子而去走。彼知矉美而不知矉之所以美。惜乎，而夫子其穷哉！"

注释

①而：通"尔"，你。
②刍狗：用茅草扎成的狗。
③箧（qiè）衍：这里泛指箱子。繡：通"绣"。
④爨（cuàn）：烧火做饭。
⑤眯：梦魇。
⑥寻常：古代的计量单位，八尺为一寻，二寻为一常。
⑦龁啮（hé niè）：用牙齿咬。
⑧慊：满意，满足。
⑨矉（pín）：通"颦"，皱眉的意思。

译文

孔子向西边游历到卫国。颜渊问师金道："你认为夫子此次卫国之行怎么样？"师金说："可惜呀，你的先生一定会遭遇困厄啊！"颜渊说："为什么呢？"

师金说："用草扎成的狗（刍狗）还没有用于祭祀，一定会用竹制的箱笼来装着，用绣有图纹的饰物来覆盖着，祭祀主持人斋戒后迎送着。等到它已用于祭祀，行路人踩踏它的头颅和脊背，打柴的人捡回去用于烧火煮饭罢了；有人想要再取回来，用竹箱装起，拿绣有图纹的饰物盖着它，游乐时处于主人的身旁，即使它不做噩梦，但也会一次又一次地感受到梦魇似的压抑。如今你的先生，也是在取法先王已经用于祭祀的草扎之狗，并聚集众多弟子游乐处于他的身边。所以在宋国大树下讲习礼法而大树被砍伐，在卫国游说而被铲掉了所有的足迹，在殷地和东周游历遭到困厄，这不就是那样的噩梦吗？在陈国和蔡国之间遭到围困，整整七天没有生火就食，已临近死亡边缘，这不就是那压得喘不过气来的梦魇吗？

"在水上通行没有什么比得上用船，在陆地上行走没有什么比得上用车，因为船可以在水中通行，而要求在陆地上推着船走，那么终身也不能行走多远。古今的不同不就像是水面和陆地的差异吗？周和鲁的差异不就像是船和车的不同吗？如今一心想在鲁国推行周王室的治理办法，这就像是在陆地上推船而行，徒劳而无功，自身也难免遭受祸殃。他们全不懂得运动变化并无限定，只能顺应事物于无穷的道理。

"况且，你没有看见那吊杆汲水的情景吗？用手拉起它的一端，另一端便俯身临近水面，放下它的一端，另一端就高高仰起。那吊杆，是因为人的牵引，并非它牵引了人，所以或俯或仰均是由人的意思决定。因此说，远古三皇五帝时代的礼义法度，不在于相同而为人顾惜，在于治理而为人看重。拿三皇五帝时代的礼义法度来打比方，恐怕就像柤、梨、橘、柚四种酸甜不一的果子吧，它们的味道彼此不同然而却都很可口。

"所以，礼义法度，都是顺应时代而有所变化的东西。如今捕捉到猿猴给它穿上周公的衣服，它必定会咬碎或撕裂，直到全部剥光身上的衣服方才心满意足。观察古今的差异，就像猿猴不同于周公。从前西施心口疼痛而皱着眉头在邻里间行走，邻里的一个丑女人看见了认为皱着眉头很美，回去后也在邻里间捂着胸口皱着眉头。邻里的有钱人看见了，紧闭家门而不出；贫穷的人看见了，带着妻子儿女远远地跑开了。那个丑女人只知道皱着眉头好看却不知道皱着眉头好看的原因。可惜呀，你的先生一定会遭遇厄运啊！"

原文

孔子行年五十有一而不闻道，乃南之沛见老聃。老聃曰："子来乎？吾闻子，北方之贤者也，子亦得道乎？"孔子曰："未得也。"老子曰："子恶乎求之哉①？"曰："吾求之于度数②，五年而未得也。"老子曰："子又恶乎求之哉？"曰："吾求之于阴阳，十有二年而未得。"

老子曰："然。使道而可献，则人莫不献之于其君；使道而可进，则人莫不进之于其亲；使道而可以告人，则人莫不告其兄弟；使道而可以与人，则人莫不与其子孙。然而不可者，无佗也，中无主而不止③，外无正而不行④。由中出者，不受于外，圣人不出；由外入者，无主于中，圣人不隐。名，公器也⑤，不可多取。仁义，先王之蘧庐也⑥，止可以一宿而不可久处，觏而多责⑦。

"古之至人，假道于仁，托宿于义⑧，以游逍遥之虚，食于苟简之田⑨，立于不贷之圃⑩。逍遥，无为也；苟简，易养也；不贷，无出也。古者谓是采真之游⑪。

"以富为是者，不能让禄；以显为是者，不能让名；亲权者，不能与人柄。操之则慄，舍之则悲，而一无所鑑，以窥其所不休者，是天之戮民也⑫。怨恩取与谏教生杀，八者，正之器也，唯循大变无所湮者为能用之。故曰：正者，正也。其心以为不然者，天门弗开矣⑬。"

注释

①恶：同"何"，怎样，怎么。
②度数：制度名数。
③中无主而不止：内心没有与道相应的主见，因而大道不能留下来。佗：同"他"。
④外无正而不行：内心之道没有得到外界的肯定，因而大道不能推行。
⑤名：名声。
⑥蘧（qú）庐：用茅草搭成的有脊无柱的茅舍。
⑦觏：见。
⑧假：借。托宿：寄宿、暂住。
⑨逍遥之虚：摆脱一切限制，无待无己，绝对自由自在的无限虚空。苟简之田：马虎简略加以耕种，即可获取收成之田。
⑩贷：借。
⑪采真之游：采取真意以遨游，不为形迹所役使。
⑫天之戮民：指这些人为名利权势相互争夺不止，受无穷困扰摧残，这是违背自然本性的自杀，不是外加之刑戮，故称天之戮民。天，自然。
⑬天门：心。指与天道合一，随天道运化之心。

译文

孔子五十一岁还没有领悟大道，于是往南去到沛地拜见老聃。老聃说："你来了吗？我听说你是北方的贤者，你领悟大道了吧？"孔子说："还未能得到。"老子说："你是怎样寻求大道的呢？"孔子说："我在规范、法度方面寻求大道，用了五年的工夫还未得到。"老子说："你还怎样寻求大道呢？"孔子说："我又从阴阳的变化来寻求，十二年了还是未能得到。"

老子说："是这样的。假使道可以用来献给人，那么无人不把它献给自己的国君；假使道可以用来奉送，那么无人不把它奉送给自己的父母；假使道可以传告他人，那么无人不把它告诉给自己的兄弟；假使道可以给予人，那么无人不把它传给子孙。然而不可以这样做，没有别的原因，内心没有与道相应的主见，内心之道不得外界的肯定，因而大道不能推行。道从内心发出，不能为外者所接受，圣人也就不会拿出来宣传；从外部进入内心的理论，与内心之主见不同，圣人也就不会接纳。名声，乃是人人都可使用的器物，不可过多索取。仁义，乃是前代帝王暂住之所，只可以停留一宿，不可久居。把仁义昭示于人，会招致更多责难。

"古代道德修养高的人，借路于仁，寄宿于义，而游乐于自由自在的无限空虚，食在简易耕作即可得到收成的田间，立身于从不施与的园圃上。绝对的自由自在便是无为；马虎简单，就易于养活；不损己益人，故无所出。古代称这种情况叫作采取真实的遨游。

"把贪图钱财看作正道的人，不会让人俸禄；把名声显赫看作正道的人，不会让出名声；贪恋权势的人，不会把权力让给人。掌握了俸禄、名声和权势便唯恐丧失而战栗不安，丧失这些东西又会悲伤不已，而对上述的危害都不能引以为戒，为夺取其所求而无休止，这样的人算是违背自然本性的自杀行为。憎恶、慈爱、剥夺、赐给、谏止、教诲，使之得生、处死，这八项是规正人的手段，只有遵循自然的变化而无所滞碍的人才能够运用它。所以说，自己正，方能正人正物。内心里认为不对的，那么心灵就不会对它开放。"

原文

孔子见老聃而语仁义。老聃曰："夫播穅眯目，则天地四方易位矣[1]；蚊虻噆肤，则通昔不寐矣[2]。夫仁义憯然乃愤吾心[3]，乱莫大焉。吾子使天下无失其朴，吾子亦放风而动，总德而立矣，又奚杰杰然若负建鼓而求亡子者邪[4]？夫鹄不日浴而白，乌不日黔而黑。黑白之朴，不足以为辩，名誉之观，不足以为广。泉涸，鱼相与处于陆，相呴以湿，相濡以沫，不若相忘于江湖。"

孔子见老聃归，三日不谈。弟子问曰："夫子见老聃，亦将何规哉？"孔子曰："吾乃今于是乎见龙！龙，合而成体，散而成章，乘云气而养乎阴阳。予口张而不能嗋[5]，予又何规老聃哉！"子贡曰："然则人固有尸居而龙见，雷声而渊默，发动如天地者乎？赐亦可得而观乎？"遂以孔子声见老聃。

老聃方将倨堂而应[6]，微曰："予年运而往矣；子将何以戒我乎？"子贡曰："夫三王五帝之治天下不同，其系声名一也[7]。而先生独以为非圣人，如何哉？"

老聃曰："小子少进！子何以谓不同？"对曰："尧授舜，舜授禹，禹用力而汤用兵，文王顺纣而不敢逆，武王逆纣而不肯顺，故曰不同。"

老聃曰："小子少进！余语汝三皇五帝之治天下。黄帝之治天下，使民心一，民有其亲死不哭而民不非也。尧之治天下，使民心亲，民有为其亲杀其杀而民不非也。舜之治天，使民心竞，民孕妇十月生子，子生五月而能言，不至乎孩而始谁，则人始有夭矣。禹之治天下，使民心变，人有心而兵有顺，杀盗非杀，人自为种而天下耳[8]，是以天下大骇，儒墨皆起。其作始有伦，而今乎妇女，何言哉！余语汝，三皇五帝之治天下，名曰治之，而乱莫甚焉。三皇之知，上悖日月之明，下睽山川之精，中堕四时之施。其知憯于蛎虿之尾，鲜规之兽，莫得安其性命之情者，而犹自以为圣人，不可耻乎，其无耻也？"子贡蹴蹴然立不安[9]。

注释

①播穅眯目：飞扬的穅皮迷住眼睛。

②嘬：叮咬。昔：通"夕"。

③憯（cǎn）：同"惨"。

④杰杰然：用力的样子。建鼓：大鼓。

⑤予口张而不能嗋：我大张着口久久不能合拢。

⑥倨堂而应：正伸腿坐在堂上应对。

⑦其系声名一也：他们都有一致好评的名誉。

⑧人自为种：人们各自结利益成团伙。

⑨蹴蹴然：惊惶不定。

译文

孔子拜见老聃讨论仁义。老聃说："飞扬的糠屑迷住了眼睛，天地四方看起来好像变换了方位，蚊虻叮咬皮肤，通宵不能入睡。仁义毒害人心，天下没有比这更严重的祸害了。你要想让天下不至于丧失淳厚质朴，你就该顺应自然而行动，执德而立，又何必那么卖力地去宣扬仁义，好像是敲着鼓去追赶逃亡的人似的呢？白天鹅不需要天天沐浴而毛色洁白，黑乌鸦不需要每天用黑色渍染而毛色自然乌黑，乌鸦的黑和天鹅的白都是出于本然，不足以分辨谁优谁劣；名声和荣誉那样的外在东西，更不足以播散张扬。泉水干涸了，鱼儿相互依偎在陆地上，大口出气来取得一点儿湿气，靠唾沫来相互得到一点儿湿润，倒不如将过去江湖里的生活彻底忘怀。"

孔子拜见老聃回来，整整三天不讲话。弟子问道："先生见到老聃，对他做了什么诲劝吗？"孔子说："我直到如今才在老聃那儿见到了真正的龙！龙，合在一起便成为一个整体，分散开来又成为华美的文采，乘驾云气而养息于阴阳之间。我大张着口久久不能合拢，我又哪能对老聃作出诲劝呢！"子贡说："这样说，人难道有像尸体一样安稳不动而又像龙一样神情飞扬地显现，像疾雷一样震响而又像深渊那样沉寂，发生和运动犹如天地运动变化的情况吗？我也能见到他并亲自加以体察吗？"于是借助孔子的名义前去拜见老聃。

老聃正伸腿坐在堂上，轻声地应答说："我年岁老迈，你将用什么来告诫我呢？"子贡说："远古时代三皇五帝治理天下各不相同，然而却都有好的名声，唯独先生您不认为他们是圣人，这是为什么呢？"

老聃说："年轻人，你稍稍近前些！你凭什么说他们各自有所不同？"

子贡回答:"尧让位给舜,舜让位给禹,禹用力治水而汤用力征伐,文王顺从商纣不敢有所悖逆,武王悖逆商纣而不顺服,所以说各不相同。"

老聃说:"年轻人,你再稍微靠前些!我对你说说三皇五帝治理天下的事。黄帝治理天下,使人民心地淳厚保持本真,百姓有谁死了双亲并不哭泣,人们也不会加以非议。唐尧治理天下,使百姓敬重双亲,百姓有谁为了敬重双亲而减少一些礼数,人们同样也不会非议。虞舜治理天下,使百姓心存竞争,怀孕的妇女十个月生下孩子,孩子生下五个月就张口学话,不等长到两三岁就开始识人问事,于是开始出现夭折短命的现象。夏禹治理天下,使百姓心怀变诈,人人存有机变之心,因而动刀动枪成了理所当然之事,杀死盗贼不算杀人,人们各自结成团伙而肆意于天下,所以天下大受惊扰,儒家、墨家都纷纷而起。他们初始时还有伦有理,可是时至今日以女为妇,还有什么可言呢!我告诉你,三皇五帝治理天下,名义上叫作治理,而扰乱人性和真情没有什么比他们更严重的了。三皇的心智只是对上而言遮掩了日月的光明,对下而言违背了山川的精粹,就中而言毁坏了四时的推移。他们的心智比蛇蝎之尾还毒,就连小小的兽类,也不可能使本性和真情获得安宁,可是还自以为是圣人。是不认为可耻吗,还是不知道可耻呢?"子贡听了惊惶不定,心神不安地站着。

原文

孔子谓老聃曰:"丘治《诗》《书》《礼》《乐》《易》《春秋》六经,自以为久矣,孰知其故矣①。以奸者七十二君②,论先王之道而明周、召之迹,一君无所钩用③。甚矣夫!人之难说也,道之难明邪?"

老子曰:"幸矣,子之不遇治世之君也!夫六经,先王之陈迹也,岂其所以迹哉!今子之所言,犹迹也。夫迹,履之所出,而迹岂履哉?夫白鶂之相视,眸子不运而风化④;虫,雄鸣于上风,雌应于下风而风化⑤;类自为雌雄⑥,故风化。性不可易,命不可变,时不可止,道不可壅。苟得于道,无自而不可;失焉者,无自而可。"

孔子不出三月,复见曰:"丘得之矣。乌鹊孺⑦,鱼傅沫,细要者化,有弟而兄啼⑧。久矣,夫丘不与化为人⑨!不与化为人,安能化人!"老子曰:"可。丘得之矣!"

注释

①孰：同"熟"。

②以奸者七十二君：奸者，向某人求取俸禄。七十二君，很多君主。"七十二"，乃古人习用之虚数。

③周、召：指周公、召公，都是武王的弟弟。鉤：通"钩"，取。

④白鶂（yì）：水鸟的一种。鶂，同"鹢"。不运：定睛注视。

⑤风化：雌雄相诱。

⑥类：一种虚构的动物，一身两性。

⑦乌鹊孺：指乌鹊孵化而生。

⑧鱼傅沫：指鱼濡沫而生。傅，同"付"。细要：指蜂。要，即"腰"。有弟而兄啼地：有了弟弟，哥哥失爱而啼哭。

⑨与化为人：与造化为友。

译文

孔子对老聃说："我研修《诗》《书》《礼》《乐》《易》《春秋》六部经书，自认为很久很久了，熟悉了其中的道理了。拿来（其中的道理）觐见七十二个君主，论述先王（治世）的方略和彰明周公、召公的政绩，可是一个国君也没有取用我的主张。实在难啊！是这些人难以说服，还是道理难以发扬呢？"

老子说："幸好你不曾遇到过治世的国君！所谓六经，乃是先王陈旧的足迹，哪里是先王足迹的本原！如今你所谈论的，就好像是足迹。足迹，是鞋踩出来的，然而足迹哪是鞋呢？白鶂雌雄相视，定睛凝视而生育；虫，雄的在上方鸣叫，雌的在下方相应，诱发生子；有一种叫类的动物自身具备雌雄两性，不待交合而生子。本性不可易改，命不可变更，时间不会停留，大道不会壅塞。假如真正得道，怎样都可行；失道的人，怎样都不可行。"

孔子三月闭门不出，然后再去见到老聃说："我终于懂了。乌鸦喜鹊孵化而生，鱼儿濡沫而生，蜜蜂自化而生，弟弟出生，哥哥失爱而啼哭。很长时间了，我没有和造化为友！不和造化为友，又怎么能教化他人！"老子听了后说："可以。孔丘得道了！"

山　木

　　本篇仍主要是讨论处世之道。篇内写了许多处世不易和世事多患的故事，希望找到一条最佳途径，而其主要精神仍是虚己、无为。

　　全文分为九个部分。第一部分至"其唯道德之乡乎"，写山木无用却能保全，而雁不能鸣所以被杀，说明很难找到一条万全的路，最好的办法也只能是役使外物而不被外物所役使，浮游于"万物之祖"和"道德之乡"。这一部分对于揭示篇文题旨最为重要。第二部分至"其孰能害之"，指出贪图权位必然引起争端，必然带来祸患，唯有"虚己"才能除患避祸。第三部分至"而况有大葟者乎"，通过赋敛以造钟的故事讽喻不应拘滞于物，真正需要的是顺任自然。第四部分至"而况人乎"，写孔子在陈、蔡之间被围，说明世途多艰，"削迹捐势""不为功名"才是处世之道。第五部分至"固不待物"，通过孔子和桑雽的对话，进一步提出缘形、率情的主张，即顺应自然去行动，遵从本性去纵情。第六部分至"此比干之见剖心征也夫"，写庄子的贫困，原因却在于"今处昏上乱相之间"。第七部分至"圣人晏然体逝而终矣"，通过孔子被围时的态度，说明圣人身处逆境也能安然顺应。第八部分至"吾所以不庭也"，借庄子一系列所见，喻指人世间总是在不停地争斗中。余下为第九部分，通过一个有趣的小故事，说明忘形的重要。

原文

　　庄子行于山中，见大木枝叶盛茂，伐木者止其旁而不取也。问其故，曰："无所可用。"庄子曰："此木以不材得终其天年。"夫子出于山，舍于故人之家。故人喜，命竖子杀雁而烹之①。竖子请曰②："其一能鸣，其一不能鸣，请奚杀？"主人曰："杀不能鸣者。"明日，弟子问于庄子曰："昨日山中之木，以不材得终其天年，今主人之雁，以不材死；先生将何处？"

庄子笑曰："周将处乎材与不材之间。材与不材之间，似之而非也，故未免乎累。若夫乘道德而浮游则不然，无誉无訾③，一龙一蛇，与时俱化，而无肯专为④；一上一下，以和为量，浮游乎万物之祖，物物而不物于物⑤，则胡可得而累邪！此神农、黄帝之法则也。若夫万物之情，人伦之传，则不然。合则离，成则毁⑥；廉则挫，尊则议⑦，有为则亏，贤则谋⑧，不肖则欺，胡可得而必乎哉！悲夫！弟子志之，其唯道德之乡乎⑨！"

注释

①雁：鹅。鹅由雁驯化成，故称鹅为雁。

②竖子：童仆。

③訾（zǐ）：毁谤非议。

④一龙一蛇：或如龙之显现，或如蛇之潜藏，随时而变化。专为：不主于一端。

⑤物物：按物本性去主宰支配物。不物于物：不被外物所支配役使。

⑥成则毁：有成就就有人想破坏。

⑦议：非议、指责。

⑧谋：算计、暗算。

⑨志：记注。

译文

庄子行走于山中，看见一棵大树，枝叶十分茂盛，伐木的人停留在树旁却不去动手砍伐。问他们是什么原因，他们说："没有什么用处。"庄子说："这棵树就是因为不成材而能够终享天年啊！"庄子走出山来，留宿在朋友家中。朋友高兴，叫童仆杀鹅款待他。童仆问主人："一只能叫，一只不能叫，请问杀哪一只呢？"主人说："杀那只不能叫的。"第二天，弟子问庄子："昨日遇见山中的大树，因为不成材而能终享天年；如今主人的鹅，因为不成材而被杀掉。先生你将怎样对待呢？"

庄子笑道："我将处于成材与不成材之间。处于成材与不成材之间，好像合于大道却并非真正与大道相合，所以这样不能免于劳累。假如能掌握了天道天德，活动就不会有所拖累。对赞誉和诋毁都无所谓，时而像龙一样腾飞，时而像蛇一样蛰伏，跟随时间的推移而变化，而不愿偏执于某一方面；时而进取时而退缩，一切以顺和作为标准，活动于虚无的境界，役使外物，却不被外物所役使，那么，怎么会受到外物的拘束和劳累呢？这就是神农、黄帝的处世原则。至于说到万物的真情，人类的习俗，就不是这样的。你想聚合，别人就使你分离；你想成功，别人就要破坏；你穷困，别人就压制你；你尊贵，别人就非议你；你要有所作为，别人就要损害你；你贤能，别人就会算计你；你平庸，别人就欺负你，怎么能偏执一端并如愿呢？可悲啊！弟子们记住了，只有天道无为的境界才是最完美的。"

原文

市南宜僚见鲁侯，鲁侯有忧色。市南子曰："君有忧色，何也？"鲁侯曰："吾学先王之道，脩先君之业；吾敬鬼尊贤，亲而行之，无须臾离居；然不免于患，吾是以忧。"

市南子曰："君之除患之术浅矣①！夫丰狐文豹②，栖于山林，伏于岩穴，静也；夜行昼居，戒也；虽饥渴隐约③，犹且胥疏于江湖之上而求食焉④，定也⑤；然且不免于罔罗机辟之患⑥。是何罪之有哉？其皮为之灾也。今鲁国独非君之皮邪？吾愿君刳形去皮⑦，洒心去欲⑧，而游于无人之野。

"南越有邑焉，名为建德之国。其民愚而朴，少私而寡欲；知作而不知藏，与而不求其报；不知义之所适，不知礼之所将；猖狂妄行，乃蹈乎大方；其生可乐，其死可葬。吾愿君去国捐俗⑨，与道相辅而行。"

君曰："彼其道远而险，又有江山，我无舟车，奈何？"市南子曰："君无形倨⑩，无留居，以为君车⑪。"君曰："彼其道幽远而无人，吾谁与为邻？吾无粮，我无食，安得而至焉？"

市南子曰："少君之费，寡君之欲，虽无粮而乃足。君其涉于江而浮于海，望之而不见其崖，愈往而不知其所穷。送君者皆自崖而反，君自此远矣！故有人者累，见有于人者忧。故尧非有人，非见有于人也。吾愿去君之累，除君之忧，而独与道游于大莫之国。方舟而济于河，有虚船来触舟，虽有惼心之人不怒⑫，有一人在其上，则呼张歙之，一呼而不闻，再呼而不闻，于是三呼邪，则必以恶声随之。向也不怒而今也怒，向也虚而今也实。人能虚己以游世，其孰能害之！"

注释

①浅：肤浅。

②丰狐文豹：皮毛丰厚之狐，美丽花纹之豹子。

③隐约：困穷。

④胥疏：犹豫不决的样子。

⑤定：小心谨慎。

⑥罔罗机辟：捕野兽的机关。

⑦剞（kū）：剖空。

⑧洒心：把内心洗涤干净。

⑨捐俗：抛弃世俗观念之约束。

⑩倨（jù）：傲慢。

⑪以为君车：抛弃君之势位，就是通往大道之车。

⑫褊（biǎn）：心地狭窄。

译文

市南宜僚拜见鲁侯，鲁侯面带忧色。市南宜僚说："国君面呈忧色，为什么呢？"鲁侯说："我学习先王治国的办法，承继先君的事业；我敬仰鬼神尊重贤能，身体力行，没有片刻背离，仍不能避免祸患，我因为此而忧虑。"

市南宜僚说："国君的免除祸患的方法过于肤浅了！皮毛丰厚的大狐和花纹美丽的豹子，栖息于深山老林，潜伏于岩穴山洞，多么安静；夜里行动，白天休息，多么警惕；即使饥渴还是瞻前顾后、小心谨慎地到江湖边上觅食物，多么审慎；然而还是不能免于罗网和机关的灾祸。它们有什么罪过吗？这是珍贵的皮毛带来的灾祸。如今的鲁国不就是为你带来灾祸的皮毛吗？我希望你能剖空身形舍弃皮毛，荡涤心智摈除欲念，进而逍遥于没有人迹的原野。

"南方有个城邑，名字叫作建德之国。那里的人民纯厚而又质朴，很少有私欲；知道耕作而不知道储备，给予别人不图报酬；不明白义的归宿，不懂得礼的去向；随心所欲任意而为，竟能各自行于大道；他们生而乐，死后安然而葬。我希望国君也能舍去国政，抛弃世俗，与大道相辅而行。"

鲁侯说："那里道路遥远而又艰险，又有江河山岭阻隔，我没有可用的船和车，怎么办呢？"市南宜僚说："国君不要凭借地位傲视于人，不要留恋舒适的生活条件，这就是国君通往大道的车子。"鲁侯说："那里道路幽暗遥远而又无人居住，我跟谁是邻居？我没有干粮，没有食物，怎么能够到达那里呢？"

市南宜僚说："减少你的费用，节制你的欲念，虽然没有粮食也是满足的。你渡过江河浮游大海，一眼望去看不到岸边，越向前行越发不知道它的穷尽。送行的人都从河岸边回去，你也就从此远离尘世而进入无限广阔世界！所以说把人民视为己有者必然成为牵累，以治理好人民为己任者必为其役使。而尧不以天下为己任，任天下自治而治而不加干预。我希望能减除你的劳累，除去你的忧患，而独自跟大道遨游于太虚之境。并合两条船来渡河，如有条空船碰撞过来，即使心地褊狭的人也不会发怒；倘若有一个人在那条船上，那就呼喊他并拢过来；一次没有回应，呼喊第二次也没有回应，于是喊第三次，那就必定会以责骂之声相伴随。刚才不发脾气而现在发起怒来，是因为刚才船是空的，而今有人在船上。一个人能把自己变得空虚淡漠，而自由自在地遨游于世，谁还能够伤害他！"

原文

北宫奢为卫灵公赋敛以为钟，为坛乎郭门之外，三月而成上下之县。王子庆忌见而问焉，曰："子何术之设？"

奢曰："一之间，无敢设也。奢闻之，'既彫既琢，复归于朴'。侗乎其无识，傥乎其怠疑；萃乎芒乎，其送往而迎来；来者勿禁，往者勿止；从其强梁。随其曲傅，因其自穷，故朝夕赋敛而毫毛不挫，而况有大涂者乎！"

译文

北宫奢替卫灵公征集捐款铸造钟器，在外城门设下祭坛，三个月就造好了钟并编组在上下两层钟架上。王子庆忌见到这种情况便向他问道："你用的是什么样的办法呀？"

北宫奢说："一心只在钟上而无他念，不敢使用其他办法。我曾听说，'既细雕刻又琢磨，还要返归于质朴'。我无知无识不加分辨，淡漠无心又呆滞；人们聚集而来，我茫然不认识，我送走去的人，又迎接来的人；来者不禁止，往者不挽留；强横者顺其自便，曲意附和者随其意，凭他们尽其力，不加勉强。所以从早到晚征集捐款，而丝毫不损伤他人，何况是遵循大道的人呢！"

原文

孔子围于陈蔡之间，七日不火食。大公任往吊之曰①："子几死乎?"曰："然"。"子恶死乎?"曰："然。"

任曰："子尝言不死之道。东海有鸟焉，其名曰意怠。其为鸟也，翂翂翐翐②，而似无能；引援而飞，迫胁而栖，进不敢为前，退不敢为后；食不敢先尝，必取其绪。是故其行列不斥，而外人卒不得害，是以免于患③。直木先伐，甘井先竭。子其意者饰知以惊愚，修身以明污，昭昭乎若揭日月而行，故不免也。昔吾闻之大成之人曰：'自伐者无功；功成者堕，名成者亏④。'孰能去功与名而还与众人！道流而不明居，得行而不名处⑤；纯纯常常，乃比于狂⑥；削迹捐势，不为功名⑦。是故无责于人，人亦无责焉。至人不闻，子何喜哉?"

孔子曰："善哉!"辞其交游，去其弟子，逃于大泽；衣裘褐，食杼栗⑧；入兽不乱群，入鸟不乱行。鸟兽不恶，而况人乎!

注释

①吊：慰问。

②翂翂（fēn）翐翐（zhì）：形容鸟飞得又低又慢的样子。

③迫胁：偎依在一起。

④伐：夸耀。堕：同"隳"，毁败。

⑤道流：道之变化流行。得：通"德"。不名处：不可用名言概念表述之存在。

⑥纯：纯一不杂。常常：恒常不变。狂：循性无心而行。

⑦削迹：消除一切形迹。捐势：抛弃一切权势。

⑧裘褐：这里泛指粗陋之服。

译文

孔子被围困在陈国、蔡国之间，七天七夜不能生火煮饭。太公任前去慰问他，说："你快要饿死了吧？"孔子说："是的。"太公任又问："你讨厌死吗？"孔子回答："是的。"

太公任说："我来谈谈不死的方法。东海里生活着一种鸟，它的名字叫意怠。意怠作为一种鸟啊，飞得很慢，好像不能飞行似的；它们总是要有其他鸟引领而飞，栖息时又都跟别的鸟依偎在一起；前进时不敢飞在最前面，后退时不敢落在最后面；吃食时不敢先动嘴，总是吃别的鸟所剩下的，所以它们在鸟群中从不受排斥，人们也终究不会去伤害它，因此能够免除祸患。长得很直的树木总是先被砍伐，甘甜的井水总是先遭枯竭。你用心修饰自己的智慧以惊醒愚昧之人，注重修养以便彰显别人的浊秽，光明显赫的样子像举着日月行走，所以总不能免除灾祸。从前我听圣德至高的老子说过：'自吹自擂的人不会成就功业，功业成就了而不知退隐的人必定会毁败，名声彰显而不知韬光养晦的必定会遭到损伤。'谁能够摈弃功名而还和普通人一样！大道变化流行不是明白可见的，道德成于身是不可言说的；纯一而恒常，比之于循性无心而行之人；消除形迹抛弃权势，不追求功名。因此无求于人，人也无求于我。道德修养极高的人不求闻名于世，你为什么偏偏喜好闻名于世呢？"

孔子说："说得好啊！"于是辞别朋友，离开弟子，逃到旷野之中；穿兽皮麻布做成的衣服，吃橡树和栗树的果实；进入兽群，兽群不乱，进入鸟群，鸟不乱行。鸟兽都不讨厌他，何况是人呢！

原文

孔子问子桑雽曰①："吾再逐于鲁，伐树于宋，削迹于卫，穷于商周，围于陈蔡之间。吾犯此数患，亲交益疏，徒友益散，何与？"

子桑雽曰："子独不闻假人之亡与②？林回弃千金之璧，负赤子而趋③。或曰：'为其布与④？赤子之布寡矣；为其累与⑤？赤子之累多矣。弃千金之璧，负赤子而趋，何也？'林回曰：'彼以利合，此以天属也。'夫以利

・81・

合者，迫穷祸患害相弃也⑥。以天属者，迫穷祸患害相收也。夫相收之与相弃亦远矣。且君子之交淡若水，小人之交甘若醴⑦；君子淡以亲，小人甘以绝。彼无故以合者，则无故以离。"孔子曰："敬闻命矣！"徐行翔佯而归，绝学捐书⑧，弟子无抱于前，其爱益加进⑨。

异日，桑雿又曰："舜之将死，真泠禹曰：'汝戒之哉！形莫若缘，情莫若率。缘则不离，率则不劳⑩；不离不劳，则不求文以待形⑪，不求文以待形，固不待物⑫。'"

注释

①子桑雿（hù）：得道者。
②假：国名，为晋之属国，后为晋所灭。亡：逃亡。
③林回：假国逃亡之民。
④布："镈"的同声假借字，镈为一种像铲子样的农具，古人仿照其形状制成钱币，镈就成了古钱币之代称，假借为布。
⑤累：重。为其累，因为它重吗。
⑥迫：迫近遭遇之意。穷祸患害：指困穷、灾祸、危难。
⑦醴（lǐ）：甜酒。
⑧捐：抛弃。
⑨抱：同"揖"。
⑩缘则不离：随顺物性则与物不离异。率则不劳：任真情自然坦率表露，不加文饰，故不须劳神。率，直率，真诚。
⑪文：文饰。不须对仪容举止进行文饰。
⑫固：通"故"。

译文

孔子问子桑雿道："我两次在鲁国被驱逐，在宋国受到伐树的惊辱，在卫国被人铲除足迹，在商、周之地穷困潦倒，在陈国和蔡国间受到围困。我遭逢这么多的灾祸，亲朋故交越发疏远了，弟子友人更加离散了，这是为什么呢？"

子桑雿回答说："你没有听说过那假国人的逃亡吗？林回舍弃了价值千金的璧玉，背着婴儿逃走。有人议论：'他是为了钱财吗？小孩子的价值太少了；他是为了怕沉重吗？小孩子又比玉璧重得多了。舍弃价值千金的璧玉，背着婴儿逃难，为了什么呢？'林回说：'价值千金的璧玉跟我是以利益相合，这个孩子跟我则是以天性相和。'以利益相和的，遇上困厄、灾祸、忧患与伤害就会相互抛弃；以天性相和的，遇上困厄、灾祸、忧患与伤害就会相互包容。相互包容与相互抛弃的差别也就太远了。而君子之交淡如水，小人之交甘美如甜酒；君子淡泊而亲近，小人甘甜却利断义绝。大凡无缘无故而接近相合的，那么也会无缘无故地离散。"孔子说："我会由衷地听取你的指教！"于是慢慢地离去，闲放自得地走了回来，终止了学业，丢弃了书简，弟子没有一个侍学于前，可是他们对老师的敬爱反而更加深厚了。

有一天，子桑雽又说："舜将死的时候，用真道晓谕夏禹说：'你要警惕啊！仪容举止莫如随顺物性，情感不如率真。随顺物性则与物不离异，情感坦诚就不会劳心神；不离物不劳神，那么也就不需要用文饰来装扮仪容举止；无须文饰来装扮仪容，当然也就不必有外物来加以辅助了。'"

原文

庄子衣大布而补之①，正麂系履而过魏王②。魏王曰："何先生之惫邪？"

庄子曰："贫也，非惫也。士有道德不能行，惫也；衣弊履穿，贫也，非惫也；此所谓非遭时也。王独不见夫腾猿乎③？其得楠梓豫章也④，揽蔓其枝而王长其间，虽羿、蓬蒙不能眄睨也⑤。及其得柘棘枳枸之间也⑥，危行侧视，振动悼慄⑦；此筋骨非有加急而不柔也⑧，处势不便，未足以逞其能也。今处昏上乱相之间，而欲无惫，奚可得邪？此比干之见剖心征也夫⑨！"

注释

①衣（yì）：穿着。
②正麂（xié）系履：用麻绳系住破鞋。
③腾猿：便捷跳跃的猿猴。
④楠梓豫章：四种大树。

⑤眄睨（miǎn nì）：轻视，小看。

⑥柘棘枳枸：四种有刺树或灌木。

⑦危行：小心翼翼地行走。

⑧加急：收缩而有了变异。柔：灵活。

⑨征也夫：就是例证。见：受到、遭受。

译文

　　庄子身穿带有补丁的粗布衣，工整地用麻丝系好鞋子走过魏王身边。魏王见了说："先生为什么如此疲惫呢？"

　　庄子说："是贫穷，不是疲惫。士人身怀道德而不能够推行，这是疲惫；衣服坏了鞋子破了，这是贫穷，而不是疲惫。这种情况就是所谓生不逢时。大王没有看见过那跳跃的猿猴吗？它们生活在楠、梓、豫、章等高大乔木的树林里，抓住藤蔓似的小树枝自由自在地跳跃而称王称霸，即使是神箭手羿和逢蒙也不敢小看它们。等到生活在柘、棘、枳、枸等刺蓬灌木丛中，小心翼翼地行走而且不时地左顾右盼，内心震颤恐惧发抖；这并不是筋骨紧缩有了变化而不再灵活，而是所处的生活环境很不方便，不能充分施展才能。如今处于昏君乱臣的时代，要想不疲惫，怎么可能呢？比干遭剖心刑戮就是最好的例证啊！"

原文

　　孔子穷于陈蔡之间，七日不火食，左据槁木，右击槁枝①，而歌猋氏之风②，有其具而无其数，有其声而无宫角③，木声与人声，犁然有当于人之心④。

　　颜回端拱还目而窥之⑤。仲尼恐其广己而造大也，爱己而造哀也⑥，曰："回，无受天损易，无受人益难。无始而非卒也⑦，人与天一也。夫今之歌者其谁乎？"

　　回曰："敢问无受天损易。"仲尼曰："饥渴寒暑，穷桎不行⑧，天地之行也，运物之泄也，言与之偕逝之谓也⑨。为人臣者，不敢去之。执臣之道犹若是，而况乎所以待天乎！"

　　"何谓无受人益难？"仲尼曰："始用四达，爵禄并至而不穷，物之所利，乃非己也，吾命其在外者也。君子不为盗，贤人不为窃。吾若取之，何哉！故曰，鸟莫知于鹦鸱⑩，目之所不宜处，不给视，虽落其实，弃之而走。其畏人也，而袭诸人间，社稷存焉尔⑪。"

"何谓无始而非卒？"仲尼曰："化其万物而不知其禅之者⑫，焉知其所终？焉知其所始？正而待之而已耳。"

"何谓人与天一邪？"仲尼曰："有人，天也；有天，亦天也。人之不能有天，性也，圣人晏然体逝而终矣！"

注释

①据槁木：执持木杖。槁枝：以枯枝为击节之策。

②焱：古通"焱"。焱氏即神农氏。风：歌谣。

③具：敲击拍节之木棍等。无其数：指乐器用的各种器具都有一定规格尺寸，即为数。此时只是信手取来，不合规格，故称无其数。宫角：官商角徵羽五声之代称。

④犁然：即厘然，条理分明。

⑤端拱：端立拱手。还目：转眼。

⑥广己：扩大己之德。造大：造作夸大。造哀：超乎自然，过分造作之哀痛。

⑦无始而非卒：没有哪个起点不同时又是终点的。卒，终。

⑧穷桎不行：困穷滞碍不能通达。桎，通"窒"，滞碍。

⑨运物之泄：万物运动过程之发泄。与之偕逝：与天地万物一起变化流行。

⑩知：同"智"。鹦鸱（yì ér）：燕子。

⑪袭：入。

⑫化其万物：万物生灭变化无穷。禅：相互更代。

译文

孔子受困于陈国蔡国之间的某地，七天不能生火做饭，他左手拄着木杖，右手以枯枝击节，唱起了神农时代的歌谣，虽然有击节之器，但是不合标准，有声音但不合音律，敲木声和咏歌之声却条理分明，而与人心相合意。

颜回恭敬地在一旁侍立，转眼看了看。孔子真担心他把自己的道德看得过高而有所造作夸大，由于爱己过深而哀痛过度，便说："颜回，不受自然的损害容易，不受他人的利禄则较困难。没有哪个起点不是终点的，人与自然原本也是统一的。既然一切都是变化不息的，那现在唱歌的人又将是谁呢？"

颜回说："请问什么叫作不受自然的损害容易。"孔子说："饥饿寒暑侵袭，穷困滞碍不能通达，这是天地的运行，万物的变迁，说的是与天地万物运动变化相和谐就是了。做臣子的，不敢违拗国君的旨意。做臣子的道理尚且如此，何况是用这样的办法来对待自然呢！"

颜回又问："什么叫作不接受他人的利禄则较困难呢？"孔子说："初被任用办什么事都觉得顺利，爵位和俸禄一齐到来没有穷尽，外物带来的好处，本不属于自己，只不过是我的命运被外物操纵。君子不会做劫盗，贤人也不会去偷窃。我要获取外物的利益，为了什么呢？所以说，鸟没有比燕子更聪明的，看见不适宜停歇的地方，不再多看即离去，即使有落下的食物，也舍弃不顾而飞走。燕子很害怕人，却进入人之宅，将巢窠寄于人的房舍下以免害，如同人赖于国家以生存，即不离开国家。"

颜回又问："什么是没有哪个起点不是终点的？"孔子说："使万物变化无穷却不知道谁会替代它的，怎么能知道它们的终点？又怎么知道它们的起点？只不过谨守正道而对待它罢了。"

颜回又问："什么叫作人与自然原本也是统一的？"孔子说："人类的出现，是由于自然；自然的出现，也是由于自然。人不可能具有自然的本性，也是人固有的天性所决定的，圣人安然体悟自然，随着自然变化而终其天命！"

原文

庄周游于雕陵之樊[①]，睹一异鹊自南方来者，翼广七尺，目大运寸，感周之颡而集于栗林[②]。庄周曰："此何鸟哉，翼殷不逝，目大不睹？"蹇裳躩步，执弹而留之[③]。睹一蝉，方得美荫而忘其身，螳螂执翳而搏之[④]，见得而忘其形；异鹊从而利之，见利而忘其真[⑤]。庄周怵然曰："噫！物固相累，二类相召也[⑥]！"捐弹而反走，虞人逐而谇之[⑦]。

庄周反入，三日不庭[⑧]，蔺且从而问之[⑨]："夫子何为顷间甚不庭乎⑩?"庄周曰:"吾守形而忘身,观于浊水而迷于清渊。且吾闻诸夫子曰:'入其俗,从其令。'今吾游于雕陵而忘吾身,异鹊感吾颡,游于栗林而忘真,栗林虞人以吾为戮⑪,吾所以不庭也。"

注释

①雕陵:果园名。樊:藩,篱舍。

②颡(sǎng):脑门。运寸:径寸,指鸟眼睛很大,直径有一寸。

③蹇(qiān)裳:提起裤角。躩(jué)步:躩足而行,生怕惊动鸟儿。留之:伫立伺机发弹而射之。

④执弹:用树叶作隐蔽。

⑤忘其真:丧失了自身的本性。

⑥相累:相互牵连,这里是相互加害、相互争斗的意思。

⑦虞人:守园人。逐:追赶。谇(suì):责骂。

⑧庭(chěng):通"逞",快意,称愿的意思。

⑨蔺且:庄子的弟子。

⑩顷间:近期以来。

⑪戮:辱。

译文

庄子在雕陵栗树林里游玩,看见一只奇异的怪鹊从南方飞来,翅膀宽达七尺,眼睛的直径有一寸,触碰庄子的额头而落在果树林里。庄子说:"这是什么鸟啊,翅膀长却不飞去,眼睛大而不见人?"于是提起裤角躩步而行,拿着弹弓伫立伺机发弹击之。这时突然看见一只蝉,正在浓密的树荫下而忘记了自身的安危;一只螳螂用树叶作隐蔽伺机偷袭,螳螂眼看即将得手而忘了自身的危险;那只怪鹊紧随其后从中得利,见利而忘记其真性。庄子警惕地说:"唉,世上的物类原本就是这样相互牵累、相互争夺的,两种物类之间也总是以利互相招致!"庄子于是扔掉弹弓转身快步而去,看守栗园的人以为他偷了东西,在后面追赶责骂。

庄子返回家中,整整三天心情很不好。弟子蔺且跟随一旁问道:"先生为什么这几天来一直很不高兴呢?"庄子说:"我静能守形,动却忘身,我能看破世人追名逐利之危险,自己却不知躲避。而且我从老聃老师那里听说：'入乡随俗，服从禁令。'如今我在雕陵栗园忘却了自身的安危，奇异的怪鹊触碰我的额头，游玩于果林时又忘记真性，管园的人不理解我又进而侮辱我，因此我感到很不愉快。"

原文

阳子之宋①，宿于逆旅店。逆旅人有妾二人②，其一人美，其一人恶，恶者贵而美者贱③。阳子问其故，逆旅小子对曰④："其美者自美，吾不知其美也；其恶者自恶，吾不知其恶也。"阳子曰："弟子记之！行贤而去自贤之行，安往而不爱哉！"

注释

①阳子：即"杨子"，据说就是杨朱，战国时期的大思想家。
②逆旅：客栈。
③恶：丑陋。
④小子：这里指旅店主人。

译文

阳子到宋国去，住在旅店里。旅店主人有两个妾，其中一个漂亮，一个丑陋，可是长得丑陋的受到尊重，而长得漂亮的却受到冷漠。阳子问旅店主人这样做的缘故，年轻的店主回答："那个长得漂亮的自以为漂亮而骄傲，但是我却不觉得她漂亮；那个长得丑陋的自以为丑陋，但是我却不觉得她丑陋。"阳子说："弟子们记住！品行高尚而又不自以为贤明的人，到哪里能不受尊重呢！"

庚 桑 楚

　　"庚桑楚"是首句里的一个人名，这里以人名为篇名。全篇涉及许多方面的内容，有讨论顺应自然倡导无为的，有讨论认知的困难和是非难以认定的，但多数段落还是在讨论养生。

　　全文大体可以分为五个部分。第一部分至"其必有人与人相食者也"，写庚桑楚与弟子的谈话，指出一切都有其自然的规律，为政者只能顺"天道"而行，至于尧舜的做法，只能使民"相轧"，社会的动乱也就因此而起。第二部分至"恶有人灾也"，通过与老聃的谈话说明养生之道，这就是"与物委蛇，而同其波""身若槁木之枝而心若死灰"，即随物而应、处之无为的生活态度。第三部分至"心则使之也"，写保持心境安泰，指出不能让外物扰乱自己的"灵台"。第四部分至"是蜩与学鸠同于同也"，转而讨论万物的生成与变化，讨论人的认识的局限，说明是与非不是永远不变的，可以转移和变化。余下为第五部分，又转回来讨论修身养性，指出扰乱人心的诸多情况，把养生之道归纳到"平气""顺心"的基本要求上来。

原文

　　老聃之役有庚桑楚者①，偏得老聃之道，以北居畏垒之山②，其臣之画然知者去之，其妾之挈然仁者远之③；拥肿之与居，鞅掌之为使④。居三年，畏垒大壤⑤。畏垒之民相与言曰："庚桑子之始来，吾洒然异之⑥。今吾日计之而不足，岁计之而有余。庶几其圣人乎！子胡不相与尸而祝之，社而稷之乎？"

　　庚桑子闻之，南面而不释然。弟子异之。庚桑子曰："弟子何异于予？

夫春气发而百草生，正得秋而万宝成。夫春与秋，岂无得而然哉？天道已行矣。吾闻至人，尸居环堵之室，而百姓猖狂不知所如往⑦。今以畏垒之细民而，而窃窃焉欲俎豆予于贤人之间，我其杓之人邪⑧！吾是以不释于老聃之言。"

弟子曰："不然。夫寻常之沟，巨鱼无所还其体，而鲵鳅为之制⑨；步仞之丘陵，巨兽无所隐其躯，而孽狐为之祥⑩。且夫尊贤授能，先善与利，自古尧舜以然，而况畏垒之民乎！夫子亦听矣！"庚桑子曰："小子来！夫函车之兽，介而离山，则不免于网罟之患⑪；吞舟之鱼，砀而失水，则蚁能苦之⑫。故鸟兽不厌高，鱼鳖不厌深。夫全其形生之人⑬，藏其身也，不厌深眇而已矣，且夫二子者，又何足以称扬哉！是其于辩也，将妄凿垣墙而殖蓬蒿也。简发而栉，数米而炊，窃窃乎又何足以济世哉⑭！举贤则民相轧，任知则民相盗⑮。之数物者，不足以厚民。民之于利甚勤，子有杀父，臣有杀君，正昼为盗，日中穴阫⑯。吾语女，大乱之本，必生于尧舜之间，其末存乎千世之后。千世之后，其必有人与人相食者也！"

注释

①役：弟子。

②偏得：独得。畏垒之山：虚构的山名。

③臣：泛指左右服役之人。与下文的"妾"字义同。挈（qiè）然：标榜。

④拥肿：呆笨无知的样子。鞅掌：勤劳的人。

⑤壤：通"穰"，丰盛。

⑥洒然：惊异的样子。

⑦猖狂：率真任性。

⑧俎豆：皆祭祀时所用的器具。这里作动词，意谓奉祀、尊崇。杓（biāo）：标准，榜样。

⑨还：通"旋"，回。制：通"折"，折转回旋。

⑩步：六尺为步。

⑪函：通"含"，吞。

⑫砀（dàng）：被荡出，流荡。

⑬生：通"性"。

⑭简：选择。栉：梳理。窃窃：计较的样子。

⑮轧：倾轧。

⑯穴阫（pēi）：挖穿墙壁。

译文

老聃的弟子中有个叫庚桑楚的，独得老聃真传，居住在北边的畏垒山，奴仆中有喜欢炫耀才智的，他就让他们离去，侍婢中惯于标榜仁义的，他就疏远之；只有敦厚朴实的人跟他住在一起，勤劳的人作为他的役使。他在那里居住三年，畏垒山一带富裕起来了。畏垒山一带的人民相互谈论说："庚桑楚刚来畏垒山，我们都吃惊诧异（不知道他为什么到我们这穷乡僻壤来）。如今我们按天计算收入显得不足，但按年计算就富足有余。庚桑楚应该就是圣人吧！我们作为受他恩惠的人，怎么能不为他设置神位为他祝祷，为他建立宗庙，向他敬拜呢？"

庚桑楚听到了大家的谈论，面朝南方坐着，心里很不愉快。弟子们感到奇怪。庚桑楚说："你们对我有什么感到奇怪呢？春天阳气上升，百草生长，秋盛时节，庄稼逐渐成熟结果。春天与秋天如此，难道不是基于事物自身固有的德性吗？这是自然规律运行的结果。我听说道德修养极高的人，像没有生命的人一样虚淡宁静地生活在斗室内，而百姓才会任性而为，又不知道应该做些什么。如今畏垒山一带的庶民百姓私下里谈论想把我列入贤人的行列而加以供奉，我难道会成为民众的指路人吗？我因为没有遵从老聃的教诲而不愉快。"

弟子说："不是这样的。小水沟里，大鱼没有办法回转它的身体，可是小小的泥鳅却能转身自如；矮小的山丘，大的野兽没有办法隐匿它的躯体，可是妖狐却正好得以栖身。况且尊重贤才授权能人，以善为先给人利禄，从尧舜时代起就是这样，何况畏垒山一带的百姓呢！先生你还是顺从他们的心意吧！"庚桑楚说："小子你过来！口能含车的巨兽，如果孤零零地离开山野，那就不能免于罗网的灾祸；口能吞舟的大鱼，一旦被水波荡出水流，小小的蚂蚁也会使它困苦不堪。所以鸟兽不厌山高，鱼鳖不厌水深。保全本性的人，善于隐匿自己，从不厌深幽高远罢了。至于尧与舜两个人，又哪里值得称赞和褒扬呢！要使尧与舜分辨世上的善恶贤愚，人们就会胡来，以致做出推毁垣墙而去种植蓬蒿的荒谬行为。而且，对人做那种区分，就像对头发做了选择后再梳理，区分了米粒的档次后再烹煮，这样不能对众人一视同仁，哪里谈得上救世呢！举荐贤才，人民就会相互倾轧，任用智者，百姓就会相互伪诈。这种种做法，不足以给人民带来好处。人们对于追求私利向来十分迫切，为了私利有的儿子杀了父亲，有的臣子杀了国君，大白天为盗，光天化日之下在别人墙上打洞行窃。我告诉你，天下大乱的根源，必定是产生于尧舜时代，而它的流毒和贻害又一定会留存于千年之后。千年之后，还将会出现人与人相食的情况哩！"

原文

　　南荣趎蹴然正坐曰①："若趎之年者已长矣，将恶乎托业以及此言邪？"庚桑子曰："全汝形，抱汝生②，无使汝思虑营营。若此三年，则可以及此言矣。"南荣趎曰："目之与形，吾不知其异也，而盲者不能自见；耳之与形，吾不知其异也，而聋者不能自闻；心之与形，吾不知其异也，而狂者不能自得。形之与形亦辟矣，而物或间之邪③？欲相求而不能相得？今谓趎曰：'全汝形，抱汝生，勿使汝思虑营营。'趎勉闻道达耳矣！"

　　庚桑子曰："辞尽矣。曰奔蜂不能化藿蠋，越鸡不能伏鹄卵，鲁鸡固能矣④。鸡之与鸡，其德非不同也，有能与不能者，其才固有巨小也。今吾才小，不足以化子，子胡不南见老子？"

　　南荣趎赢粮，七日七夜至老子之所。老子曰："子自楚之所来乎？"南荣趎曰："唯。"老子曰："子何与人偕来之众也？"南荣趎惧然顾其后。老子曰："子不知吾所谓乎？"南荣趎俯而惭，仰而叹曰："今者吾忘吾答，因失吾问。"老子曰："何谓也？"南荣趎曰："不知乎？人谓我朱愚⑤。知乎？反愁我躯。不仁则害人，仁则反愁我身；不义则伤彼，义则反愁我己。我安逃此而可？此三言者，趎之所患也，愿因楚而问之。"老子曰："向吾见若眉睫之间，吾因以得汝矣，今汝又言而信之。若规规然若丧父母，揭竿而求诸海也⑥。女亡人哉，惘惘乎！汝欲反汝情性而无由入，可怜哉！"

　　南荣趎请入就舍，召其所好，去其所恶，十日自愁，复见老子。老子曰："汝自洒濯，熟哉郁郁乎⑦！然而其中津津乎犹有恶也。夫外韄者不可繁而捉，将内揵⑧；内韄者不可缪而捉，将外揵。外内韄者，道德不能持，而况放道而行者乎！"

　　南荣趎曰："里人有病，里人问之，病者能言其病，然其病病者，犹未病也。若趎之闻大道，譬犹饮药以加病也，趎愿闻卫生之经而已矣。"

老子曰："卫生之经，能抱一乎？能勿失乎？能无卜筮而知吉凶乎？能止乎？能已乎？能舍诸人而求诸己乎？能翛然乎^⑨？能侗然乎^⑩？能儿子乎？儿子终日嗥而嗌不嗄，和之至也^⑪；终日握而手不掜，共其德也^⑫；终日视而目不瞚，偏不在外也^⑬。行不知所之，居不知所为，与物委蛇，而同其波：是卫生之经已。"

南荣趎曰："然则是至人之德已乎？"曰："非也。是乃所谓冰解冻释者，能乎？夫至人者，相与交食乎地而交乐乎天，不以人物利害相撄^⑭，不相与为怪，不相与为谋，不相与为事，翛然而往，侗然而来。是谓卫生之经已。"曰："然则是至乎？"曰："未也。吾固告汝曰：'能儿子乎？'儿子动不知所为，行不知所之，身若槁木之枝而心若死灰。若是者，祸亦不至，福亦不来。祸福无有，恶有人灾也^⑮！"

注释

①南荣趎（chú）：姓南荣，名趎，庚桑楚弟子。蹴（cù）然：恭敬的样子。

②抱：保全。

③辟：同"譬"，相通。间：间隔，堵塞。

④奔蜂：小蜂。一曰土蜂。藿蠋（huò zhú）：豆类植物中的毛虫。越鸡：小鸡。伏：通"孵"。鹄：天鹅。鲁鸡：大鸡。

⑤朱愚：愚痴。

⑥规规然：失神的样子。

⑦洒濯（zhuó）：清洗内心。

⑧鞿（huò）：束缚。捷（jiàn）：闭。

⑨翛（xiāo）然：往来无拘束的样子。

⑩侗（tóng）然：懵然无知的样子。

⑪嗌（yì）：咽喉。嗄（shà）：嘶哑。

⑫掜（nǐ）：拳曲。这里指小儿握着手。

⑬瞚（shùn）：通"瞬"，眨眼。

⑭交：通"邀"，求取。撄（yīng）：扰乱。

⑮恶：何，哪里。

⌘ 译文

　　南荣趎虔敬地端正而坐，说："像我这样的人已经年纪大了，将怎样学习才能达到你所说的那种境界呢？"庚桑楚说："保全你的自然本性，保养好你的身体，并减少欲求，少用心计。像这样三年时间，那就可以达到我所说的那种境界了。"南荣趎说："人们的眼睛，从外形我看不出有什么不同，而盲了的人的眼睛却看不见东西；人们的耳朵，从外形我看不出有什么不同，而聋了的人的耳朵却听不见声音；人们的心，从外形来看，我看不出有什么不同，而狂人却不能把持自己。人的外形也是一样的，可有的就是糊涂，是不是有什么间隔着？想学点东西就是学不到。如今先生对我说：'保全你的自然本性，保养好你的身体，并减少欲求，少用心计。'我到这里来学道，尽力理解就是了！"

　　庚桑楚说："话就说到这里吧。小土蜂不能把豆毛虫变成蜂的，越鸡不能孵化天鹅蛋，而鲁鸡却能够做到。鸡与鸡来比，它们的禀赋并没有什么不同，有的能做到有的不能做到，是因为它们的能力有大有小。我的才干很少，不足以使你明白，你何不到南方去拜见老子？"

　　南荣趎带足干粮，走了七天七夜来到老子的住所。老子说："你是从庚桑楚那儿来的吧？"南荣趎说："是的。"老子说："怎么跟你一块儿来这么多人呢？"南荣趎惊奇地回过头去看。老子说："你不知道我所说的意思吗？"南荣趎低下头来羞惭满面，而后仰面叹息："现在我不知道怎么回答才好，因而也不知道怎么问了。"老子说："什么意思呢？"南荣趎说："不机智吧，人们说我愚昧无知；机智吧，反而给自己找了麻烦。不具仁爱之心便会伤害他人，推广仁爱之心反而给自身带来扰乱。不讲信义便会伤害他人，推广信义反而给自己带来困扰。这三种情况，正是我忧患的事，希望因为庚桑楚的引介而获得赐教。"老子说："刚来时我察看你眉宇之间，也就了解了你的心思。如今你的谈话更证明了我的观察。你失神的样子真像小孩找不到父母，又好像举着竹竿想去探测深深的大海。你确实是一个丧失了真性的人啊，是那么迷惘而又昏昧！你一心想返归你的真情与本性，却不知道从哪里做起，实在是值得同情啊！"

　　南荣趎请求住了下来，他努力找回、恢复自己的本有的好品性，去除、摒弃自己认为邪恶的想法，整整十天愁思苦想，他觉得自己进步不大，再去拜见老子。老子说："你做了自我反省，还郁郁不乐！可见你感到心中还是有邪念冒出，是因为你还在为未能回归真情本性而犯愁。为他人着想，是不可能太多又通通办得到的，因为人不能不为自己着想；为自己着想，则不能明知错了而又坚持去办，因为人也不能不为他人着想。既为他人着想又为自己着想，即使道德修养很高的人都不能始终做到，何况你这样的刚开始学道的人呢！"

南荣趎说："村里有人病了，同村人去探望他，那病人如果能够陈述自己的病情，而且承认他害怕生病，那他就其实没有病。我南荣趎听闻了大道，却似乎像是吃了药反而加重了病情，因此，现在我只希望您能赐教我护养身心的正确原则了。"老子说："护养身性的原则是，要使身体与精神始终合一，不失去自然本性，不求助于卜筮而知道吉凶，不做分外之想，自满自足，争取自立不求助于人，总是感到无拘无束，始终显得无知无识，总之，要表现得像初生婴儿那样。婴儿整天啼哭却不会嘶哑，是因为他与自然界浑然一体；他的小手整天握着而不松开，是因为那正是他的天性；他的小眼整天瞪着，眨都不眨一下，是因为他心无外物。要外出不知去哪里，居家不知要做什么，总是顺其自然，随波逐流。这就是护养身心的正确原则。"

南荣趎问："那么，这就是至人的最高思想境界吗？"老子回答道："不是的。这仅仅是像冰雪消融，自自然然地去除了心中的郁积罢了，哪谈得上至人的最高境界？至人，是与人们一起在大地寻食，又跟人们一样以表现了自然本性为乐的人；他不会受到外界人物或利害的骚扰，因为他不标新立异，不参与图谋，不过问俗事，只是无拘无束地往还，无知无识地来去。这，也可以说是他护养身心的原则。南荣趎说："做到了这样，该达到最高境界了吧？"老子说："还没有。我已经告诉你'要能像初生婴儿那样'。婴儿是不知道要干什么，不知道要去哪里，像枯枝心若死灰的啊。像这样的人，灾祸就不会到来，幸福不会降临。祸福都不存在了，哪里还会有人间的灾害呢！"

原文

宇泰定者，发乎天光①。发乎天光者，人见其人，物见其物。人有脩者，乃今有恒；有恒者，人舍之，天助之②。人之所舍，谓之天民；天之所助，谓之天子。

学者，学其所不能学也；行者，行其所不能行也；辩者，辩其所不能辩也。知止乎其所不能知，至矣；若有不即是者，天钧败之③。

备物以将形，藏不虞以生心④，敬中以达彼，若是而万恶至者⑤，皆天也，而非人也，不足以滑成，不可内于灵台⑥。灵台者，有持而不知其所持，而不可持者也⑦。不见其诚己而发，每发而不当，业入而不舍，每更为失。为不善乎显明之中者，人得而诛之⑧；为不善乎幽闲之中者，鬼得而诛之。明乎人，明乎鬼者，然后能独行。

券内者，行乎无名⑨；券外者，志乎期费⑩。行乎无名者，唯庸有光；志乎期费者，唯贾人也，人见其跂，犹之魁然⑪。与物穷者，物入焉；与物且者，其身之不能容，焉能容人！不能容人者无亲，无亲者尽人。兵莫憯于志，镆铘为下⑫；寇莫大于阴阳，无所逃于天地之间。非阴阳贼之，心则使之也。

注释

①宇：心宇，心胸。

②舍：归附。

③天钧：造化。

④虞：思虑。生：养。

⑤彼：外物。恶：灾祸。

⑥滑成：扰乱胸中的浑成之德。滑，扰乱。灵台：心。

⑦有持：有所自主。

⑧诛：谴责处罚。

⑨券：务。

⑩期费：敛财。费，财用。

⑪贾（gǔ）人：商人。这里指唯利是图者。魁然：魁伟的样子。

⑫憯（cǎn）：毒。镆铘（mò yé）：也作莫邪，古代剑名。

译文

心境安泰镇定的人，就会发出自然的光芒。发出自然光芒的，人各自显其人的自然本性，物显其为物的自然本性。注重修养的人，才能保持较高的道德修养境；保持较高的道德修养境界，人们就会自然地向往他，上天也会佑助他。人们所向往的人，称他为天民；上天佑助的人，称他为天子。

学习，是想要学习那些不能学到的东西；行走，是想要去到那些不能去到的地方；分辨，是想要分辨那些不易辨清的事物。知道停留于所不知道的境域，便达到了知道的极点。假如有人不是这样，那么自然的禀性一定会使他败亡。

备足造化的事物而顺应成形，深敛外在情感不做任何思虑而使心境快活并富有生气，谨慎地持守心中的一点灵气用以通达外在事物，像这样做而各种灾祸仍然纷至沓来，那就是自然安排的结果，而不是人为所造成，因而不足以扰乱成性，也不可以纳入灵府。灵府，就是有所持守却不知道持守什么，并且不可以着意去持守的地方。不能表现真诚的自我而任随情感外驰，虽然有所表露却总是不合时宜，外事一旦侵扰入心就不会轻易离去，即使有所改变也会留下创伤。在光天化日下做了坏事，人人都会谴责他、处罚他；在昏暗处隐蔽地做下坏事，鬼神也会谴责他、处罚他。对于人群清白光明，对于鬼神也清白光明，这之后便能独行于世。

名分合乎自身，行事就不显于名声；名分超出自身，就是心思也总在于穷尽财用。行事不显名声的人，即使平庸也有光辉；心思在于穷尽财用的人，只不过是商人而已，人人都能看清他们在奋力追求分外的东西，还自以为泰然无危。跟外物顺应相通的人，外物必将归依于他；跟外物相互阻遏的人，他们自身都不能相容，又怎么能容纳他人！不能容人的人没有亲近的人，没有亲近的人也就为人们所弃绝。兵器没有什么能对人的心神做出伤害，从这一意义说，良剑镆铘也只能算是下等；寇敌没有什么比阴阳的变异更为巨大，因为任何人也没有办法逃脱出天地之间。其实并非阴阳的变异伤害他人，而是人们心神自扰不能顺应阴阳的变化而使自身受到伤害。

原文

道通。其分也，其成也，毁也。所恶乎分者，其分也以备^①；所以恶乎备者，其有以备。故出而不反，见其鬼；出而得，是谓得死。灭而有实，鬼之一也^②。以有形者象无形者而定矣^③。

出无本，入无窍。有实而无乎处，有长而无乎本剽^④，有所出而无窍者有实。有实而无乎处者，宇也⑤。有长而无本剽者，宙也⑥。有乎生，有乎死，有乎出，有乎入，入出而无见其形，是谓天门。天门者，无有也，万物出乎无有，有不能以有为有，必出乎无有，而无有一无有。圣人藏乎是⑦。

古之人，其知有所至矣。恶乎至？有以为未始有物者，至矣，尽矣，弗可以加矣。其次以为有物矣，将以生为丧也，以死为反也，是以分已⑧。其次曰始无有，既而有生，生俄而死；以无有为首，以生为体，以死为尻；孰知有无死生之一守者⑨，吾与之为友。是三者虽异，公族也；昭景也，著戴也，甲氏也⑩，著封也，非一也。

有生黬也，披然曰移是⑪。尝言移是，非所言也。虽然，不可知者也。腊者之有膍胲，可散而不可散也⑫。观室者周于寝庙，又适其偃焉，为是举移是。

请常言移是。是以生为本，以知为师。因以乘是非，果有名实；因以己为质，使人以为己节，因以死偿节。若然者，以用为知，以不用为愚，以彻为名，以穷为辱，移是，今之人也，是蜩与学鸠同于同也。

注释

①恶：厌恶。备：求全，即要求事物无分离变化。
②有实：徒有形骸。
③象：取则，效法。
④剽：通"标"。
⑤宇：上下四方。
⑥宙：古往今来。
⑦是：指一切皆无的境界。
⑧反：通"返"。是：此。
⑨一守：一体。
⑩甲：为"屈"的假借字。
⑪黬：晰中黑色。披然：离散的样子。移是：由此而移彼。
⑫膍胲（pí gāi）：牛胃与牛蹄。

译文

道在万物之中，万物有区分才会形成，一旦形成就走向毁灭。厌恶事物分离的人，看到离散的事物总喜欢求全；厌恶全备的人，因为已经全备而仍求全不已。所以这种人心神外驰而不返，必将陷入危险之境；心神外驰便以为有所得，这就叫作得其死道。真性已灭而徒具形骸的人，属于鬼的一类。如果能让有形的形体去效法无形的大道，那么心中的纷扰就绝灭了。

大道不定好像没有本根，来去无踪好像不必经由门户。大道真实可信而不居于固定的场所，道绵绵日长而不见其首尾。大道不定好像没有本根，但它却源流很长；来去无踪好像不必经由门户，但它却真实可信。真实可信而不居于固定的场所，这便是存在于无穷的上下四方之内；道绵绵日长而不见其首尾，这便是流行于无尽时间之中。万物的变化有生、有死、有出、有入，出入生死的变化却没有显现任何形迹，这就叫作造物的门户。所谓造物的门户，就是无有，万物都是从无有产生。有不能从有产生出来，必定由无有中产生，而无有即一切皆无，圣人就藏身于这种一切皆无的境界中。

古时候的人，在对宇宙的认知方面已经达到极高的水平了。表现在哪里？那就是：有人认为宇宙最初根本没有物。这种认识自然是最高的境界了，到顶了，无以复加了。次一等的，是认为最初倒是有物，但物的出生同时就是死亡，死则是返回到生，这自然意味着他们已经认为物与物有分别了。再次一等的，是认为最初没有任何物，后来才生出物来，只是生出的物又立即死去，就是说：无物是头，生物是身子，死亡是尾脊。谁能懂得有无死生其实是一回事，我就跟他交朋友。以上三种认识尽管各有不同，但其实没有什么差异，就如楚国王族中昭、景二姓是因世代为官而显赫，屈氏是因世代有封地而显赫，只不过姓氏不同而已。

生命的产生，犹如人脸上长出一颗痣来，是从什么地方"分到这里来的"，所以可说是"移是"（移到了此处）。我曾经说过，"移是"是不可以言表的；唯其如此，也就是不可知晓的。这就像是年终时举行大祭，祭品有牛胃和牛蹄子，当然可以分给大家吃的，但作为祭品又是不可以分给大家吃的；又像是参观王室的人总想把它的前殿和后宫都看个清楚，但正好这时内急要上厕所了。去认识"移是"就如这两种情况。

但还是让我试着讲一下"移是"的问题吧。这是虽然把生命当本根，却视智慧为老师；于是就生发了是非观念；果真把是非运用于实际，就会把自己的观点当作检验是非的标准；而人一旦把坚守是非立场当作节操，就会以死殉节。这样的人，是以自己对世人有用为聪明，以自己对世人无用为愚昧，以通达为荣耀，以困厄为羞耻的。这样看"移是"，就是当今之人，不过与蜩与学鸠共同讥笑大鹏一样，是与"之二虫"同样无知的。

原文

蹍市人之足①，则辞以放骜②，兄则以妪③，大亲则已矣。故曰，至礼有不人，至义不物，至知不谋，至仁无亲，至信辟金④。

彻志之勃，解心之谬，去德之累，达道之塞⑤。贵富显严名利六者，勃志也。容动色理气意六者⑥，谬心也。恶欲喜怒哀乐六者，累德也。去就取与知能六者，塞道也。此四六者，不荡胸中则正，正则静，静则明，明则虚，虚则无为而无不为也。道者，德之钦也⑦；生者，德之光也；性者，生之质也。性之动，谓之为；为之伪，谓之失。知者，接也；知者，谟也⑧；知者之所不知，犹睨也。动以不得已之谓德，动无非我之谓治，名相反而实相顺也。

羿工乎中微而拙乎使人无己誉。圣人工乎天而拙乎人。夫工乎天而俍乎人者，唯全人能之⑨。唯虫能虫，唯虫能天。全人恶天，恶人之天，而况吾天乎人乎！

一雀适羿，羿必得之，威也；以天下为之笼，则雀无所逃。是故汤以胞人笼伊尹，秦穆公以五羊之皮笼百里奚。是故非以其所好笼之而可得者，无有也。

介者拸画，外非誉也⑩；胥靡登高而不惧，遗死生也⑪。夫复謵不馈而忘人⑫；忘人，因以为天人矣。故敬之而不喜，侮之而不怒者，唯同乎天和者为然。出怒不怒，则怒出于不怒矣；出为无为，则为出于无为矣。欲静则平气，欲神则顺心。有为也欲当，则缘于不得已。不得已之类，圣人之道。

注释

①蹍（niǎn）：踩。

②辞：道歉。放骜：放肆傲慢。骜，通"傲"。

③妪（yǔ）：妪煦，抚慰。

④知：通"智"。无亲：无所偏爱。辟：除去。

⑤彻：通"撤"，撤除。勃：为"悖"字之误。悖，乱。谬：为"缪"字之误。缪，系缚。达：疏通。塞：阻塞、障碍。

⑥色：颜色。理：辞理。

⑦钦：尊敬。

⑧谟（mó）：谋划。

⑨全人：得道之人。

⑩介者：被砍去一只脚的人。这里指不修饰。拸（chǐ）画：摒弃饰容之具。拸，摒弃。画，饰容之具。

⑪胥靡：刑徒。

⑫謵（xí）：受威吓。馈（kuì）：赠送。这里指报复。

译文

踩了不认识的人的脚，就要道歉，说明是因为自己不小心，但被踩的人如果是兄长，就会怜惜地说上一大通为自己辩解的话，而要是父母的话，则会根本不做解释了。据此看来，最能表示敬意的礼仪形式是不把对方当外人，最大的义举不是给人物质利益，有最高智慧的人待人行事不讲计谋不做谋划，最大的仁爱表现是对所有人一视同仁而不分亲疏远近，最大的信用是无须有担保抵押之物的。

要消去意志的干扰，解除心灵的枷锁，去掉道德行为的牵累，搬走通向大道的阻碍。高贵、富有、尊荣、威严、声誉、利禄，这六者是足以扰乱意志的。容貌、举止、美色、辞理、气调、情意，这六者可能成为心灵的束缚。憎恶、欲求、喜悦、愤怒、悲哀、欢乐，这六者往往是道德行为的羁绊。舍去、屈就、贪取、施与、智虑、技能，这六者常是通往大道的障碍。这四个方面各有六种情况，若是都不在胸中震荡，人的内心就会平正，内心平正就会宁静，宁静就会明澈，明澈就会虚空，虚空就能恬淡无为而无所不为。大道，是有德之人所敬仰的；养护生命，是道德的光华所在；保护自然本性，则是生命的根本、本质。依从本性行事，叫有所作为；行事伪饰虚假，称为失去本性。有知识，是说能正确待人接物；讲智巧，是指作谋划要心计；有知识的人若有所不知，那是斜着眼睛看东西，因而看得不全面。因此，行为出于不得已，亦即不是动心计谋划出来的，就叫作有德；做事没有不属于本性之欲求的干扰，就叫作大治。"有德"和"大治"二者名称相反，其实则是相通一致的。

羿精于善射，能够射中细小的目标，却拙于藏己，即不能让他人不赞誉自己，圣人也只是善于知天，而拙于知人。因此，既善于知天又善于知人，只有堪称"全人"的人才能做到。事实上，只有虫能够了解虫，只有属于天然的才能了解天。因此，即使是"全人"，又怎能了解天，即人们心目中的天呢？更何况天与人的区别，在人们心中还不确定呢！

麻雀要是碰巧飞到了羿的射程之内，一定会被羿射中的，所以它很害怕出现这情况；但要是拿整个天下当捕鸟笼，麻雀就无法逃脱了。（当捕捉者的捕捉手段像是"天下之笼"时，捕捉对象就无所逃了。）因为如此，商汤可以用庖厨笼络到伊尹，秦穆公可以用五张羊皮笼络到百里奚。所以，不用投其所好的方式笼络人才而又终于得到人才，那是不可能的。

外表或性格独特的人不事修饰，因为他已经不考虑别人对他的毁誉了；信仰坚定的人身处高位也不心存恐惧，因为他已经置生死于度外了。这两种人是不管别人怎样不断地用言语刺激他，都决不还嘴的，可说是已经忘记了有他人存在的人。就因为忘掉了他人，所以他可称作"天人"。因此，不因受到他人敬重就高兴，也不因受到他人辱骂就愤怒，是只有与天乐者相同的人才能够做到的。表现出了怒气却并非真的发怒了，说明那种愤怒表现其实是出于并未被震怒之心；同样地，表现出了作为但不是真的有所作为，说明那样做出的行为乃是出于不应对他人有所作为的主张。想不作为，就平心静气地歇着；想施展威风，就使着性子大干起来，这就是有为；但要想行为得当，就要行事总是出于自然本性的推动。行事总是听从自然本性的召唤，就是圣人之道。

列 御 寇

题解

　　"列御寇"本是篇首一人名，这里用作篇名。全篇由许多小故事夹着议论组合而成。内容很杂，其间也无内在联系，不过从主要段落看，主要是阐述忘我的思想，人生在世不应炫耀于外，不应求仕求禄，不应追求智巧，不应贪功图报。

　　全文大体分为五个部分，第一部分至"虚而敖游者也"，通过伯昏瞀人与列御寇的对话，告诫人们不要显迹于外。人们之所以不能忘我，是因为他们始终不能忘外，"无能者无所求"，无所求的人才能虚己而遨游。第二部分至"而不知大宁"，通过对贪天之功以为己有的人的批评，对照朱泙漫学习屠龙技成而无所用，教导人们要顺应天成，不要追求人为，要像水流一样"无形"，而且让精神归于"无始"。第三部分至"唯真人能之"，嘲讽了势利的曹商，批评了矫饰学伪的孔子，指出给人们精神世界带来惩罚的，还是他自身的烦乱不安和行动过失，而能够摆脱精神桎梏的只有真人，即形同槁木、超脱于世俗之外的人。第四部分至"达小命者遭"，先借孔子之口大谈人心叵测，择人困难，再用正考父做官为例，引出处世原则的讨论，这就是态度谦下，不自以为是，不自恃傲人，而事事通达随顺自然。余下为第五部分，进一步阐述处世之道。连续写了庄子的三则小故事，旨意全在于说明一无所求的处世原则，最后又深刻指出，不要自恃明智而为外物所驱使，追求身外的功利实是可悲，应该有所感才有所应。

原文

　　列御寇之齐，中道而反，遇伯昏瞀人。伯昏瞀人曰："奚方而反[①]？"

曰："吾惊焉。"曰："恶乎惊?"曰："吾尝食于十浆，而五浆先馈②。"伯昏瞀人曰："若是，则汝何为惊已③?"曰："夫内诚不解，形谍成光④，以外镇人心，使人轻乎贵老，而虀其所患⑤。夫浆人特为食羹之货⑥，无多余之赢⑦，其为利也薄，其为权也轻，而犹若是，而况于万乘之主乎⑧! 身劳于国而知尽于事，彼将任我以事而效我以功，吾是以惊⑨。"伯昏瞀人曰："善哉观乎! 女处己，人将保女矣⑩!"

无几何而往，则户外之屦满矣⑪。伯昏瞀人北面而立，敦杖蹙之乎颐，立有间，不言而出。宾者以告列子，列子提屦，跣而走⑫，暨乎门，曰："先生既来，曾不发药乎⑬?"曰："已矣，吾固告汝曰人将保汝⑭，果保汝矣! 非汝能使人保汝，而汝不能使人无保汝也，而焉用之感豫出异也! 必且有感摇而本才，又无谓也。与汝游者又莫汝告也，彼所小言，尽人毒也；莫觉莫悟，何相孰也! 巧者劳而知者忧，无能者无所求，饱食而敖游，汎若不系之舟，虚而敖游者也。"

注释

①奚方：何故、为什么。

②浆：一种带酸味的饮料。这里指卖"浆"的人家或店铺。

③若是：既然这样。何为：是"为何"的倒装。

④形：通"行"，这里是副词，相当于"将"。谍：借作"渫"，通"泄"，发泄、排出。这里是"表现"的意思。光：指人的光彩、风采。

⑤轻：通"倾"，钦佩、倾慕、倚仗。贵老：指贵人、长者或有地位的人。

⑥特：表示范围的副词，相当于只、仅仅。

⑦赢：借作"营"，谋求。

⑧万乘之主：任务重大职事繁忙，即君主。

⑨知：指心智。效：借作"校"，考核。功：指成绩、功效。

⑩将：必定。

⑪屦：鞋子。

⑫跣：赤脚行走。

⑬发药：提意见。

⑭固：已经、早就。

译文

列御寇到齐国去，半路上又折了回来，遇上伯昏瞀人。伯昏瞀人问道："为何你又折回来了？"列御寇说："我感到惊惶不安。"伯昏瞀人又问："为何惊惶不安？"列御寇说："我曾在十家店铺买浆吃，竟有五家事先就给我优惠。"伯昏瞀人说："既然这样，你怎么会惊惶不安呢？"列御寇说："心中的情欲没有消融，形态举动便有光彩，以这外貌镇服人心，使人轻易把自己视为有地位的人而尊重，这可能带来祸患。那店铺卖浆的人，为的是得到多余的利润，他们的营利很少，他们的权势也很小，尚且这样对待我。又何况是拥有万乘兵车的君主呢！身体劳瘁于国家，而智能耗尽于政事，他一定会任用我去办事，并希望我取得功效的，所以我感到惊惶。"伯昏瞀人说："你的看法真是太好了！你这样严格要求自己，人们一定会归附你的。"

没有多久伯昏瞀人前去看望列御寇，看见门外摆满了鞋子。伯昏瞀人面朝北方站着，竖着拐杖撑住下巴。站了一会儿，一句话也没说就走出去了。接待宾客的人员告诉了列御寇，列御寇提着鞋子，光着脚就跑了出来，追到门口，说："先生已经来了，竟不说一句指教的话吗？"伯昏瞀人说："算了算了，我本来就告诉你说人们将会归附于你，果真都在归附你了。这不是你有能力使人们归附于你，而是你没有能力使人们不归附于你。你哪里用得着以言行去感动别人呢！你事先就应知道以言行感动别人的结果会使自己与众不同。心有所动，必然会动摇你的本性，就没有意义了。同你交往的人，没有人会告诉你，他们的闲言碎语都是毒害人的话。你却不醒不悟，竟同他们混熟。灵巧的人多劳累，而聪慧的人多忧患，没有能耐的人也就没有什么追求，填饱肚子就自由自在地遨游，像没有缆索飘忽在水中的船只一样，这才是心境虚无而自由遨游的人。"

原文

郑人缓也呻吟裘氏之地，祇三年而缓为儒[1]，河润九里，泽及三族[2]，使其弟墨。儒墨相与辩，其父助翟，十年而缓自杀[3]。其父梦之曰："使而子为墨者予也。阖胡尝视其良，既为秋柏之实矣[4]？"夫造物者之报人也，不报其人而报其人之天⑤。彼故使彼。夫人以己为有以异于人以贱其亲，齐人之井饮者相捽也⑥。故曰今之世皆缓也。自是，有德者以不知也⑦，而况有道者乎！古者谓之遁天之刑⑧。

圣人安其所安⑨，不安其所不安；众人安其所不安，不安其所安。

庄子曰："知道易，勿言难。知而不言，所以之天也；知而言之，所以之人也。古之人，天而不人。"

朱泙漫学屠龙于支离益，单千金之家，三年技成而无所用其巧。

圣人以必不必，故无兵；众人以不必必之，故多兵；顺于兵，故行有求。兵，恃之则亡。

小夫之知，不离苞苴竿牍⑩，敝精神乎蹇浅，而欲兼济道物⑪，太一形虚。若是者，迷惑于宇宙，形累不知太初。彼至人者，归精神乎无始，而甘冥乎无何有之乡。水流乎无形，发泄乎太清。悲哉乎！汝为知在毫毛，而不知大宁。

注释

①呻吟：诵读，吟咏。祇：只。而：就。为儒：即"成为有名的儒家学者"的意思。

②三族：父母妻族。

③翟：缓弟的名。

④阚：语助词。胡：何也。秋柏：楸树、柏树。良：借作"艮"，指坟墓。

⑤天：指天性，即出于自然本性的行动。

⑥夫：代词，相当于这、那。井饮：喝泉水。捽：扭打。

⑦知：同"智"。

⑧遁天之刑：因违背自然规律而受到的惩罚。

⑨安：安心的意思。所安，指按自然本性行事。

⑩小夫：犹匹夫也。苞苴：香草也。竿牍：竹简。

⑪敝精神乎蹇浅：於小务，所得者浅。

译文

郑国有个名叫缓的人在裘氏那地方咏诵讲学，只用了三年时间，就成了有名的儒生。这自然会为他家乡九里增光，为他亲戚三族造福，并且使他弟弟研习墨家学说。儒墨两家相互争辩时，缓的父亲总是站在墨家，即他弟弟一边。十年后，缓不满自杀而死。又许多年后，他的父亲梦见他，他说："让你的小儿子成为墨家之人，那是我的功劳。怎么不常来看看我的坟墓？当年栽种的楸树和柏树已经结果实了啊！"造物者对人做好事是会给予奖励的，但不是奖励他的刻意作为，而是奖励他按自然本性表现自己，就是他的固有本性促使他做出的行为。缓那个人认为自己与众不同，竟然蔑视自己的亲生父亲，这跟齐人自以为挖井有功，就对前来喝井水的人抓扯扭打一样。看来，当今世人都是缓这样的人，即使不是自视有德之人都会认为他们的表现是不明智的，就更不要说有道之人了！所以，如缓的早逝，古人称之为"违背自然本性而受到的惩罚"。

圣哲之人安于按自然本性行事，不安于有违自然本性的刻意作为；世俗之人刻意做了有违自然本性的事才能安心，按自然本性行事反而不安心。

庄子说："了解道容易，不去谈论它则很难。了解了却不妄加谈论，这是知天意的途径；了解了就谈论，这是知人为的方法。古时候的人，是追求知天意而不是追求知人为。"

朱泙漫向支离益学习屠龙，耗尽了他千金家产，三年后终于把屠龙的技能学会了，却没有地方用得着。

圣人认为，必然发生的事其实并不一定会发生，所以不做争论；俗人相反，把不一定会发生的事，当作必然之事去对待，所以往往争论不休。人要是总在为争论取胜做准备，那一定会贪求不止；想依靠争论解决问题，那更是走上了不归路。

浅薄的人求知想事，离不开人情往来，总在肤浅的问题上耗费精神，可他们竟然也想同时通晓关于万物、太一、形虚的大道理。唯其如此，他们一定会被浩瀚的宇宙所迷惑，身体劳累，绝不可能了解太初时的景况。至于道德修养极高的人，思考的则是未有天地、自然也没有人的时候的那个茫茫世界，完全陶醉于一切皆无的广袤境界，因此，他随遇而安，像水流一样顺应自然，无忧无虑地流淌在虚静恬淡的境域。可悲啊！你把心思用在毫毛琐事上，所以一点儿也不懂得虚静恬淡的宁静境界。

原文

宋人有曹商者，为宋王使秦①。其往也，得车数乘；王说之②，益车百乘③。反于宋，见庄子曰："夫处穷闾阨巷，困窘织屦④，槁项黄馘者⑤，商之所短也；一悟万乘之主而从车百乘者，商之所长也⑥。"庄子曰："秦王有病召医，破痈溃痤者得车一乘，舐痔者得车五乘，所治愈下⑦，得车愈多。子岂治其痔邪，何得车之多也？子行矣⑧！"

鲁哀公问乎颜阖曰："吾以仲尼为贞干⑨，国其有瘳乎？"曰："殆哉圾乎⑩！仲尼方且饰羽而画，从事华辞，以支为旨⑪，忍性以视民而不知不信；受乎心，宰乎神，夫何足以上民！彼宜女与？予颐与？误而可矣。今使民离实学伪，非所以视民也，为后世虑，不若休之。难治也。"

施于人而不忘，非天布也⑫。商贾不齿，虽以事齿之，神者弗齿。

为外刑者，金与木也；为内刑者，动与过也。宵人之离外刑者，金木讯之；离内刑者，阴阳食之⑬。夫免乎外内之刑者，唯真人能之。

注释

①曹商：人名。

②说：通"悦"。

③益：增加。

④穷闾：贫穷僻里。阨巷：狭巷。困窘：贫苦。织屦：织鞋，做鞋。

⑤槁项：干枯的脖子。馘（guó）：脸。

⑥一：一旦。悟：使……觉悟。长：长处。

⑦下：卑下。

⑧子：你。行：走。

⑨贞干：栋梁。

⑩圾：通"岌"，危。

⑪以支为旨：以枝节为要旨。

⑫非天布也：不是上天的布施之道。

⑬阴阳食之：阴阳两气交相剥食。

译文

宋国有个叫曹商的人，为宋王出使秦国。他刚到秦国时，得到数辆车子；秦王喜欢他，又加赐车辆一百乘。曹商回到宋国，见了庄子说："身居穷里狭巷，贫苦地靠织鞋而生活。脖颈干瘪面色饥黄，这是我不如别人的地方；一旦有机会使大国的国君省悟而随从的车辆达到百乘之多，这是我的长处。"庄子说："听说秦王有病召请医生，破出脓疮溃散疖子的人可获得车辆一乘，舔治痔疮的人可获得车辆五乘，凡是疗治的部位越是低下，所能获得的车辆就越多。你难道给秦王舔过痔疮吗，怎么获奖的车辆如此之多呢？你走开吧！"

鲁哀公向颜阖问道："我想把仲尼任命为大臣，国家有希望了吧？"颜阖说："危险了，实在是危险啊！仲尼一心雕琢文饰，追求华丽的辞章，把枝节看作是要旨，扭曲心性以夸示于民众却不知道全无一点诚信；让内心被这些虚情主宰，怎么能够管理好人民！仲尼果真适合于你吗？还是他真的能恩惠人民呢？那一定会误事的。现今让人民背离真情学习伪诈，这不是用来教导民众的办法，为后世子孙着想，不如早早放弃这个打算。仲尼是很难治理好国家的。"

施予别人恩惠却总忘不了让人回报，远不是自然对普天之下广泛而无私的赐予。施恩图报的行为商人都瞧不起，即使有什么事情必须与他交往，内心也是瞧不起的。

对体外的刑罚，是金属或木质的刑具；对内心的惩罚，则是自身的烦乱和行动的过失。小人受到皮肉之刑，是用刑具加以拷问；小人内心受到惩罚，则是阴气阳气郁积所造成的侵害。能够免于内外刑辱的，只有真人才可做到。

原文

孔子曰："凡人心险于山川，难于知天；天犹有春秋冬夏旦暮之期，人者厚貌深情。故有貌愿而益[①]，有长若不肖，有顺懁而达[②]，有坚而缦，有缓而釬[③]。故其就义若渴者，其去义若热。故君子远使之而观其忠，近使之而观其敬，烦使之而观其能，卒然问焉而观其知，急与之期而观其信，委之以财而观其仁，告之以危而观其节，醉之以酒而观其侧，杂之以处而观其色。九征至，不肖人得矣。"

正考父一命而伛，再命而偻，三命而俯，循墙而走，孰敢不轨！如而夫者，一命而吕钜④，再命而于车上儛⑤，三命名诸父，孰协唐许⑥！

贼莫大乎德有心而心有睫⑦，及其有睫也而内视，内视而败矣。凶德有五，中德为首，何谓中德？中德也者，有以自好也而吡其所不为者也⑧。

穷有八极，达有三必，形有六府。美、髯、长、大、壮、丽、勇、敢，八者俱过人也，因以是穷。缘循、偃佒、困畏不若人⑨，三者俱通达。知慧外通，勇动多怨，仁义多责。达生之情者傀，达于知者肖，达大命者随，达小命者遭。

注释

①愿：谨厚。益：通"溢"，骄溢。
②慢（huān）而达：外貌圆顺而内心直达。慢，通"环"。
③缦：同"慢"。釬（hàn）："悍"的假借字。
④吕钜：骄矜。
⑤儛：通"舞"。
⑥名诸父：称呼叔伯的名号。孰协唐许：谁能同唐尧、许由这样谦虚，禅让大位呢？
⑦心有睫：心开如眼目。
⑧吡：訾，讥诮中。
⑨困畏不若人：指与人谦下无争。

译文

孔子说："人心比山川还要险恶，比预测天象还要困难；自然界尚有春夏秋冬和早晚变化的一定周期，人却貌容忠厚而情感内敛。有的人貌似淳厚而行为骄溢，有的人实为长者而形貌不符，有的人外貌圆顺而内心刚直，有的人貌似坚韧而内心散漫，有的人表面舒缓而内心焦躁。所以人们趋义急如干渴，弃义急如避热。因此君子总是让人远离自己任职而观察他们是否忠诚，让人就近办事而观察他们是否恭敬，让人处理纷乱事务观察他们是否有能力，对人突然提问观察他们是否有心智，交给期限紧迫的任务观察他们是否守信用，把财物托付给他们观察是否廉洁，把危难告诉给他们观察是否持守节操，用醉酒的方式观察他们的仪态，用男女杂处的办法观察他们对待女色的态度。上述九种表现——得到验证，不好的人也就自然挑拣出来了。"

正考父首次被任命为士便躬着背，再次任命为大夫便躬着腰，三任命为卿更谦恭地俯下身子，总是让开大道顺着墙根快步急走，像这样谁还敢不效法！态度如此谦下谁还敢干出不轨之事！如果是凡夫俗子，首次任命为士就会傲慢矜持，再次任命为大夫就会在车上手舞足蹈，三任命为卿就要人呼叔伯的名号了，像这样谁还会成为唐尧、许由那样谦让的人呢？

最大的祸害莫过于有意培养德行而且有成府，有了心眼就会内心纷扰，内心纷扰就会道德败坏。凶德有五种，以中德为首。什么叫中德？所谓中德，是指自以为是而诋毁自己所不赞同的事情。

穷困窘迫源于八个方面的极端，顺利通达基于以下三种必然，形态面貌则取决于六项府藏因素。貌美、须长、高大、魁梧、健壮、艳丽、勇武、果敢，这八项长处远远胜过他人，于是自恃傲人必然导致困窘。因循顺应、俯仰随人、怯弱谦下，这三种情况都能遇事通达。自恃聪明炫耀于外，勇猛躁动的人必多招怨，倡导仁义的人必多责难。通晓生命实情的人心胸开阔，通晓真知的人内心虚空豁达，通晓长寿之道的人随顺自然，通晓寿命短暂之理的人也能随遇而安。

原文

人有见宋王者①，锡车十乘，以其十乘骄稚庄子②。庄子曰："河上有家贫恃纬萧而食者③，其子没于渊，得千金之珠。其父谓其子曰：'取石来锻之！夫千金之珠，必在九重之渊而骊龙颔下④，子能得珠者，必遭其睡也⑤。使骊龙而寤，子尚奚微之有哉！'今宋国之深，非直九重之渊也；宋王之猛，非直骊龙也；子能得车者，必遭其睡也。使宋王而寤，子为虀粉夫！"

或聘于庄子。庄子应其使曰："子见夫牺牛乎⑥？衣以文绣，食以刍菽⑦，及其牵而入于大庙，虽欲为孤犊，其可得乎！"

庄子将死，弟子欲厚葬之。庄子曰："吾以天地为棺椁，以日月为连璧，星辰为珠玑，万物为赍送⑧。吾葬具岂不备邪？何以加此？"弟子曰："吾恐乌鸢之食夫子也⑨。"庄子曰："在上为乌鸢食，在下为蝼蚁食，夺彼与此，何其偏也！"

以不平平，其平也不平；以不征征，其征也不征。明者唯为之使，神者征之。夫明之不胜神也久矣。而愚者恃其所见入于人，其功外也，不亦悲乎！

注释

①宋王：宋康王，《吕氏春秋》载其残暴，"所杀戮者众矣"。
②穉（zhì）："稚"的异体字，轻视。
③纬萧：编织苇席。
④骊龙：黑龙。
⑤遭：遇。
⑥牺牛：祭祀用的纯色牛。
⑦刍：草。菽：大豆。
⑧赍（jī）：送。
⑨鸢（yuān）：老鹰。

译文

有个人拜见宋王，宋王赐给他车马十乘，依仗这些车马在庄子面前炫耀。庄子说："河边有一个家庭贫穷靠编织苇席为生的人家，他的儿子潜入深渊，得到价值千金的珍珠。父亲对儿子说：'拿过石块来锤破这颗珍珠！价值千金的宝珠，必定出自九重深渊黑龙的下巴下面，你能轻易地获得这样的珍珠，一定是正赶上黑龙睡着了。倘若黑龙醒过来，你还想活着回来吗？'如今宋国的险恶，远不止是九重深渊；而宋王的凶残，也远不止是黑龙那样。你能从宋王那里获得十乘车马，也一定是遇上宋王睡着了。倘若宋王一旦醒过来，你必将粉身碎骨。"

有人来聘请庄子。庄子答复他的使者说："你见过那准备用作祭祀的牛吗？披着有花纹的锦绣，给它吃草料和豆子，等到牵着进入太庙杀掉用于祭祀，想要做只没人看顾的小牛，怎能办得到呢！"

庄子快要死的时候，弟子们打算厚葬他。庄子说："我以天地为棺椁，把日月当作连璧，把星辰当作珠玑，万物都可以成为我的陪葬。我陪葬的东西难道还不完备吗？还有比这更好的吗？"弟子说："我们担忧乌鸦和老鹰啄食先生的遗体。"庄子说:"天葬会被乌鸦和老鹰吃掉,土葬将会被蚂蚁吃掉,从乌鸦老鹰那里夺过来再给蚂蚁,怎么如此偏心!"

用不公平的方式来显示公平,这种公平不能算作公平;用不能验证的东西来求验证,这样的验证不能算是验证。自以为明智的人只会被外物所驱使,精神世界完全超脱于物外的人才会自然地感应。自以为明智的人早就比不上精神世界完全超脱的人,可是愚昧的人还总是自恃偏见而沉溺于世俗和人事,他们的功利只在于追求身外之物,这不很可悲吗!

天　　地

题解

"天"和"地"在庄子哲学体系中乃元气之所生,万物之所祖,一高远在上,一浊重在下,故而以"天地"开篇。本篇的主旨仍在于阐述无为而治的主张,跟《在宥》的主旨大体相同,表述的是庄子的政治思想。

全文可以大体分成十四个部分。第一部分至"无心得而鬼神服",阐述无为而治的思想基于"道"。事物是统一的,事物的发展变化是自然的,因此治理天下就应当是无为的。这一部分是全篇的中心所在。第二部分至"大小,长短,脩远",通过"夫子"之口,阐明大道深奥玄妙的含义,并借此指出居于统治地位的人要无为而治就得通晓大道。第三部分至"象罔乃可以得之乎",写一寓言小故事,说明无为才能求得大道。第四部分至"南面之贼也",通过隐士许由之口,说明聪慧和才智以及一切人为的做法都不足以治天下,并直接指出"治"的危害就是乱的先导。第五部分至"退已",说明统治者也要随遇而安,不要留下什么踪迹。第六部分至"伛伛乎耕而不顾",对比无为和有为,说明有为而治必然留下祸患。第七部分至"同乎大顺",论述宇宙万物的产生,寓指无为而治就是返归本真。第八部分至"是之谓入于天",指出治世者必当"忘己"。第九部分至"欲同乎德而心居矣",指出从政的要领是纵任民心,促进自我教化,而有为之治不过是螳臂当车,自处高危。第十部分至"予与汝何足以识之哉",

借种菜老人之口反对机巧之事和机巧之心，拒绝社会的进步，提倡素朴和返归本真。第十一部分至"此之谓混冥"，分别描述了"圣治""德人"和"神人"。第十二部分至"事而无传"，进一步称誉所谓盛德时代的无为而治。第十三部分至"汲汲然唯恐其似己也"，借"忠臣""孝子"作譬，哀叹世人的愚昧和迷惑。余下为第十四部分，指出追逐功名利禄和声色，貌似有所得，其实是为自己设下了绳索，无论"得"和"失"都丧失了人的真性。

原文

天地虽大，其化均也①；万物虽多，其治一也②；人卒虽众③，其主君也。君原于德而成于天④，故曰，玄古之君天下⑤，无为也，天德而已矣⑥。

以道观言而天下之君正⑦，以道观分而君臣之义明⑧，以道观能而天下之官治，以道汎观而万物之应备⑨。故通于天地者，德也⑩；行于万物者，道也；上治人者，事也⑪；能有所艺者，技也。技兼于事⑫，事兼于义，义兼于德，德兼于道，道兼于天。故曰：古之畜天下者⑬，无欲而天下足，无为而万物化，渊静而百姓定⑭。《记》曰⑮："通于一而万事毕⑯，无心得而鬼神服。"

注释

①化：变化，运动。均：均衡，这里指出于自然。

②治：这里指万物各居其位，各有所得。

③人卒：百姓。

④原：本原。德：自得，即从道的观点出发对待自我和对待外物的顺任态度。

⑤玄古：遥远的古代。君：用作动词，"君天下"即君临天下，统驭天下。

⑥天德：听任自然，顺应自得。

⑦道：庄子笔下的"道"常常包含两个重要方面，一是大千世界万事万物，归根结底是没有区别的，齐一的；一是事物的发展和变化有其自身

的规律，非人为所能改变。这里侧重后一含意。言：名，称谓。古人认为能言者必须名分正，名分正方才有谈论的可能。

⑧分：职分。

⑨汜："泛"字之异体。"汜观"即遍观。备：全，自得而又自足的意思。

⑩本句连同下一句，有的藏本为三个分句："故通于天者，道也；顺于地者，德也；行于万物者，义也。"就句间关系和所述内容的前后因果看，分述于"道""德""义"三句更为合理些。然这里的注和译仍从旧本。

⑪事：指万事万物因其本性，各施其能。

⑫兼：并同，合于，这里含有归向的意思。

⑬畜：养育。

⑭渊：水深的样子。"渊静"指深沉清静，不扰乱人心。

⑮记：旧注指一书名，为老子所作，但已不可考。

⑯一：这里实指"道"。

译文

天和地虽然很大，不过它们的运动和变化却是均衡的；万物虽然纷杂，不过它们各得其所，归根结底却是统一的；百姓虽然众多，不过他们的主宰却都是国君。国君管理天下要以顺应事物为根本而成事于自然，所以说：遥远的古代君主统驭天下，一切都出自无为，即听任自然、顺其自得罢了。

用道的观点来看待称谓，那么天下所有的国君都是名正言顺的统治者；用道的观点来看待职分，那么君和臣各自承担的道义就分明了；用道的观念来看待才干，那么天下的官吏都尽职尽力；从道的观点广泛地观察，万事万物全都自得而又自足。所以，贯穿于天地的是顺应自然的"德"；通行于万物的是听任自然的"道"；善于治理天下的是各尽其能各任其事；能够让能力和才干充分发挥的就是各种技巧。技巧归结于事务，事务归结于义理，义理归结于顺应自然的"德"，"德"归结于听任自然的"道"，听任自然的"道"归结于事物的自然本性。所以说：古时候养育天下百姓的统治者，无所追求而天下富足，无所作为而万物自行变化发展，深沉宁寂而人心安定。《记》这本书上说："通晓大道因而万事自然完满成功，无心获取因而鬼神敬佩贴服。"

原文

夫子曰①："夫道，覆载万物者也，洋洋乎大哉②！君子不可以不刳心焉③。无为为之之谓天④，无为言之之谓德⑤，爱人利物之谓仁⑥，不同同之之谓大⑦，行不崖异之谓宽⑧，有万不同之谓富⑨。故执德之谓纪⑩，德成之谓立⑪，循于道之谓备⑫，不以物挫志之谓完。君子明于此十者，则韬乎其事心之大也⑬，沛乎其为万物逝也⑭。若然者，藏金于山，藏珠于渊⑮，不利货财⑯，不近贵富⑰；不乐寿⑱，不哀夭；不荣通⑲，不丑穷⑳；不拘一世之利以为己私分㉑，不以王天下为己处显㉒。显则明，万物一府㉓，死生同状。"

夫子曰："夫道，渊乎其居也，漻乎其清也㉔。金石不得㉕，无以鸣。故金石有声，不考不鸣㉖。万物孰能定之！夫王德之人㉗，素逝而耻通于事㉘，立之本原而知通于神㉙。故其德广，其心之出㉚，有物采之㉛。故形非道不生，生非德不明。存形穷生，立德明道，非王德者邪！荡荡乎㉜！忽然出㉝，勃然动㉞，而万物从之乎㉟！此谓王德之人。视乎冥冥㊱，听乎无声。冥冥之中，独见晓焉㊲；无声之中，独闻和焉㊳。故深之又深而能物焉㊴，神之又神而能精焉㊵。故其与万物接也，至无而供其求，时骋而要其宿㊶；大小、长短、脩远㊷。"

注释

①夫子：即庄子，庄子后学者对他的敬称。一说"夫子"指"老子"。
②洋洋：盛大的样子。
③刳（kū）：剖开并挖空。"刳心"指掏空整个心胸，排除一切有为的杂念。
④无为为之：用无为的态度去做，即不为而为的意思。
⑤无为言之：用无为的态度去谈论，即不言而言的意思。
⑥爱人：给人们带来慈爱。利物：给万物带来利益。
⑦不同同之：使各个不同的万物回归到同一的本性。
⑧崖：伟岸，兀傲。异：奇异。"崖异"连在一起，含有与众不同的

意思。宽：宽容。

⑨有万不同：指心里包容着万种差异。

⑩执：保持，持守。德：这里指人的自然禀赋。纪：纲纪。

⑪立：指立身社会建功济物。

⑫循：顺。

⑬韬：包容，蕴含。事心：建树之心。

⑭沛：水流湍急的样子。逝：往，归向。

⑮藏：亦作"沉"。

⑯不利货财：不以货财为利。

⑰近：接近、靠拢，引申为追求。

⑱不乐寿：不把寿诞看作快乐。

⑲不荣通：不以通达为荣耀。

⑳丑：羞耻，"不丑穷"就是不把贫穷看作是羞耻。

㉑拘（gōu）：通"钩"，取的意思。一：全。私分（fèn）：个人分内的事。

㉒王（wàng）：称王的意思，"王天下"即称王于天下，也就是统治天下。处显：居处显赫。

㉓一府：归结到一处。

㉔潦（liáo）：清澈的样子。

㉕金石：这里是借指用"金"和"石"所制成的钟、磬之类的器皿。

㉖考：敲击。

㉗王德之人：盛德之人。本文讨论治世之事，故所谓盛德之人，即真正能够成为治理天下的人。

㉘素：朴质。逝：往。耻通于事：以通晓于琐细之事为耻。

㉙本原：这里指万物的根本和原始的真性。神：神秘莫测的境界。

㉚出：显现，感应。

㉛采：求，这里指外物的探取。

㉜荡荡：浩渺伟大的样子。

㉝忽然：无心的样子。

㉞勃然：义同于"忽然"。"动"与上句的"出"都是指有所感而后有所反应的意思。

㉟从：跟随。

㊱冥冥：幽暗、深渺的样子。

㊲晓：明晓。

㊳和：唱和，应和。

㊴能物焉：能够从中产生万物。

㊵能精焉：能够从中产生出精神。

㊶骋：驰骋，纵放。要：总，求。宿：会聚，归宿。

㊷脩：同"修"，高、长的意思。

译文

先生说："道，是覆盖和托载万物的，多么广阔而盛大啊！君子不可以不敞开心胸排除一切有为的杂念。用无为的态度去做就叫作自然，用无为的态度去说就叫作顺应，给人以爱或给物以利就叫作仁爱，让各个不同的事物回归同一的本性就叫作伟大，行为不与众不同就叫作宽容，心里包容着万种差异就叫作富有。因此持守自然赋予的禀性就叫纲纪，德行形成就叫作建功济物，遵循于道就叫作修养完备，不因外物挫折节守就叫作完美无缺。君子明白了这十个方面，也就容藏了立功济物的伟大心志，而且像滔滔的流水汇聚一处似的成为万物的归处。像这样，就能藏黄金于大山，沉珍珠于深渊，不贪图财物，也不追求富贵；不把长寿看作快乐，不把夭折看作悲哀，不把通达看作荣耀，不把穷困看作羞耻；不把谋求举世之利作为自己的职分，不把统治天下看作是自己居处于显赫的地位。显赫就会彰明，然而万物最终却归结于同一，死与生也并不存在区别。"

先生还说："道，它居处沉寂犹如幽深宁寂的渊海，它运动恒洁犹如明澈清澄的清流。金石制成钟磬的器物不能获取外力，就没有办法鸣响，所以钟磬之类的器物即使存在鸣响的本能，却也不敲不响。万物这种有感才能有应的情况谁能准确地加以认识！具有盛德而居于统治地位的人，应该是持守素朴的真情往来行事，而以通晓琐细事务为羞耻，立足于固有的真性而智慧通达于神秘莫测的境界。因此他的德行圣明而又虚广，他的心志即使有所显露，也是因为外物的探求而作出自然的反应。所以说，形体如不凭借道就不能产生，生命产生了不能顺德就不会明达。保全形体维系生命，建树盛德彰明大道，这岂不就是具有盛德而又居于统治地位的人吗？浩渺伟大啊！他们无心地有所感，他们又无心地有所动，然而万物都紧紧地跟随着他们呢！这就是具有盛德而又居于统治地位的人。道，看上去是那么幽暗深渺，听起来又是那么寂然无声。然而幽暗深渺之中却能见到光明的真迹，寂然无声之中却能听到万窍唱和的共鸣。幽深而又幽深能够从中产生万物，玄妙而又玄妙能够从中产生精神。所以道与万物相接，虚寂却能满足万物的需求，时时驰骋纵放却能总合万物成其归宿，无论是大还是小，是长还是短，是高还是远。"

原文

黄帝游乎赤水之北①，登乎昆仑之丘而南望，还归②，遗其玄珠③。使知索之而不得④，使离朱索之而不得⑤，使喫诟索之而不得也⑥，乃使象罔⑦，象罔得之。黄帝曰："异哉！象罔乃可以得之乎？"

注释

①赤水：虚拟的水名。
②还（xuán）：通"旋"，随即、不久的意思。
③玄珠：喻指"道"。
④知（zhì）：人名，寓含才智、智慧的意思。索：求，找。
⑤离朱：人名，寓含善于明察秋毫者。
⑥喫（chī）诟：人名，聪明而善于言辩的人。
⑦象罔：人名，是无思虑、无明目、无言辩、若有形、若无形的人。

译文

黄帝在赤水的北岸游玩，登上昆仑山巅向南观望，返回后发现玄珠丢了。派才智超群的知去寻找而未能找到，派善于明察秋毫的离朱去寻找也未能找到，派善于闻声辩言的喫诟去寻找也未能找到。于是让不善言辞的象罔去寻找，而象罔找回了玄珠。黄帝说："奇怪啊！象罔方才能够找到吗？"

原文

尧之师曰许由，许由之师曰啮缺，啮缺之师曰王倪，王倪之师曰被衣①。

尧问于许由曰："啮缺可以配天乎②？吾藉王倪以要之③。"许由曰："殆哉圾乎天下④！啮缺之为人也，聪明叡知⑤，给数以敏⑥，其性过人，而又乃以人受天⑦。彼审乎禁过⑧，而不知过之所由生。与之配天乎？彼且乘人而无天⑨。方且本身而异形⑩，方且尊知而火驰⑪，方且为绪使⑫，方且为物絯⑬，方且四顾而物应⑭，方且应众宜⑮，方且与物化而未始有恒⑯。夫何足以配天乎？虽然，有族，有祖⑰，可以为众父⑱，而不可以为众父父⑲。治，乱之率也⑳，北面之祸也㉑，南面之贼也㉒。"

注释

①许由、啮（niè）缺、王倪和被衣均为人名，除许由曾见于其他典籍外，其余三人都是作者杜撰的隐士，他们清廉洁己，不同于世俗。

②配天：做天子。

③藉：借助。要：通"邀"，请的意思。

④圾：通"岌"，危险的意思。

⑤叡（ruì）："睿"字之异体，聪慧的意思。

⑥给：捷。数（shuò）：频繁，引申为快捷的意思。

⑦乃：且。人：指人为。受：通"授"。

⑧审：明察。

⑨乘：趁，引申为借助。"乘人"即借助于人为。无天：抛弃自然的秉性。

⑩本身：以自身为本。异形：形迹不同于别人。说明他不能与众人混同一体，而是突出自己。

⑪尊知：尊崇才智。火驰：如火一样蔓延。形容智慧的旺盛、敏捷。

⑫绪：丝端。这里喻指细末的小事。使：役使。

⑬絯（gāi）：束缚。

⑭物应：与外物而应接。

⑮应众宜：投合众人的需要。

⑯与物化：随万物变化。未始：未曾。恒：如常。

⑰族：众属。祖：祖宗。

⑱父：这里指同族人中的首领。

⑲众父父：指天。

⑳率：先导。

㉑北面：指臣。

㉒南面：指君。贼：害。

译文

尧的老师叫许由，许由的老师叫齧缺，齧缺的老师叫王倪，王倪的老师叫被衣。

尧问许由说："齧缺可以做天子吗？我想请王倪来邀请他。"许由说："危险啊，要危及天下！齧缺这个人的为人，聪明睿智，机警敏捷，他天赋过人，而且用人为来对应自然。他明察怎样禁止过失，却不知道过失产生的原因。让他做天子吗？他将借助于人为而抛弃自然，将会把自身看作本位来区分人"我"，他的形迹不同于别人，而是突出自己，将会尊崇才智而如火一样蔓延，会被细末的琐事所役使，将会被外物所束缚，将会环顾四方与外物而应接，将会投合众人的需要而合宜，将会参与万物的变化而从不曾有什么定准。那样的人怎么能够做天子呢？虽然这样，有了同族人的聚集，就会有一个全族的先祖；可以成为一方百姓的统领，却不能成为诸方统领的君主。为此治理天下，必将是天下大乱的先导，这就是臣子的灾害，国君的祸根。"

原文

尧观乎华①。华封人曰②："嘻，圣人！请祝圣人。""使圣人寿。"尧曰："辞③。""使圣人富。"尧曰："辞。""使圣人多男子④。"尧曰："辞。"封人曰："寿、富、多男子，人之所欲也。女独不欲，何邪？"尧曰："多男子则多惧，富则多事，寿则多辱。是三者，非所以养德也⑤，故辞。"

封人曰："始也我以女为圣人邪，今然君子也⑥。天生万民，必授之职。多男子而授之职，则何惧之有！富而使人分之，则何事之有！夫圣人，鹑居而鷇食⑦，鸟行而无彰⑧；天下有道，则与物皆昌；天下无道，则修德就闲；千岁厌世，去而上仙⑨；乘彼白云，至于帝乡⑩；三患莫至⑪，身常无殃；则何辱之有！"封人去之。尧随之，曰："请问。"封人曰：

"退已！"

①乎：于。华：地名。

②封：守护疆界的人。

③辞：谢绝，推辞。

④男子：男孩子。

⑤所以养德：调养无为之德的办法。

⑥然：通"乃"，竟然的意思。

⑦鹑（chún）：鹌鹑，一种无固定居巢的小鸟，这里喻义是随遇而安。雏（gòu）：初生待哺的小鸟，"雏食"意思是像初生待哺的小鸟那样无心觅求食物，这里喻指圣人随物而安。

⑧无彰：不留下踪迹。

⑨僊（xiān）："仙"字之异体。

⑩帝乡：旧注指天和地交接的地方。

⑪三患：即前面谈到的寿、富、多男子所导致的多辱、多事和多惧。

译文

尧在华巡视。华地守护封疆的人说："啊，圣人！请让我为圣人祝愿吧。""祝愿圣人长寿。"尧说："免了吧。""祝愿圣人富有。"尧说："免了吧。""祝愿圣人多男儿。"尧说："免了吧。"守护封疆的人说："寿诞、富有和多男儿，这是人们都想得到的。你偏偏不希望得到，是为什么呢？"尧说："男子多了就容易生是非，难免忧惧；多财物就容易招麻烦，难免多事；寿命长了就容易招人嫌，难免受辱。这三样东西，都会使原本祥和稳定的状态遭到破坏，不利于养德，所以我谢绝你对我的祝愿。"

守护封疆的人说："起初我把你看作圣人呢，如今竟然是个君子。苍天孕育了所有人，必定会授给他们不同的能力以适应不同的工作。男孩子多而授给他们的差事也就一定很多，有什么可忧惧的！财富多就分给众人，有什么麻烦的！圣人总是像鹌鹑一样随遇而安、居无常处，像待哺雏鸟一样觅食无心，就像鸟儿在空中飞行不留下一点踪迹。天下太平，就跟万物一同昌盛；天下纷乱，就修身养性屈就闲暇。寿诞千年而厌恶活在世上，便离开人世而升天成仙；驾驭那朵朵白云，去到天与地交接的地方。寿延、富有、多男孩子所导致的多辱、多事、多惧都不会降临于我，身体也不会遭殃，那么还会有什么屈辱呢！"守护封疆的人离开了尧，尧却跟在他的后面，说："希望能得到你的指教。"守护封疆的人说："你还是回去吧！"

原文

尧治天下，伯成子高立为诸侯^①。尧授舜，舜授禹，伯成子高辞为诸侯而耕。禹往见之，则耕在野。禹趋就下风^②，立而问焉^③，曰："昔尧治天下，吾子立为诸侯。尧授舜，舜授予，而吾子辞为诸侯而耕。敢问，其故何也？"子高曰："昔尧治天下，不赏而民劝^④，不罚而民畏。今子赏罚而民且不仁，德自此衰，刑自此立，后世之乱自此始矣。夫子阖行邪^⑤？无落吾事^⑥！"俋俋乎耕而不顾^⑦。

注释

①伯成子高：人名。
②下风：风向的下方。
③焉：同"之"。
④劝：劝勉。
⑤阖（hé）：通"盍"，怎么不的意思。
⑥无：毋，不要的意思。落：荒废。
⑦俋俋（yì）：用力耕地的样子。

译文

唐尧统治天下，伯成子高立做诸侯。尧把帝位让给了舜，舜又把帝位让给了禹，伯成子高便辞去诸侯的职位而去从事耕作。夏禹前去拜见他，伯成子高正在地里耕作。夏禹快步上前居于风向的下方，恭敬地站着问伯成子高道："当年尧统治天下，先生立为诸侯。尧把帝位让给了舜，舜又把帝位让给了我，可是先生却辞去了诸侯的职位而来从事耕作。我冒昧地请问，这是为什么呢？"伯成子高说："当年帝尧统治天下，不须奖励而百姓自然勤勉，不须惩罚而人民自然敬畏。如今你施行赏罚的办法而百姓还是不仁不爱，德行从此衰败，刑罚从此建立，后世之乱也就从此开始了。先生你怎么不走开呢？不要耽误我的事情！"于是低下头去用力耕地而不再理睬。

原文

泰初有无①，无有无名；一之所起②，有一而未形③。物得以生④，谓之德；未形者有分⑤，且然无间⑥，谓之命；留动而生物⑦，物成生理⑧，谓之形；形体保神，各有仪则⑨，谓之性。性脩反德⑩，德至同于初。同乃虚，虚乃大。合喙鸣⑪；喙鸣合，与天地为合。其合缗缗⑫，若愚若昏，是谓玄德，同乎大顺⑬。

注释

①泰：同"太"。初：始。在庄子的哲学观念中，宇宙产生于元气，元气萌动之初就叫作太初，因而"泰初"也就是宇宙的初始。

②一：浑一的状态，指出现存在的初始形态。

③未形：没有形成形体。

④得：自得。"物得以生"是说万物从浑一的状态中产生，即所谓自得而生，外不借助于他物，内不借助于自我，不知所以产生而产生。

⑤未形者：没有形成形体时。分：区别，指所禀受的阴阳之气不尽相同。

⑥间：指两物之间的缝隙。

⑦留：滞静，与"动"相对应。阴气静，阳气动，阴阳二气之滞留和运动便产生物。一说"留"讲作"流"，"留动"亦即运动。

⑧生理：生命和机理。

⑨仪则：轨迹和准则。

⑩脩：同"修"，修养。

⑪喙（huì）：鸟嘴。

⑫缗缗（mín）：泯合无迹的样子。

⑬大顺：指天下回返本真之后的自然情态。

译文

万物萌动之前的太初有"无"这种物，此时没有"有"，也就没有名字可以称谓；浑一的状态就是宇宙的初始，不过浑一之时，还远未形成个别的形体。万物从浑一的状态中产生，这就叫作自得；未形成形体时禀受的阴阳之气已经有了区别，不过阴阳的交合却是如此吻合而无缝隙，这就叫作天命；阴气滞留阳气运动而后生成万物，万物生成生命的机理，这就叫作形体；形体守护精神，各有轨迹与法则，这就叫作本性。善于修身养性就会返归自得，自得的程度达到完美的境界就同于太初之时。同于太初之时心胸就会无比虚豁，心胸无比虚豁就能包容广大。混同合一之时说起话来就跟鸟鸣一样无心于是非和爱憎，说话跟鸟一样无别，则与天地融合而共存。混同合一是那么不露踪迹，好像蒙昧又好像是昏暗，这就叫深奥玄妙的大道，也就如同返回本真而一切归于自然。

原文

夫子问于老聃曰①："有人治道若相放②，可不可③，然不然④。辩者有言曰：'离坚白若县寓⑤。'若是则可谓圣人乎？"老聃曰："是胥易技系、劳形怵心者也⑥。执留之狗成思⑦，猿狙之便自山林来⑧。丘，予告若，而所不能闻与而所不能言。凡有首有趾、无心无耳者众⑨，有形者与无形无状而皆存者尽无⑩。其动、止也，其死、生也，其废、起也，此又非其所以也⑪。有治在人，忘乎物，忘乎天，其名为忘己。忘己之人，是之谓入于天⑫。"

注释

①夫子：这里指孔丘。

②放：悖逆。

③前一个"可"字是意谓性用法，全句是说，把不能认可的看作可以认可。

④"然"字具有意谓含义，全句意思是，把不是这样而认为是这样。

⑤离：分。寓："宇"字之异体。"县寓"是说高悬于天宇，清楚醒目。

⑥胥：通"谞"，指具有一定智巧的小吏。易：改，指供职。系：系累。怵（chù）：恐惧，害怕。

⑦执留：亦作"执狸"，一说"留"当作"狸"，即竹鼠，"执留之狗"指善于捕捉狐狸（或竹鼠）的狗。

⑧猿狙：猿猴。便：轻便快捷。

⑨有首有趾：头脚俱全，指业已成形。无心无耳：指无知无闻。

⑩有形者：指人体。人体是人之外形，容易有所变化，因此不能和"无形无状"的道并存。

⑪非其所以：意思是不可能知所以然，即不可能知其原委和始末。

⑫入：会。"入于天"即融合于自然。

译文

孔子向老聃请教："有人修道好像跟大道相悖逆，把不能认可的看作是可以认可的，把不正确的认为是正确的。善于辩论的人说：'离析石的质坚和色白就好像高悬于天宇那样清楚醒目。'像这样的人可以称作圣人吗？"老聃说："这只不过是聪明的小官吏被技能所累，形体困顿而扰乱心神。善于捕猎的狗被人所猎取，猿猴因为行动便捷而被人从山林里捕捉来。孔丘，我告诉你，告诉给你听不见而又说不出的道理。大凡形而无知无闻的很多，有形体的事物跟无形的道是不可能共同存在的。或是运动或是静止，或是死亡或是生存，或是衰废或是兴盛，这六种情况全都出于自然而不可能探知其所以然。倘若果真存在着什么'道'那也是人们遵循本性和真情的各自活动，忘掉外物，忘掉自然，这就叫作忘掉自己。忘掉自己的人，这就可以说是与自然融为一体。"

原文

将闾葂见季彻曰①："鲁君谓葂也曰：'请受教。'辞不获命②，既已告矣，未知中否③，请尝荐之④。吾谓鲁君曰：'必服恭俭⑤，拔出公忠之属而无阿私⑥，民孰敢不辑⑦！"季彻局局然笑曰⑧："若夫子之言，于帝王之德犹螳螂之怒臂以当车轶⑨，则必不胜任矣。且若是，则其自为处危⑩，其观台⑪，多物将往，投迹者众。"将闾葂觑觑然惊曰⑫："葂也汒若于夫子之所言矣⑬。虽然，愿先生之言其风也⑭。"季彻曰："大圣之治天下也，摇荡民心⑮，使之成教易俗⑯，举灭其贼心而皆进其独志⑰，若性之自为，而民不知其所由然⑱。若然者，岂兄尧舜之教民⑲，溟涬然弟之哉⑳？欲同乎德而心居矣㉑。"

注释

①将闾葂（miǎn）、季彻：均为人名。

②获命：获得允诺。

③中（zhòng）否：行还是不行，说对了还是没说对。今天方言中还有这种表达法。

④荐：进献，这是对对方表示尊敬，意思同于陈述、说给你听。

⑤服：亲身实践。

⑥拔：举荐，提拔。公忠之属：公正、忠诚之类的人。阿：偏私。

⑦辑：和睦。

⑧局局然：俯身而笑的样子。

⑨轶（zhè）：通"辙"，车轮印。"车轶"这里代指车轮。

⑩自为处危：让自己处于高危的境地。

⑪观（guàn）台：宫廷前面的观楼和高台。本句断句历来颇多分歧，这里未从旧注。

⑫觑觑（xī）然：吃惊的样子。

⑬汒（máng）：同"茫"，"汒若"亦即茫然。

⑭风（fán）：凡，"言其风"意思就是说个大概。

⑮摇荡：即遥荡，放纵自由的意思。

⑯成教易俗：即成于教易于俗，在教化方面有所成，在陋俗方面有所改。

⑰贼心：伤害他人之心。独志：自我教化的心志。

⑱所由然：为什么这样。

⑲兄：这里作动词用，并具有意谓性含意，相当于尊崇、重视、看重的意思。

⑳溟涬（xìng）然：元气未分时混混沌沌的样子。弟：用法跟上句之"兄"字相同，意义与"兄"相反。

㉑居：心思安定，不竞逐于外。

译文

将闾葂拜见季彻说："鲁国国君对我说：'请让我接受你的指教。'我一再推辞，可是鲁君却不答应，我把自己的想法对他说了，不知道对还是不对，请让我试着说给你听。我对鲁国国君说：'你要是做到了待人恭敬，行事节俭，又选拔办事公正、非常敬业的人做官，并且没有偏护与私心，这样百姓谁敢闹事！'"季彻听了后俯身而笑说："像你说的这些话，对于帝王那种德性的人，恐怕就像是螳螂挡车轮一样，起不到任何作用。若是按照你说的那样去做，他会把自己置于危险的境地，因为财物太多了，（一旦他按你说的去做），想到他那去揽财的人就会蜂拥而至。"

将闾葂吃惊地说："我对于先生的谈话实在感到茫然。虽然这样，还是希望先生谈谈大概。"季彻说："伟大的圣人治理天下，让民众无拘无束，率性而为，自自然然地接受教化，改掉陋习，去除一切不良用心，人人都充分表现了个性，就像本性在驱使他们活动，而人们并不知道为什么会是这样做。像这样，难道还用得着尊崇尧舜对人民的教化，而看轻混沌不分的状态吗？希望能同于天然自得而心境安定啊！"

原文

子贡南游于楚，反于晋，过汉阴①，见一丈人方将为圃畦②，凿隧而入井，抱瓮而出灌③，搰搰然用力甚多而见功寡④。子贡曰："有械于此，一日浸百畦，用力甚寡而见功多，夫子不欲乎？"为圃者卬而视之曰⑤："奈何？"曰："凿木为机，后重前轻，挈水若抽⑥。数如泆汤⑦，其名为槔⑧。"为圃者忿然作色而笑曰："吾闻之吾师，有机械者必有机事⑨，有机事者必有机心⑩。机心存于胸中，则纯白不备⑪；纯白不备，则神生不定⑫；神生不定者，道之所不载也⑬。吾非不知，羞而不为也。"子贡瞒然惭⑭，俯而不对。

有间⑮，为圃者曰："子奚为者邪？"曰："孔丘之徒也。"为圃者曰：

"子非夫博学以拟圣⑯，於于以盖众⑰，独弦哀歌以卖名声于天下者乎⑱？汝方将忘汝神气，堕汝形骸⑲，而庶几乎！而身之不能治，而何暇治天下乎！子往矣，无乏吾事⑳！"

子贡卑陬失色㉑，顶顶然不自得㉒，行三十里而后愈㉓。其弟子曰："向之人何为者邪㉔？夫子何故见之变容失色，终日不自反邪㉕！"曰："始吾以为天下一人耳㉖，不知复有夫人也㉗。吾闻之夫子，事求可，功求成。用力少，见功多者，圣人之道。今徒不然㉘。执道者德全，德全者形全，形全者神全。神全者，圣人之道也。托生与民并行而不知其所之㉙，汒乎淳备哉㉚！功利机巧必忘夫人之心。若夫人者，非其志不之㉛，非其心不为。虽以天下誉之，得其所谓，謷然不顾㉜；以天下非之，失其所谓，傥然不受㉝。天下之非誉，无益损焉，是谓全德之人哉！我之谓风波之民㉞。"

反于鲁，以告孔子。孔子曰："彼假脩浑沌氏之术者也㉟；识其一㊱，不知其二㊲；治其内，而不治其外㊳。夫明白入素㊴，无为复朴，体性抱神㊵，以游世俗之间者，汝将固惊邪？且浑沌氏之术，予与汝何足以识之哉！"

◎⌒ 注释

①汉阴：汉水的南岸。山南水北叫阳，山北水南叫阴。

②丈人：古代对老年男子的通称。圃：种菜的园子。畦（qí）：菜圃内划分出的长行的栽种区。

③甕："瓮"字之异体。

④搰搰（gú）然：用力的样子。一说"搰搰"当是"滑滑"，指咕嘟咕嘟的灌水之声。见功寡：收到的功效很少，以下之"见功多"则意思相对。

⑤卬（yǎng）：亦作"仰"，抬起头。

⑥挈（qiè）：提。

⑦数（shuò）：频繁，引申为快速的意思。泆（yì）：亦作"溢"，这里指沸腾而外溢。

⑧槔（gāo）：即桔（jié）槔，一种原始的提水工具，又名吊杆。

⑨机事：机巧一类的事。

⑩机心：机巧、机变的心思。

⑪纯白：这里指未受世俗沾染的纯净空明的心境。备：全，完整。

⑫生：通"性"，"神生"即思想、精神。

⑬载：充满。

⑭瞒然：羞惭的样子。

⑮有间：俄顷，不一会儿。

⑯拟：比拟，仿效。

⑰於于：亦作"唉吁"，夸诞的样子。

⑱独弦：自唱自和。哀歌：哀叹世事之歌。

⑲堕（huī）：通"隳"，毁坏的意思。

⑳乏：荒废，耽误。

㉑卑陬（zōu）：惭愧的样子。

㉒顼顼（xù）然：怅然若失而不能自持的样子。

㉓愈：病愈，这里指心情恢复常态。

㉔向：先前。

㉕反：复，这里指恢复平时的心境。

㉖天下一人：指孔丘。子贡是孔子的学生，心目中只有老师是唯一的圣人。

㉗夫人：那个人，指种菜的老人。

㉘徒：乃。

㉙托生：寄托形骸于世。所之：去到哪里。

㉚汒（máng）：同"茫"。"汒乎"指深远而不可测的样子。淳备：淳和完备，这里指操行和德行朴实而又保持本真。

㉛不之：不去追求。

㉜骜（áo）：通"傲"，孤高的意思。

㉝傥（tǎng）然：无动于衷的样子。

㉞风波：随风而起，随波而逐，喻指心神不定，为世俗尘垢所牵动。

㉟假脩：借助和修养。浑沌氏：虚拟的人氏，指主张混沌无别而不可分的人。

㊱识其一：懂得自古不移纯真合一的道理。

㊲不知其二：不了解顺合时势，适应变化。

㊳外：指外在世界，与上句的"内"字指内心修养相对应。

㊴入：疑为"大"字之误，"太"的意思。

㊵体性：体悟真性。抱神：持守专一的神情。

译文

　　子贡到南边的楚国游历，返回晋国时，经过汉水的南岸，见一老人正在菜园里准备种菜，挖了一条地道直通到井边，抱着水瓮浇水灌地，用力甚多而功效甚少。子贡见了说："如今有一种机械，每天可以浇灌上百个菜畦，用力很少而功效颇多，老先生你不想试试吗？"种菜的老人抬起头来看着子贡说："应该怎么做呢？"子贡说："用木料加工成机械，后面重而前面轻，提水就像从井中抽水似的，抽出来的水犹如沸腾的水向外溢出一样，它的名字就叫作桔槔。"种菜的老人脸有怒色说："我听我的老师说，有了机械必然有投机取巧的事，有了投机取巧的事必然有投机取巧的心。投机取巧的心存留在胸中，那么纯洁就不再具备；纯洁不再具备，那么心神就会不定；心神不定的人，是不能得大道的。我不是不知道你所说的办法，只是羞于用它而不用啊。"子贡满面羞愧，低下头去不能作答。

　　过了一会儿，种菜的老人说："你是干什么的呢？"子贡说："我是孔丘的学生。"种菜的老人说："你不就是那以博学比拟圣人，以夸矜超出众人，自奏悲歌以卖弄名声于天下的人吗？你要忘记你的精神志气，放弃你的身形体骸，这样就接近于道了！你自身都不能修持，又怎能治理天下呢！你走吧，不要在这里耽误我的事情！"

　　子贡大感惭愧神色顿改，怅然若失而不能自持，走出三十里外才逐步恢复常态。子贡的弟子问道："先前碰到的那个人是干什么的呢？先生为什么见到他面容大变顿然失色，一整天都不能恢复常态呢？"子贡说："起初我总以为天下圣人就只有我的老师孔丘一人罢了，不知道还会有刚才碰上的那样的人。我从我的老师那里听说到，办事要寻求可行，功业要寻求成就。用的力气要少，获得的功效要多，这就是圣人之道。如今却竟然不是这样。持守大道的人德行才完备，德行完备的人身形才完整，身形完整的人精神才健全，精神健全方才是圣人之道。这样的人他们寄托形骸于世间跟万民生活在一起却不知道自己应该去到哪里，内心世界深不可测，德行淳厚而又完备啊！投机取巧必定不会放在他们那种人的心上。像那样的人，不同于自己的心志不会去追求，不符合自己的思想不会去做。即使让天下人都称誉他，称誉的言辞合乎他的德行，他也孤高而不顾；即使让天下人都非议他，非议使其名声丧失，他也无动于衷，不予理睬。天下人的非议和赞誉，对于他们既无增益又无损害，这就叫作德行完备的人啊！我只能称作心神不定为世俗尘垢所沾染的人。"

子贡回到鲁国，把路上遇到的情况告诉给孔子。孔子说："那是研讨和实践浑沌氏主张的人，他们了解自古不移混沌无别的道理，不懂得需要顺乎时势以适应社会的变化，他们善于自我修养调理精神，却不善于治理外部世界。那明澈白净到如此素洁，清虚无为回返原始的朴质，体悟真性持守精神，优游自得地生活在世俗之中的人，你怎么会不感到惊异呢？况且浑沌氏的主张和修养方法，我和你又怎么能够了解呢？"

原文

谆芒将东之大壑①，适遇苑风于东海之滨②。苑风曰："子将奚之？"曰："将之大壑。"曰："奚为焉？"曰："夫大壑之为物也，注焉而不满③，酌焉而不竭④；吾将游焉。"

苑风曰："夫子无意于横目之民乎⑤？愿闻圣治。"谆芒曰："圣治乎？官施而不失其宜⑥，拔举而不失其能，毕见其情事而行其所为⑦，行言自为而天下化⑧，手挠顾指⑨，四方之民莫不俱至，此之谓圣治。""愿闻德人⑩。"曰："德人者，居无思，行无虑，不藏是非美恶。四海之内共利之之谓悦⑪，共给之之谓安⑫；怊乎若婴儿之失其母也⑬，傥乎若行而失其道也。财用有余而不知其所自来，饮食取足而不知其所从，此谓德人之容⑭。""愿闻神人。"曰："上神乘光⑮，与形灭亡，此谓照旷⑯。致命尽情，天地乐而万事销亡⑰，万物复情，此之谓混冥⑱。"

注释

①谆芒：虚拟的寓言人物，并寓含谆和、迷茫的意思。东之：向东去到。大壑：深深的沟谷，这里指大海。

②苑风：小风，这里拟人化而成为一人名。

③注：注入，流入。

④酌：舀取。

⑤横目之民：亦即人民。人的双目横生于面部，故"横目"成为"人"的代称。

⑥官：作动词用，指设置官吏。施：施布政令。

⑦行其所为：做自己应做之事。

⑧自为：自动地去做，自己管束自己。

⑨挠：动，"手挠"即用手指挥。顾指：用眼示意。

⑩德人：德行充实的人，这里指体察于道，顺应外物而居安自得的人。

⑪共利之：共同以之为利，是说恩泽施及广众，人人都共有好处。谓：通"为"，"之谓"即"之为"。

⑫共给之：共同资给财货。

⑬怊（chāo）乎：怅然有所失的样子。

⑭容：容迹、举止。

⑮上：至高无上。乘光：驾驭光亮。

⑯旷：广远。"照旷"犹如普照万物。

⑰天地乐：与天地同乐。

⑱混冥：混同玄合没有差别。

✿❀ 译文

谆芒向东到大海去，在东海之滨遇到苑风。苑风问道："你要去哪里呢？"谆芒说："打算去大海。"苑风又问："去做什么呢？"谆芒说："大海作为一种物象，江河注入它不会满溢，不停地舀取它不会枯竭，因而我将到大海游历。"

苑风说："那么，先生不关心庶民百姓吗？希望能听你谈圣人之治。"谆芒说："圣人之治吗？设置官吏、施布政令，但处处合宜得体；举贤任才而不遗忘一个能人，让每个人都能看清事情的真情实况去做自己应该做的事，行为谈吐人人都能自觉顺化，挥手示意，四方的百姓都会聚而来，这就叫圣人之治。"苑风说："希望再能听听什么是德人。"谆芒说："德人，安居时没有思索，行动时没有谋虑，心里不留存是非美丑。四海之内人人共得其利就是喜悦，人人共享财货便是安定；那悲伤的样子像婴儿失去了母亲，那怅然若失的样子又像行路时迷失了方向。财货使用有余却不知道自哪里来，饮食取用充足却不知道从哪里获取。这就是德人的仪态举止。"苑风说："希望再能听听什么是神人。"谆芒说："精神超脱物外的神人，跟所有事物的形迹一道消失，这就叫普照万物。穷尽天命发挥性情，与天地同乐，因而万事都自然消亡，万物也就自然恢复真情，这就叫混同玄合没有差异。"

原文

门无鬼与赤张满稽观于武王之师①。赤张满稽曰："不及有虞氏乎；故离此患也②。"门无鬼曰："天下均治而有虞氏治之邪？其乱而后治之与？"

赤张满稽曰："天下均治之为愿，而何计以有虞氏为！有虞氏之药疡也③，秃而施髢④，病而求医。孝子操药以脩慈父⑤，其色燋然⑥，圣人羞之。至德之世，不尚贤，不使能；上如标枝，民如野鹿；端正而不知以为义，相爱而不知以为仁，实而不知以为忠，当而不知以为信，蠢动而相使，不以为赐。是故行而无迹，事而无传。"

注释

①武王之师：是指武王讨伐商纣王的军队。

②离：通"罹"。此患：是指这场讨伐国君的内战将给国家、民众造成的灾祸。

③药疡：比喻"治乱"。药，用作动词，治疗的意思。疡，是特指外伤。

④秃而施髢（dí）：秃头了，就给带上假发。

⑤脩：同"修"。这里相当于"治"。

⑥燋：通"憔"。

译文

门无鬼与赤张满稽观看武王伐纣的部队。赤张满稽说："周武王还是比不上有虞氏啊！所以天下遭遇这种祸患。"门无鬼说："天下太平无事之后有虞氏才去治理呢，还是天下动乱才去治理呢？"

赤张满稽说："天下太平如果属实的话，又为什么还要考虑有虞氏来治理天下呢！有虞氏治乱，就像头生了疮才治疗，秃顶了才用假发，有了疾病才去求医。孝子操办药物用来调治慈父的疾病，他的面容多么憔悴，而圣人却以此为羞。盛德的时代，不崇尚贤才，不任使能人；国君居于上位如同树巅高枝无心在上而自然居于高位，百姓却像野鹿一样无所拘束；行为端正却不把它看作道义，相互友爱却不把它看作仁爱，敦厚老实却不把它看作忠诚，办事得当却不把它看作信义，无心地活动而又相互指使却不把它看作恩赐。所以行动之后不会留下痕迹，事成之后不会流传后代。"

原文

孝子不谀其亲，忠臣不谄其君，臣子之盛也。亲之所言而然，所行而善，则世俗谓之不肖子；君之所言而然，所行而善，则世俗谓之不肖臣。而未知此其必然邪？世俗之所谓然而然之，所谓善而善之，则不谓之道谀之人也。然则俗故严于亲而尊于君邪？谓己道人，则勃然作色；谓己谀人，则怫然作色。而终身道人也，终身谀人也，合譬饰辞聚众也，是终始本末不相坐。垂衣裳，设采色，动容貌，以媚一世，而不自谓道谀，与夫人之为徒，通是非，而不自谓众人，愚之至也。知其愚者，非大愚也；知其惑者，非大惑也。大惑者，终身不解；大愚者，终身不灵。三人行而一人惑，所适者犹可致也，惑者少也；二人惑则劳而不至，惑者胜也。而今也以天下惑，予虽有祈向，不可得也。不亦悲乎！

大声不入于里耳，折杨皇荂，则嗑然而笑。是故高言不止于众人之心，至言不出，俗言胜也。以二缶钟惑，而所适不得矣。而今也以天下惑，予虽有祈向，其庸可得邪！知其不可得也而强之，又一惑也，故莫若释之而不推。不推，谁其比忧！厉之人夜半生其子，遽取火而视之，汲汲然唯恐其似己也。

译文

孝子不奉承他的父母，忠臣不谄媚他的国君，这是忠臣、孝子尽忠尽孝的最高表现。凡是父母所说的便都加以肯定，父母所做的便都加以称赞，那就是世俗人所说的不肖之子；凡是君王所说的就都加以应承，君王所做的就都加以奉迎，那就是世俗人所说的不良之臣。可是人们却不了解，世俗的观点就一定正确吗？而世俗人所谓对的便把它当作是正确的，世俗人所谓好的便把它当作是好的，却不称他们是谄谀之人。这样，世俗的观念和看法岂不比父母更可崇敬、比君王更可尊崇了吗？说自己是个逸谄的人，定会勃然大怒；说自己是个阿谀的人，也定会愤恨填胸。可是一辈子谄谀的人，一辈子阿谀的人，又只不过看作是博取众人的欢心而已，这样，终结和初始、根本和末节全都不能吻合。扮艳丽讨好世人，却不自认为那就是谄谀与阿谀；与世俗人为伍，却又不把自己看作是普通的人，这真是愚昧到了极点。知道自己愚昧的人，并不是最大的愚昧；知道自己迷惑的人，并不是最大的迷惑。最迷惑的人，一辈子也不会醒悟；最愚昧的人，一辈子也不会明白。三个人中一个人迷惑，还是可以到达所要去的地方，因为迷惑少；三个人中两个人迷惑，那就徒劳而不能到达，因为迷惑的人多。如今天下人全都迷惑，我即使祈求导向，也不可能有所帮助。这不令人可悲吗？

高雅的音乐，世俗人不可能会欣赏，《折杨》《皇华》之类的民间小曲，世俗人听了都会欣然而笑。所以高雅的谈吐不会留在世俗人的心里，而至理名言也不能从世俗人的口中说出，因为流俗的言谈占了优势。让其中两个人迷惑而弄错方向，因而所要去的地方便不可能到达。如今天下人都大惑不解，我即使寻求导向，怎么可能到达呢！明知不可能到达却要勉强去做，这又是一大迷惑，所以不如不予推究。不去寻根究底，还会跟谁一道忧愁？丑陋的人半夜里生下孩子，立即拿过火来照看，唯恐生下的孩子像自己一样丑陋。

原文

百年之木，破为牺尊[1]，青黄而文之，其断在沟中。比牺尊于沟中之断，则美恶有间矣，其于失性一也。跖与曾史，行义有间矣，然其失性均也。且夫失性有五：一曰五色乱目，使目不明；二曰五声乱耳，使耳不聪；三曰五臭薰鼻[2]，困愎中颡[3]；四曰五味浊口，使口厉爽[4]；五曰趣舍滑心[5]，使性飞扬。此五者，皆生之害也。而杨墨乃始离跂自以为得[6]，非吾所谓得也。夫得者困，可以为得乎？则鸠鸮之在于笼也，亦可以为得矣。且夫趣舍声色以柴其内[7]，皮弁鹬冠，搢笏绅修以约其外[8]，内支盈于柴栅[9]，外重纆缴[10]，睆睆然在纆缴之中而自以为得[11]，则是罪人交臂历指而虎豹在于囊槛[12]，亦可以为得矣。

注释

①牺尊：祭祀用的酒器。

②五臭：膻、薰、香、腥、腐称为五臭。

③困偬（zōng）：堵塞不通。

④厉爽：病伤。

⑤趣舍：取舍。滑心：乱心。

⑥离跂：翘起足跟，比喻用力想出人头地。

⑦柴其内：塞在心中。

⑧皮弁鹬冠：古时的冠冕。搢笏绅修：古时的朝服。

⑨内支盈于柴栅：内心塞满了栅栏。

⑩纆缴：绳索。

⑪睆（huǎn）睆然：极目远望的样子。

⑫交臂历指：反受捆缚。囊槛：圈槛。

🌀 译文

　　百年的大树，做成酒器，再用青、黄二色彩绘出美丽的花纹，而余下的断木则弃置在山沟里。雕刻成精美酒器的一段木料比起弃置在山沟里的其余木料，命运就有了差别，不过对于失去了原有的本性来说却是一样的。盗跖与曾参、史鳝，行为和道义上存在着差别，然而他们失却人所固有的真性却也是一样的。丧失真性有五种情况：一是五种颜色扰乱视觉，使得眼睛看不明晰；二是五种乐音扰乱听力，使得耳朵听不真切；三是五种气味熏扰嗅觉，困扰壅塞鼻腔并且直达额顶；四是五种滋味秽浊味觉，使得口舌受到严重伤害；五是取舍的欲念迷乱心神，使得心性驰竞不息、轻浮躁动。这五种情况都是生命的祸害。可是，杨朱、墨翟竟不停地奋力探求这五种情况而自以为有所得，这并不是我所说的悠游自得。得到什么反而为其所困，也可以说是有所得吗？那么，斑鸠、鸮鸟被关在笼中，也算是自得了。况且取舍于声色的欲念像柴草一样堆满内心，皮帽羽冠、朝板、宽带和长裙捆束于外，内心里充满柴草栅栏，外表被绳索围捆，却瞪着大眼在绳索束缚中自以为有所得，那么罪犯反绑着双手或者受到挤压五指的酷刑，以及虎豹被关在圈栅、牢笼中，也可以算是自得了。

刻　意

　　以篇首两字作为篇名，"刻意"的意思就是磨砺自己的心志。本篇内容是讨论修养的，不同的人有不同的修养要求，只有"虚无恬淡"才合于"天德"，因而也才是修养的最高境界。

　　全文较短，大体分成三个部分，第一部分至"圣人之德也"，分析了六种不同的修养态度，唯有第六种才值得称道，"澹然无极"才是"天地之道""圣人之德"。第二部分至"此养神之道也"，讨论修养的方法，中心就是"无为"。余下为第三部分，提出"贵精"的主张，所谓"贵精"即不丧"纯""素"，这样的人就可叫作"真人"。

原文

　　刻意尚行①，离世异俗，高论怨诽②，为亢而已矣③；此山谷之士，非世之人，枯槁赴渊者之所好也④。语仁义忠信，恭俭推让，为修而已矣；此平世之士⑤，教诲之人，游居学者之所好也。语大功，立大名，礼君臣，正上下，为治而已矣；此朝廷之士，尊主强国之人，致功并兼者之所好也。就薮泽⑥，处闲旷⑦，钓鱼闲处，无为而已矣⑧；此江海之士，避世之人，闲暇者之所好也。吹呴呼吸⑨，吐故纳新，熊经鸟申⑩，为寿而已矣；此道引之士，养形之人，彭祖寿考者之所好也。

　　若夫不刻意而高，无仁义而修，无功名而治，无江海而闲，不道引而寿⑪，无不忘也，无不有也，澹然无极⑫，而众美从之。此天地之道，圣人之德也。

注释

①刻：削，磨砺。意：志。

②怨诽：埋怨生不逢时，讥评天下无道。

③亢：高。

④枯槁：毁坏身体。赴渊：投水而死。

⑤平世之士：以平治天下为己任的人。

⑥就：走向。引申为隐逸。薮泽：泛指湖泽草野之间。

⑦闲旷：泛指静谧荒野之地。

⑧无为：闲适自在。

⑨吹呴（xǔ）：合口用力呼气叫吹，张口慢慢出气叫呴。

⑩熊经鸟申：像熊那样悬挂于树枝，像鸟那样伸缩其脖颈。

⑪道引：即导气令和，引体令柔。古代方士用以强身延寿的一种养生方法。

⑫澹然：恬淡无心的样子。

译文

磨砺心志崇尚修养，超脱尘世不同世俗，高谈阔论，抱怨怀才不遇而讥评世事无道，算是清高罢了；这是避居山谷的隐士，愤世嫉俗之人，以及那些洁身自好、宁可以身殉志的人所一心追求的。宣扬仁爱、道义、恭良俭让，只是为了修身罢了；这是为治理天下，对人施以教化，游说各国而后退居讲学的人所一心追求的。宣扬大功，树立大名，用礼仪来划分君臣的秩序，并以此端正和维护上下各级的地位，算是投身治理天下罢了；这是身居朝廷、尊崇国家强大、醉心于建立功业开拓疆土的人所一心追求的。走向山林湖泽，处身闲暇之地，以垂钓来消遣时光，算是无为自在罢了；这是隐居江湖的人，逃避世事的人，闲暇无事的人所一心追求的。呼吸运气，吐故纳清，如黑熊似的悬吊、如鸟似的伸展，只是延年益寿罢了；这是舒活经络气血的人，善于养身的人，像彭祖那样寿延长久的人所一心追求的。

若不需磨砺心志而自然高洁，不需倡导仁义而自然修身，不需追求功名而天下自然得到治理，不需避居江湖而心境自然闲暇，不需舒活经络气血而自然长寿，无所忘怀，无所拥有了，心境淡漠，没有极限，所有美好的东西都随之而来。这才是天地之道，圣人之德呢！

原文

故曰，夫恬惔寂寞，虚无无为，此天地之平，而道德之质也。

故曰，圣人休休焉则平易矣，平易则恬惔矣。平易恬惔，则忧患不能入，邪气不能袭，故其德全而神不亏。

故曰，圣人之生也天行，其死也物化；静而与阴同德，动而与阳同波。不为福先，不为祸始，感而后应，迫而后动，不得已而后起。去知与故，循天之理。故无天灾，无物累，无人非，无鬼责。其生若浮，其死苦休。不思虑，不豫谋。光矣而不耀，信矣而不期。其寝不梦，其觉无忧，其神纯粹，其魂不罢。虚无恬淡，乃合天德。

故曰，悲乐者德之邪，喜怒者道之过，好恶者德之失。故心不忧乐，德之至也；一而不变，静之至也；无所于忤，虚之至也；不与物交，惔之至也。无所于逆，粹之至也。

故曰，形劳而不休则弊，精用而不已则劳，劳则竭。水之性，不杂则清，莫动则平，郁闭而不流，亦不能清，天德之象也。

故曰，纯粹而不杂，静一而不变，惔而无为，动而以天行，此养神之道也。

译文

所以说，恬淡寂寞、虚空无为，是天地赖以均衡的基准，而且是道德修养的最高境界。

所以说，圣人休止停留便能平静简易，而平静简易即为恬淡，那么忧患不能进入内心，邪气不能侵袭机体，因而他们的德行圆满而神气不受亏损。

所以说，圣人生是自然运化，死是物化，而为万物生之养之；静时跟阴一样宁寂，动时又跟阳一道波动。不做福的先导，也不为祸的起始，有所感而后顺应，有所迫而后行动，不得已而后兴起。抛弃智巧与念虑思想，遵循自然的常规。因而没有无妄之灾，没有物化的牵累，没有苛责非议，没有鬼神之害。他们生于世间犹如浮尘泛起，其死犹如浮尘沉寂而休。不思考，也不谋划。光亮但不刺眼，信实却不期求。睡觉不做梦，醒来无忧患，心神纯净精粹，魂灵从不疲惫。虚空而且恬淡，方才合乎自然的真性。

所以说，悲哀和欢乐乃是背离德行的邪物，喜悦和愤怒乃是违反大道的罪过，喜好和憎恶乃是忘却真性的祸根。因此内心不忧不乐，是德行的最高境界；持守专一而没有变化，是寂静的最高境界；不与任何外物相抵触，是虚无至高的境界；不跟外物交往，是恬淡的最高境界；不与任何事物相违逆，是精粹的最高境界。

所以说，形体劳累而不休息，就会疲乏不堪，精力使用过度而不止歇，元气劳损就会精力枯竭。水的本性，不混杂则清澈，不搅动则平静，闭塞则不流，也就不会纯清，这是自然本质的现象。

所以说，纯净精粹而不混杂，静寂如一持守不变，恬淡无为，动则顺应自然而行，这是养神的道理。

原文

夫有干越之剑者①，柙而藏之②，不敢用也，宝之至也。精神四达并流，无所不极③，上际于天，下蟠于地④，化育万物，不可为象，其名为同帝。

纯素之道，惟神是守；守而勿失，与神为一；一之精通，合于天伦。野语有之曰："众人重利，廉士重名，贤人尚志，圣人贵精。"故素也者，谓其无所与杂也；纯也者，谓其不亏其神也。能体纯素，谓之真人。

注释

①干越：即干溪、越山，都是出产名剑的地方。这里代指吴国、越国。
②柙：通"匣"。
③极：借作"及"。
④蟠：遍及。

译文

今有人收藏吴越生产的宝剑，用匣子秘藏起来，不敢轻易使用，因为它是最为珍贵的。精之神可以通达四方，没有什么地方不可到达，上达于苍天，下遍及于地，化育万物，不见迹象，它的名字就叫作"同帝"。

纯粹素朴的道，就是把神保持好，保护好不使缺损，与神融合为一，浑一就使精畅通无碍，也就合于自然之理。俗语有这样的说法："普通人看重私利，廉洁的人看重名声，贤能的人崇尚志向，圣人重视素朴的精神。"因此，说某物素，就是说它不含杂质；说某物纯，就是说它保全了自然本色。能够体悟纯和素的人，就可叫他"真人"。

至 乐

题解

"至乐"是首句中的两个字，意思是最大的快乐。人生在世什么是最大的快乐呢？人应怎样对待生和死呢？此篇的内容就在讨论、回答这样的问题。

全文分成七个部分。第一部分至"人也孰能得无为哉"，连续五句提问后，列举并逐一批评了世人对苦和乐的看法，指出从来就没有什么真正的快乐，所谓"至乐"也就是"无乐"。第二部分至"故止也"，写庄子妻子死时鼓盆而歌的故事，借庄子的口指出人的生死乃是气的聚合与流散，犹如四季的更替。第三部分至"我又何恶焉"，指出"生死为昼夜"，人只能顺应这一自然变化。第四部分至"复为人间之劳乎"，借髑髅之口写出人生在世的拘累和劳苦。第五部分至"是之谓条达而福持"，借孔子之口讲述一个寓言故事，指出人为的强求只能造下灾祸，一切都得任其自然。第六部分至"予果欢乎"，指出人的死生都不足以忧愁与欢乐。余下为第七部分，写物种的演变，这一演变的过程当然是不科学的，没有根据的，其目的在于说明万物从"机"产生，又回到"机"，人也不例外，从而照应了首段，人生在世无所谓"至乐"，人的死与生也只是一种自然的变化。

原文

天下有至乐无有哉？有可以活身者无有哉[1]？今奚为奚据？奚避奚处？奚就奚去？奚乐奚恶？

夫天下之所尊者，富贵寿善也；所乐者，身安厚味美服好色音声也；所下者[2]，贫贱夭恶也；所苦者，身不得安逸，口不得厚味，形不得美服，目不得好色，耳不得音声；若不得者，则大忧以惧。其为形也亦愚哉[3]。

夫富者，苦身疾作，多积财而不得尽用，其为形也亦外矣。夫贵者，夜以继日，思虑善否[4]，其为形也亦疏矣。人之生也，与忧俱生，寿者惛惛[5]，久忧不死，何苦也！其为形也亦远矣。烈士为天下见善矣[6]，未足以活身。吾未知善之诚善邪，诚不善邪？若以为善矣，不足活身；以为不善矣，足以活人。故曰："忠谏不听，蹲循勿争[7]。"故夫子胥争之以残其形，不争，名亦不成。诚有善无有哉？

今俗之所为与其所乐，吾又未知乐之果乐邪，果不乐邪？吾观夫俗之所乐，举群趣者[8]，誙誙然如将不得已[9]，而皆曰乐者，吾未之乐也，亦未之不乐也。果有乐无有哉？吾以无为诚乐矣，又俗之所大苦也。故曰："至乐无乐，至誉无誉。"

天下是非果未可定也。虽然，无为可以定是非。至乐活身，唯无为几存。请尝试言之。天无为以之清，地无为以之宁，故两无为相合，万物皆化。芒乎芴乎，而无从出乎！芴乎芒乎[10]，而无有象乎！万物职职[11]，皆从无为殖。故曰：天地无为也而无不为也，人也孰能得无为哉！

注释

①活身者：全生保身的方法。
②下：与"尊"相对，尊为所追求的价值，下即否定性价值。
③为形：保养身体。愚：不得"所尊"即忧而惧，此为"所苦"之事，对保养身体无益，所以说是愚蠢的。

④否（pǐ）：不善。

⑤惛惛（hūn）：糊涂，神志不清。

⑥烈士：即儒家所讲的杀身成仁、舍生取义的人。

⑦蹲循：逡巡，退却之意。

⑧举群趣者：世俗生活中所有的人都奔往所乐之处。举，都。趣，同"趋"。

⑨誙誙（kēng）然：坚定的样子。

⑩芒乎芴乎：恍恍惚惚，形容无形无象的大道。

⑪职职：繁多。

译文

世上有没有最大的快乐呢？有没有可以养活性命的办法呢？现在，应该做些什么又依据什么？什么应该逃避，什么才能让人安心呢？该追寻什么，又该放弃什么？喜欢什么又讨厌什么？

世上的人们所崇尚的就是富有、高贵、长寿和声誉；最喜欢的是身体安适，丰盛的食品，漂亮的服饰，绚丽的色彩和动听的乐声；人在价值上所否定的是生活贫穷、地位卑微、夭折和恶名；最苦烦恼的是身体不能安逸，口里不能获得美味佳肴，没有漂亮的服饰，看不到绚丽的色彩，听不到悦耳的乐声。假如得不到这些东西，就大为忧愁和担心，这样的养身方法实在是太愚蠢啊！

富有的人，为了财富而劳心劳力抓紧做事，积攒了许多财富却不能全部享用，这是求养身于外了。高贵的人，夜以继日地苦苦思索怎样才会保全权位和厚禄，那样对待身体也就太大意了。人一生下来，就和忧虑同在，长寿的人稀里糊涂，长久地处于忧愁之中等死，多么痛苦啊！这样对待身体，与原初的设定相距更远了。殉名之士为天下人称道，却不能保全自身的性命。我不知道这样的行为是真善呢，还是不善呢？如果认为是善，却不能保全自身性命；如果认为不善，它的确是成全了他人。所以说："忠诚的劝谏不被接纳，那就退身不去诤谏。"伍子胥因强谏以致身受残戮，如果不争谏，他也不会赢得声名。这样说来，善是有还是没有呢？

如今世俗所从事与欢欣的，我又不知道那快乐果真是快乐呢，果真不是快乐呢？我观察那世俗所欢欣的东西，大家都全力去追逐，拼死竟逐的样子真像是不达目的决不罢休。人人都说这就是最为快乐的事，而我并不看作就是快乐，当然也不认为不是快乐。那么，世上果真有快乐还是没有呢？我认为无为就是真正的快乐，但这又是世俗的人所感到最痛苦和烦恼的。所以说："最大的快乐就是没有快乐，最大的荣誉就是没有荣誉。"

天下的是非确实难以确定。虽然如此，"无为"可以确定是非。最大的快乐是使自身存活，也只有"无为"才能勉强达到这一目的。不妨试着讨论一下。苍天无为因而清虚明澈，大地无为因而浊重宁寂，天与地无为相互结合，万物都能变化生长。恍恍惚惚，不知道从什么地方产生出来！惚惚恍恍，没有一点儿痕迹！万物繁多，全从无为中繁衍生殖。所以说，天和地自清自宁无心去做什么却又无所不生无所不做，而作为人谁又能够做到无为呢！

原文

庄子妻死，惠子吊之，庄子则方箕踞鼓盆而歌^①。惠子曰："与人居，长子老身，死不哭亦足矣，又鼓盆而歌，不亦甚乎！"

庄子曰："不然。是其始死也，我独何能无概然！察其始而本无生，非徒无生也而本无形，非徒无形也而本无气。杂乎芒芴之间^②，变而有气，气变而有形，形变而有生，今又变而之死，是相与为春秋冬夏四时行也。人且偃然寝于巨室，而我嗷嗷然随而哭之，自以为不通乎命，故止也。"

注释

①箕踞：席地两腿岔开而坐。
②芒芴：恍惚。

译文

庄子的妻子死了，惠子前往吊唁，看到庄子正叉开双腿像簸箕一样坐着，敲打着瓦缶唱歌。惠子说："你与妻子共同生活，她为你生儿育女直至衰老而死，人死了不伤心哭泣也就算了，又敲着瓦缶唱起歌来，这也太过分了吧！"

庄子说："不是这样的。她初死之时，我怎么能不感慨伤心呢！然而，想到她当初本没有生命，不仅没有生命，还不具有形体，不只是不具有形体，而且原本就不曾形成元气。在恍惚之间，变化而有了元气，元气变化而有了形体，形体变化而有了生命，如今变化又回到死亡，这就跟春夏秋冬四季运行一样。死去的那个人将安安稳稳地寝卧在天地之间，而我却呜呜地围着她啼哭，自认为这是不能通晓于天命，所以也就停止了哭泣。"

原文

支离叔与滑介叔观①于冥伯之丘、昆仑之虚②，黄帝之所休。俄而柳生其左肘③，其意蹶蹶然恶之④。支离叔曰："子恶之乎？"滑介叔曰："亡，予何恶！生者，假借也；假之而生生者⑤，尘垢也。死生为昼夜。且吾与子观化而化及我⑥，我又何恶焉！"

注释

①支离叔与滑介叔：虚拟人名。支离表示忘形，滑介表示忘智。
②冥伯之丘、昆仑之虚：虚，同"墟"，土丘。冥伯之丘，喻杳冥之境。昆仑之虚，喻遥远渺茫之处。
③柳：通"瘤"。
④蹶蹶然：惊恐而耿耿于怀的样子。
⑤假之而生生者：指生于左肘之瘤。生生，指人借物而生，而瘤子又借人体而生。
⑥观化而化及我：观化是一种超越的说法，因为只有超越出这个世界，才可以观这个世界之"化"。化及我，即长了瘤子是一种在我身上体现出来的"化"。

译文

支离叔和滑介叔在冥伯之山丘和昆仑之墟"观化"，那里曾是黄帝休息过的地方。不一会儿，滑介叔的左肘上长出了一个瘤子，他感到十分吃惊并且厌恶这东西。支离叔说："你厌恶这东西吗？"滑介叔说："不，我怎么会讨厌它！人的身体不过是借助外物合成而已，假借而生之身体又生出瘤子，不过是尘垢罢了。人的死与生也就犹如白天与黑夜交替运行一样。况且，我跟你一道观察事物的变化，'化'来到了我身上，正好借此机会仔细看看，我又怎么会讨厌它呢！"

原文

庄子之楚，见空髑髅，髐然有形①，撽以马捶②，因而问之，曰："夫子贪生失理，而为此乎？将子有亡国之事，斧钺之诛，而为此乎？将子有不善之行，愧遗父母妻子之丑，而为此乎？将子有冻馁之患，而为此乎？将子之春秋故及此乎？"于是语卒，援髑髅③，枕而卧。

夜半，髑髅见梦曰："子之谈者似辩士。视子所言，皆生人之累也，死则无此矣。子欲闻死之说乎④？"庄子曰："然。"髑髅曰："死，无君于上，无臣于下；亦无四时之事，从然以天地为春秋⑤，虽南面王乐，不能过也。"庄子不信，曰："吾使司命复生子形⑥，为子骨肉肌肤，反子父母妻子闾里知识⑦，子欲之乎？"髑髅深矉蹙頞⑧曰："吾安能弃南面王乐而复为人间之劳乎！"

注释

①髐然有形：头骨干枯的样子，似生人形貌。髐然，头骨干枯的样子。

②撽以马捶：用马鞭敲打。撽，敲打。捶，同"箠"，马捶即马鞭。

③援：牵，拉过来。

④说：同"悦"，愉悦、快乐。

⑤从然：随便自如的样子。

⑥司命：主管人生死的神。

⑦反：通"返"，归还。

⑧深矉（pín）蹙頞：矉，通"颦"，皱眉头。頞，同"额"。

译文

庄子到楚国去，途中见到一个人头骨，虽干枯但仍有如活人的一般形貌。庄子用马鞭敲了敲骷髅。于是问道："先生是由于贪图享乐，放纵情欲，做了违法乱纪的事情才导致了这样结果呢？还是你遇上了亡国之战，被刀斧砍杀而成了这样呢？还是你做了坏事，担心给父母妻子留下耻辱，而羞愧自杀在此地？还是你遭受寒冷与饥饿的灾祸而成了这样呢？也许你享尽天年而死，遇到什么变故才身首异处来到这里的吧？"庄子说罢，拉过骷髅，当作枕头而睡去。

到了半夜，骷髅给庄子托梦说："听你的言谈好像是位辩士。看到你说的事儿，全属于活人的负担，人死了就没有那么多事了。您愿意听听死人的快乐吗？"庄子说："可以。"骷髅说："人一旦死了，在上没有国君，在下没有官吏；也没有四季的操劳，从容安逸地和天地同存，即使面南为王的快乐，也不可能超过死人呀。"庄子不相信，说："我让主管生命的神来恢复你的形体，为你重新长出骨肉肌肤，归还你的父母妻子，住在原来的村落房舍，并且恢复生前的记忆，你愿意吗？"骷髅皱眉蹙额，深感忧虑地说："我怎么能抛弃面南称王的快乐而再次经历人世的劳苦呢？"

原文

颜渊东之齐，孔子有忧色。子贡下席而问曰："小子敢问，回东之齐，夫子有忧色，何邪？"

孔子曰："善哉汝问！昔者管子有言，丘甚善之，曰：'褚小者不可以怀大[①]，绠短者不可以汲深[②]。'夫若是者，以为命有所成而形有所适也[③]，夫不可损益。吾恐回与齐侯言尧舜黄帝之道，而重以燧人神农之言。彼将内求于己而不得，不得则惑，人惑则死。"

"且女独不闻邪？昔者海鸟止于鲁郊，鲁侯御而觞之于庙[④]，奏九韶以为乐，具太牢以为膳[⑤]。鸟乃眩视忧悲，不敢食一脔，不敢饮一杯，三日而死。此以己养养鸟也，非以鸟养养鸟也。夫以鸟养养鸟者，宜栖之深林，游之坛陆[⑥]，浮之江湖，食之鳅鲦，随行列而止，委蛇而处。彼唯人言之恶闻，奚以夫譊譊为乎[⑦]！咸池九韶之乐，张之洞庭之野[⑧]，鸟闻之而飞，兽闻之而走，鱼闻之而下入，人卒闻之[⑨]，相与还而观之。鱼处水而生，人处水而死，彼必相与异，其好恶故异也。故先圣不一其能，不同其事。名止于实，义设于适[⑩]，是之谓条达而福持[⑪]。"

注释

①褚（zhǔ）：盛衣物的袋子。怀：包藏。

②绠（gěng）：汲水时，系吊桶的绳子，俗称井绳。汲深：从深井中汲水。

③命有所成：命运各有所定，不可改变。形有所适：形体各有适宜之处。

④御：迎。觞：宴饮。

⑤太牢：牛羊猪三牲皆备的最隆重的祭祀规格。膳：饭食。

⑥坛陆：指水中荒岛沙洲之属。坛又作"澶"，指水回流形成之沙洲。

⑦譊譊（náo）：喧闹。

⑧洞庭之野：广漠之野。

⑨人卒：众人。

⑩义设于适：事理的设施在于适性。

⑪条达：条理通达。福持：福分常在。

译文

颜渊向东到齐国去，孔子面露忧色。子贡离席上前问道："学生冒昧地请问，颜渊往东去齐国，先生面露忧色，为什么呢？"

孔子说："你问得很好！从前管仲有句话，我认为说得很好：'小布袋不可能包藏大东西，水桶上的绳索短了不可能汲取深井里的水。'这种说法是认为事物各有其形成的道理，形体虽异却各有适宜的用处，这些都是不可以随意添减改变的。我担忧颜渊跟齐侯谈论尧、舜、黄帝治理国家的主张，而且还进一步地推崇燧人氏、神农氏的言论。齐侯必将按照三皇五帝的做法要求自己，而自己又做不到，做不到就会产生疑惑，一旦产生疑惑便会迁怒他，他会因此丧命。"

"你听说过这样的故事吗？从前，一只海鸟飞到鲁国都城郊外停下来，鲁国国君把它放进太庙，奏《九韶》使它高兴，喂它美食。海鸟很伤悲，不敢吃一块肉，不敢饮一杯酒，三天就死了。这是按自己的生活习性来养鸟，而不是按鸟的习性来养鸟。按鸟的习性来养鸟，就应当让鸟栖息于深山老林，游戏于水中沙洲，浮游于江河湖上，啄食泥鳅和小鱼，随着鸟群的队列而止息，从容自得、自由自在地生活。它们最讨厌听到人的声音，又怎么喜欢和人在一起生活？《咸池》《九韶》之类的著名乐曲，演奏于广漠的原野，鸟儿听见了腾身高飞，野兽听见了惊惶逃遁，鱼儿听见了潜下水底，一般的人听见了，相互围着观看不休。鱼儿在水里才能生存，人处在水里就会死去，人和鱼是不同的，所以二者的喜好也不一样。所以前代的君王能力不同，所做的事情也不同。名义的留存在于符合实际，事理之设要适宜于各自的性情，这就叫条理通达而福德常在。"

原文

列子行，食于道从①，见百岁髑髅②，攓蓬而指之曰③："唯予与汝知而未尝死④、未尝生也。若果养乎⑤？予果欢乎？"

注释

①道从：道旁。
②髑髅（dú lóu）：死人的头骨。
③攓蓬：拔开或拔起杂草。"攓"，拔。蓬，指蓬草。
④而：通"尔"，你。
⑤若：你。养：同"恙"，忧。

译文

列子外出游玩，在道旁的一草丛处停下来吃东西，看见一个上百年的死人头骨，拔掉周围的蓬草指着骷髅说："只有我和你知道你是不曾死去，也不曾生过的。你果真忧愁吗？我又果真快乐吗？"

原文

种有几①，得水则为䘏②，得水土之际则为鼃蠙之衣③，生于陵屯则为陵舄④，陵舄得郁栖则为乌足⑤。乌足之根为蛴螬，其叶为胡蝶。胡蝶胥也化而为虫⑥，生于灶下，其状若脱，其名为鸲掇⑦。鸲掇千日为鸟，其名为干余骨。干余骨之沫为斯弥，斯弥为食醯⑧。颐辂生乎食醯⑨，黄軦生乎九猷⑩，瞀芮生乎腐蠸⑪。羊奚比乎不箰⑫，久竹生青宁；青宁生程，程生马，马生人，人又反入于机。万物皆出于机，皆入于机。

注释

①种：植物的种子。几：潜存于事物之中的、一般人看不见却是事物发展的苗头或先兆的东西。

②鼊：继的异体字，此指续断，亦即鼊草。

③鼃蠙（wā bīn）之衣：生长在水边，覆盖在水面上的水藻、浮萍之类。因蛙常隐蔽于其下，故名蛙之衣。

④陵屯：高爽之地。陵舄（xì）：车前草。

⑤郁栖：栖息于粪土之中。

⑥胥：通"须"，待。

⑦鸲掇（qú duō）：虫名，其状柔嫩，像刚刚脱皮的样子。

⑧食醯（xī）：食醋，此处指醋放久了，滋生出的一种小飞虫，又称蠛蠓，与蚋相似。

⑨颐辂（lù）：虫名。

⑩黄軦（kuàng）：虫名。

⑪瞀芮（mào ruì）：蠓虫之类。腐蠸（quán）：瓜中黄甲虫。一说为萤火虫。

⑫羊奚：竹蓐，一名竹箷。不箰（sǔn）：不生笋之竹。

译文

物种之中都潜藏着"几"，有了水的滋养便会逐步相继而生，处于陆地和水面的交接处就形成青苔，生长在山陵高地就成了车前草，车前草获得粪土的滋养长成乌足草，乌足草的根会变化成蛴螬虫，乌足草的叶子变化成蝴蝶。蝴蝶很快又变化成为虫，生活在火灶下面，那样子就像是刚蜕皮，它的名字叫鸲掇。鸲掇一千天以后变化成为鸟，它的名字叫干余骨。干余骨的唾沫长出斯弥虫，斯弥虫又生出蠛蠓。颐辂从蠛蠓中形成，黄軦从九猷中长出，蠓虫则产生于萤火虫。羊奚草跟不长笋的老竹相结合，老竹又生出青宁虫；青宁虫生出豹子，豹子生出马，马生出人，而人又返归造化之初的混沌中。万物都产生于自然的造化，又全都回归自然。

田 子 方

田子方是篇首的人名。全篇内容比较杂，具有随笔、杂记的特点，不过从一些重要章节看，主要还是表现虚怀无为、顺应自然、不受外物束缚的思想。

全文分成长短不一、各不相连的十一个部分，第一部分至"夫魏真为我累耳"，通过田子方与魏文侯的对话，称赞东郭顺子处处循"真"的处世态度。第二部分至"亦不可以容声矣"，批评"明乎礼义而陋乎知人心"的做法，提倡体道无言的无为态度。第三部分至"吾有不忘者存"，写孔子与颜渊的谈话，指出"哀莫大于心死，而人死亦次之"，要不至于"心死"，就得像"日出于东方而入于西极"那样"日徂"，所谓"日徂"即每日都随着变化而推移。第四部分至"吾不知天地之大全也"，借老聃的口表达"至美至乐"的主张，能够"至美至乐"的人就是"至人"。怎样才能"至美至乐"呢？那就得"喜怒哀乐不入于胸次"而"游心于物之初"。第五部分至"可谓多乎"，写了一个小寓言，说明有其形不一定有其真，有其真也就不一定拘其形。第六部分至"故足以动人"，指出应当爵禄和死生都"不入于心"。第七部分至"是真画者也"，写画画并非一定要有画画的架势。第八部分至"彼直以循斯须也"，写臧丈人无为而治的主张。第九部分至"尔于中也殆矣夫"，以伯昏无人凝神而射做比喻，说明寂志凝神的重要。第十部分至"己愈有"，写孙叔敖对官爵的得失无动于衷。余下为第十一部分，写凡国国君对国之存亡无动于衷。这说明，不能为任何外物所动，善于自持便能虚怀无己。

原文

田子方侍坐于魏文侯，数称谿工^①。文侯曰："谿工，子之师邪？"子方曰："非也，无择之里人也；称道数当^②，故无择称之。"文侯曰："然则子无师邪？"子方曰："有。"曰："子之师谁邪？"子方曰："东郭顺子^③。"文侯曰："然则夫子何故未尝称之？"子方曰："其为人也真，人貌而天虚^④，缘而葆真，清而容物。物无道，正容以悟之，使人之意也消。无择何足以称之？"

子方出，文侯傥然终日不言^⑤，召前立臣而语之曰："远矣，全德之君子！始吾以圣知之言仁义之行为至矣，吾闻子方之师，吾形解而不欲动^⑥，口钳而不欲言。吾所学者直土梗耳，夫魏真为我累耳！"

注释

①谿工：人名，魏之贤者。
②称道数当：讲说大道。数当，合乎道理。
③东郭顺子：魏国的得道真人。顺为其名，子是尊称。
④天虚：心像天一样空虚。
⑤傥然：若有所失的样子。
⑥形解：身体松弛懒散。

译文

田子方陪坐在魏文侯身旁，多次称赞谿工。魏文侯说："谿工是你的老师吗？"田子方说："不是，是我的邻里；他的言谈总是十分中肯恰当，所以我称赞他。"文侯说："那你没有老师吗？"子方说："有。"文侯说："你的老师是谁呢？"田子方说："东郭顺子。"文侯说："那么先生为什么不曾称赞过他呢？"田子方回答："他的为人纯真，相貌跟普通人一样，而内心却合于自然，他既能顺应外在环境，同时又保持固有的真性，而且行事清正廉明，同时又能包容众人。有谁行事不符合'道'，便严肃指出使之醒悟，从而使人的邪恶之念自然消除。我做学生的能够用什么言辞去称赞老师呢?"

田子方走了出来,魏文侯若有所失,先是整天不说话,后来招来他同田子方谈话时也在场的近臣,对他们说:"德行完备的君子,实在是深不可测呀!起初我总把圣智的言论和仁义之行看作是最为高尚的行为了,如今我听说了田子方老师的情况,我真是身形怠惰而不知道该做什么,嘴巴像被钳住一样而不能说些什么。我过去所学到的不过都是些泥塑偶像似的毫无真实价值的东西,至于魏国也是被我拖累了!"

原文

温伯雪子适齐,舍于鲁。鲁人有请见之者,温伯雪子曰:"不可。吾闻中国之君子,明乎礼义而陋于知人心①,吾不欲见也。"

至于齐,反舍于鲁,是人也又请见。温伯雪子曰:"往也蕲见我②,今也又蕲见我,是必有以振我也③。"出而见客,入而叹。明日见客,又入而叹。其仆曰:"每见之客也,必入而叹,何耶?"曰:"吾固告子矣:'中国之民,明乎礼义而陋乎知人心。'昔之见我者,进退一成规、一成矩④,从容一若龙、一若虎,其谏我也似子,其道我也似父⑤,是以叹也。"

仲尼见之而不言。子路曰:"吾子欲见温伯雪子久矣,见之而不言,何邪?"仲尼曰:"若夫人者⑥,目击而道存矣⑦,亦不可以容声矣。"

注释

①陋:浅陋。

②蕲(qí):通"祈",请求。

③振:启发。或作救解,救己之失。

④进退一成规、一成矩:见客时行礼无不合乎规矩。

⑤道:同"导",引导、指导。

⑥若:如。夫人:此人、这个人。

⑦目击而道存:用眼睛一看而知大道存之于身,无须言说。

译文

温伯雪子到齐国去,途中在鲁国歇宿。鲁国有人请求见他,温伯雪子说："不行。我听说中原国家的读书人，通晓礼义却不善解人心，我不想见他们。"

去到齐国，返回途中又在鲁国歇足，那些人又请求会见。温伯雪子说："先前要求会见我，如今又要求会见我，这些人一定是有什么可以启发我的。"出去见了这些客人，回到屋里就慨叹不已。第二天再次会见那些客人，回到屋里又再次慨叹不已。他的仆从问道："每次会见此客人，必定回到屋里就慨叹不已，这是为什么呢？"温伯雪子说："我原先就告诉过你：'中原国家的人，通晓礼义却不善解人心。'前几天会见我的那些人，出入进退全都合乎礼仪，动作举止蕴含龙虎般不可抵御之气势，他们对我有言规劝就像儿子对待父亲般恭顺，他们对我指导又像父亲对儿子般严厉，所以我总是感叹不已。"

孔子见到温伯雪子时却一言不发。子路问："先生一心想会见温伯雪子已经很久了，可是见到了他却一句话也不说，为什么呢？"孔子说："像他那样的人，用眼睛一看就知道大道存之于身，也就无须再用言语了。"

原文

颜渊问于仲尼曰："夫子步亦步，夫子趋亦趋，夫子驰亦驰[①]；夫子奔逸绝尘[②]，而回瞠若乎后矣！"夫子曰："回，何谓邪？"曰："夫子步，亦步也；夫子言，亦言也；夫子趋，亦趋也；夫子辩，亦辩也；夫子驰，亦驰也；夫子言道，回亦言道也；及奔逸绝尘而回瞠若乎后者，夫子不言而信，不比而周[③]，无器而民滔乎前[④]，而不知所以然而已矣。"

仲尼曰："恶，可不察与！夫哀莫大于心死，而人死亦次之。日出东方而入于西极，万物莫不比方[⑤]，有目有趾者，待是而后成功，是出则存，是入则亡[⑥]。万物亦然，有待也而死，有待也而生[⑦]。吾一受其成形，而不化以待尽[⑧]，效物而动，日夜无隙[⑨]，而不知其所终，薰然其成形[⑩]。知命不能规乎其前，丘以是日徂[⑪]。吾终身与汝交一臂而失之，可不哀与！女殆著乎吾所以著也。彼已尽矣，而女求之以为有，是求马于唐肆也[⑫]。吾服女也甚忘，女服吾也亦甚忘。虽然，女奚患焉！虽忘乎故吾，吾有不忘者存。"

注释

①步亦步、趋亦趋、驰亦驰：意思均为"你怎么样，我也跟着怎么样"。

②奔逸绝尘：跑得极快。好像脚掌与地面没挨着一样，即跳跃性奔跑的意思。

③不比而周：即使不是亲友，你也能对人关怀考虑得十分周到。比，私下亲近。周，普遍完善。

④无器而民滔乎前：指孔子没有地位名分，却有很多人在追随着他。器，名位、权势利禄。滔，人多汇聚的样子。

⑤比方：顺从太阳的方向运行。比，顺从。方，方向。

⑥是出则存，是入则亡：意思是太阳出来就工作，太阳落山就无事可做而休息。是，此，指太阳。存，有。亡，无。

⑦有待也而死，有待也而生：万物皆待造化而有生死转化，就像人随日出没而作息一样。

⑧一受其成形：人一生下来具有了人的形体，即秉受了天赋的形体。不化以待尽：不会化作他物，只能等待穷尽其天年。

⑨效物而动，日夜无隙：人一生本能反应地忙忙碌碌，日夜操劳，得不到休息。效，感。隙，空闲，休息。

⑩薰然：形容气自动聚合为形的情况。

⑪日徂（cú）：即沮丧之意。

⑫唐肆：空荡荡的集市。唐，空。肆，集市。

译文

颜渊向孔子问道："先生行走我也行走，先生快步我也快步，先生奔跑我也奔跑；先生快跑，脚好像离开地面而向前跳跃一样，这时我只能睁大眼睛在后面看而不知道如何学了！"孔子说："颜回，你这些话是什么意思呢？"颜回说："先生慢走，我也跟着慢走；先生说话，我也跟着说话；先生快步，我也跟着快步；先生辩论事理，我也跟着辩论事理；先生奔跑，我也跟着奔跑；先生谈论大道，我也跟着谈论大道；等到先生好像脚掌离开地面跳跃似的跑，我只能睁大眼睛在后面看，不知道如何学了，是说先生不言时也能取信于大家，不私意亲近也能全面地获得拥戴，不居高位、不获权势却能让人群聚于身前，这种现象，我不明白其中缘由。"

孔子说："唉，这怎么能明察呢！悲哀莫过于心灵的死亡，身体的死亡还是其次。太阳从东方升起而隐没于最西端，万物莫不顺从太阳的起落而运行，有眼有脚的人，一定要等到太阳出来后才能做事，方有作为，太阳升起就工作，太阳落山就休息。万物全都是这样的，随着造化而死，随着造化而生。我们作为人，一旦禀受大自然赋予的形体，就不会变化成其他物了，只能等待着享尽天年，面对死亡而生。随着外物的变化而相应有所行动，日夜操劳，没有空闲，而且不知道终结所在，阴阳二气自动地聚合，就化成我们的形体。懂得命运的人也不能测度自己将来的命运，我只是天天不得已随物应酬罢了。我这一辈子都和你在一起，你却还是不能理解我，这就好像有个极好的机会我们却当面错过了，这不是万分悲哀的事情吗？你怎么能仅仅关注我借用语言表述的方面呢？我所说过的话，我其实也不尽理解，并不懂得它的深层含义，因为那深层的含义早已时过境迁而消失殆尽了；你还要着意地追求那之所以如此说的原因，以为它是真实的存在，这就如同在空荡无人的市场上想要寻购一匹马一样，那是不可能的呀。你不要只看到我用语言表达出来的道理，由于不理解它深层的原因很快就会全都忘记了；其实你用语言表达出来的意思，我不是也因为同样的道理而全都忘了吗？即使这样，你又何必忧患不已呢？虽然你忘记了过去的我，我现在不是还活在忘记我的人面前吗，这中间不就有重要的道的永存性吗？"

原文

孔子见老聃，老聃新沐，方将被发而干，慹然似非人。孔子便而待之，少焉见，曰："丘也眩与，其信然与？向者先生形体掘若槁木，似遗物离人而立于独也。"老聃曰："吾游心于物之初。"

孔子曰："何谓邪？"曰："心困焉而不能知，口辟焉而不能言，尝为汝议乎其将。至阴肃肃，至阳赫赫；肃肃出乎天，赫赫发乎地；两者交通成和而物生焉，或为之纪而莫见其形。消息满虚，一晦一明，日改月化，日有所为，而莫见其功。生有所乎萌，死有所乎归，始终相反乎无端而莫知乎其所穷。非是也，且孰为之宗？"

孔子曰："请问游是。"老聃曰："夫得是，至美至乐也，得至美而游乎至乐，谓之至人。"孔子曰："愿闻其方。"曰："草食之兽不疾易薮，水生之虫不疾易水，行小变而不失其大常也，喜怒哀乐不入于胸次。夫天下也者，万物之所一也。得其所一而同焉，则四支百体将为尘垢，而死生终始将为昼夜而莫之能滑，而况得丧祸福之所介乎！弃隶者若弃泥涂，知身贵于隶也，贵在于我而不失于变。且万化而未始有极也，夫孰足以患心！已为道者解乎此。"

孔子曰："夫子德配天地，而犹假至言以修心，古之君子，孰能脱焉？"老聃曰："不然。夫水之于汋也，无为而才自然矣。至人之于德也，不修而物不能离焉，若天之自高，地之自厚，日月之自明，夫何脩焉！"

孔子出，以告颜回曰："丘之于道也，其犹醯鸡与！微夫子之发吾覆也，吾不知天地之大全也。"

译文

孔子拜见老聃，老聃刚洗了头，正披散着头发等待吹干，那凝神寂志、一动不动的样子好像木头人一样。孔子在门下屏蔽之处等候，不一会儿见到老聃，说："是孔丘眼花了吗，抑或真是这样的呢？刚才先生的身形体态一动不动地真像枯槁的树桩，好像遗忘了外物、脱离于人世而独立自存一样。"老聃说："我是处心遨游于混沌鸿蒙宇宙初始的境域。"

孔子问："这说的是什么意思呢？"老聃说："你心中困惑而不能理解，嘴巴封闭而不能谈论，还是让我为你说个大概。最为阴冷的阴气是那么肃肃寒冷，最为灼热的阳气是那么赫赫炎热，肃肃的阴气出自苍天，赫赫的阳气发自大地；阴阳二气相互交通融合因而产生万物，有时候还会成为万物的纲纪却不会显现出具体的形体。消逝、生长、满盈、虚空，时而晦暗时而显明，一天天地改变一月月地演化，每天都有所作为，却不能看到它造就万物、推演变化的功绩。生长有它萌发的初始阶段，死亡也有它消退败亡的归向，但是开始和终了相互循环，没有开端也没有谁能知道它们变化的穷尽。倘若不是这样，那么谁又能是万物的本源？"

孔子说："请问游心于宇宙之初、万物之始的情况。"老聃回答："达到这样的境界，就是'至美''至乐'了，体察到'至美'也就是遨游于'至乐'，这就叫作'至人'。"孔子说："我希望能听到那样的方法。"老聃说："食草的兽类不担忧更换生活的草泽，水生的虫豸不害怕改变生活的水域，这是因为只进行了小小的变化而没有失去惯常的生活环境，这样喜怒哀乐的各种情绪就不会进入内心。普天之下，莫不是万物共同生息的环境。获得这共同生活的环境而又混同其间，那么人的四肢以及众多的躯体都将最终变成尘垢，而死亡、生存、终结、开始也将像昼夜更替一样没有什么力量能够扰乱它，更何况去介意那些得失祸福呢！舍弃得失、祸福之类附属于己的东西就像丢弃泥土一样，懂得自身远比这些附属于自己的东西更为珍贵，珍贵在于我自身而不因外在变化而丧失。况且宇宙间的千变万化从来就没有过终极，怎么值得使内心忧患！已经体察大道的人便能通晓这个道理。"

孔子说："先生的德行合于天地，仍然借助于至理真言来修养心性，古时候的君子，又有谁能免于这样做呢？"老聃说："不是这样的。水激涌而出，不借助于人力方才自然。道德修养高尚的人对于德行，无须加以培养万物也不会脱离它的影响，就像天自然高，地自然厚，太阳与月亮自然光明，又哪里用得着修养呢！"

孔子从老聃那儿出来，把见到老聃的情况告诉给了颜回，说："我对于大道，就好像瓮中的小飞虫对于瓮外的广阔天地啊！不是老聃的启迪揭开了我的蒙昧，我不知道天地之大那是完完全全的了。"

原文

庄子见鲁哀公。哀公曰："鲁多儒士，少为先生方者。"庄子曰："鲁少儒。"哀公曰："举鲁国而儒服，何谓少乎？"

庄子曰："周闻之，儒者冠圜冠者，知天时；履句屦者，知地形；缓佩玦者，事至而断。君子有其道者，未必为其服也；为其服者，未必知其道也。公固以为不然，何不号于国中曰：'无此道而为此服者，其罪死！'"

于是哀公号之五日，而鲁国无敢儒服者，独有一丈夫儒服而立乎公门。公即召而问以国事，千转万变而不穷。庄子曰："以鲁国而儒者一人耳，可谓多乎？"

译文

庄子拜见鲁哀公。鲁哀公说："鲁国多儒士，很少有信仰先生道学的人。"庄子说："鲁国儒士很少。"鲁哀公说："全鲁国的人都穿着儒士的服装，怎么说儒士很少呢？"

庄子说："我听说，儒士戴圆帽的，知晓天时；穿着方鞋的，熟悉地形；佩戴用五色丝绳系着玉玦的，遇事能决断。君子身怀那种学问和本事的，不一定要穿儒士的服装；穿上儒士服装的人，不一定具有那种学问和本事。你如果认为一定不是这样，何不在国中号令：'没有儒士的学问和本事而又穿着儒士服装的人，定处以死罪！'"

于是哀公号令五天，鲁国国中差不多没有敢再穿儒士服装的人，只有一个男子穿着儒士服装站立于朝门之外。鲁哀公立即召他进来以国事征询他的意见，无论多么复杂的问题他都能做出回答。庄子说："鲁国这么大而儒者只有一人哪，怎么能说是很多呢？"

原文

百里奚爵禄不入于心，故饭牛而牛肥，使秦穆公忘其贱，与之政也。有虞氏死生不入于心，故足以动人。

译文

百里奚从不把爵位和俸禄放在心上，所以饲养牛时把牛喂得很肥，使秦穆公忘记了他地位的卑贱，而把国事交给他。有虞氏从不把死生放在心上，所以能够打动人心。

原文

宋元君将画图，众史皆至，受揖而立；舐笔和墨，在外者半。有一史后至者，儃儃然不趋，受揖不立，因之舍。公使人视之，则解衣般礴赢。君曰："可矣，是真画者也。"

译文

宋元公打算画几幅画，众多的画师都赶来了，接受了旨意便在一旁恭敬地拱手站着；舐着笔，调着墨，站在门外的还有半数人。有一位画师最后来到，神态自然，一点儿也不慌急，接受了旨意也不恭候站立，随即回到馆舍里去。宋元公派人去观察，这个画师已经解开了衣襟，裸露身子，叉腿而坐。宋元公说："好呀，这才是真正的画师。"

原文

文王观于臧，见一丈夫钓，而其钓莫钓；非持其钓有钓者也，常钓也。

文王欲举而授之政，而恐大臣父兄之弗安也；欲终而释之，而不忍百姓之无天也。于是旦而属之大夫曰："昔者寡人梦见良人，黑色而髯，乘驳马而偏朱蹄，号曰：'寓而政于臧丈人，庶几乎民有瘳乎！'"诸大夫蹴然曰："先君王也。"文王曰："然则卜之。"诸大夫曰："先君之命，王其无它，又何卜焉！"

遂迎臧丈人而授之政。典法无更，偏令无出。三年，文王观于国，则列士坏植散群，长官者不成德，斔斛不敢入于四竟。列士坏植散群，则尚同也；长官者不成德，则同务也；斔斛不敢入于四竟，则诸侯无二心也。文王于是焉以为大师，北面而问曰："政可以及天下乎？"臧丈人昧然而不应，泛然以辞，朝令而夜遁，终身无闻。

颜渊问于仲尼曰："文王其犹未邪？又何以梦为乎？"仲尼曰："默，汝无言！夫文王尽之也，而又何论刺焉！彼直以循斯须也。"

译文

文王在臧地巡视，看见一位老人在水边垂钓，身在垂钓心不在钓鱼上，不是手拿钓竿以钓鱼为事，而是别有所钓，他常常就是这样的钓法。

文王举用他，并把朝政委托给他，又担心大臣和父兄放心不下；打算放弃这个念头，却又不忍心让百姓得不到天子的恩泽。于是在清早便招来诸大夫说："昨晚我梦见了一位非常贤良的人，他黑黑的面孔、长长的胡须，骑着一匹杂色马，马蹄半侧是红的，命令我说：'把你的朝政托付给那位臧地的老人，差不多百姓就可以解除痛苦了！'"诸位大夫惊恐不安地说："这是君王的父亲！"文王说："既然如此，让我们还是占卜一下吧。"诸位大夫说："这是先君的命令，君王不必多虑，又何必再行占卜呢！"

于是就迎来了臧地老人，并且把朝政委托给他。老者掌政，以往典章法规不更改，一篇新政令也不发布。三年时间，文王巡视国内，见到各地的地方势力集团都纷纷离散，长官也不再建立自己的功德，标准不一的器量不进入国境使用。地方势力集团纷纷离散，也就政令通达、上下同心；官长们不建立自己的功德，则能同以国事为务；标准不一的器量不入境，诸侯也就不会生出异心。文王于是把臧地老人拜作太师，以臣下的礼节恭敬地向他问道："这样的政事可以推行于天下吗？"臧地老人默然不做回应，淡漠无心地告辞而去，早晨还接受文王之令，晚上就逃走了，从那以后就再也听不到他的消息。

颜渊向孔子问道："文王还不足于取信于人吗？为什么还要假托于梦呢？"孔子说："别作声，你不要说了！文王已经做得很完美了，你又何必议论讥讽呢？他只是在短时间内顺应众人。"

原文

列御寇为伯昏无人射，引之盈贯，措杯水其肘上，发之，镝矢复沓，方矢复寓。当是时，犹象人也。伯昏无人曰："是射之射，非不射之射也。尝与汝登高山，履危石，临百仞之渊，若能射乎？"

于是无人遂登高山，履危石，临百仞之渊，背逡巡，足二分垂在外，揖御寇而进之。御寇伏地，汗流至踵。伯昏无人曰："夫至人者，上窥青天，下潜黄泉，挥斥八极，神气不变。今汝怵然有恂目之志，尔于中也殆矣夫！"

译文

列御寇为伯昏无人表演射箭，把弓拉得满满的，又放置一杯水在手肘上，放箭、连续射箭，前面的箭刚射出，后面的箭又搭上了。在这个时候，列御寇像木偶人似的一动也不动。伯昏无人看后说："这只是射靶子的射法，不是没有固定靶子的射法。我想跟你登上高山，脚踏危石，面对百丈的深渊，那时你还能射箭吗？"

于是伯昏无人便登上高山，脚踏危石，背对着百丈深渊，向后退步，直到脚下三分之二悬空在石外，这才拱手恭请列御寇跟上来射箭。列御寇惊恐得伏在地上，冷汗流到脚后跟。伯昏无人说："凡是高手，上看青天，下到黄泉，在任何地方都挥洒自如。如今你有惊恐目眩之意，你心中害怕得很啊！"

原文

肩吾问于孙叔敖曰："子三为令尹而不荣华，三去之而无忧色。吾始也疑子，今视子之鼻间栩栩然，子之用心独奈何？"

孙叔敖曰："吾何以过人哉！吾以其来不可却也，其去不可止也，吾以为得失之非我也，而无忧色而已矣。我何以过人哉！且不知其在彼乎，其在我乎？其在彼邪？亡乎我；在我邪？亡乎彼。方将踌躇，方将四顾，何暇至乎人贵人贱哉！"

仲尼闻之曰："古之真人，知者不得说，美人不得滥，盗人不得劫，伏戏、黄帝不得友。死生亦大矣，而无变乎己，况爵禄乎！若然者，其神经乎大山而无介，入乎渊泉而不濡，处卑细而不惫，充满天地，既以与人，己愈有。"

译文

肩吾向孙叔敖问道："你三次出任令尹却不显出荣耀，三次被罢官也没有露出忧愁之色，我对此怀疑，如今看见你呼吸匀畅，和颜悦色，你心里竟是怎样想的呢？"

孙叔敖说："我哪里有什么过人之处啊！我认为让我当令尹，我无法拒绝，不让我当我也挡不住。我认为得与失官位都不是由我做主，因而没有忧愁之色罢了。我哪里有什么过人之处啊！况且我不知道这官爵是落在他人身上呢，还是落在我身上呢？落在他人身上？那就与我无关；落在我的身上？那就与他人无关。我正驻足沉思，只顾考虑各种各样的政事了，哪里有闲暇去顾及人的尊贵与卑贱啊！"

孔子听到这件事，说："古时候的真人，智慧的人不能说服他，美人不能使他淫乱，强盗不能抢劫他，就是伏羲和黄帝也无法笼络亲近他。死与生也算得上是大事情了，却不能使他有什么改变，更何况是爵位与俸禄的得失呢？像这样的人，他的精神状况即使穿越大山时也不会有阻碍，潜入深渊时水无法沾湿他，处身卑微不会感到困乏，他的精神充满于天地，尽数地施予他人，自己反而富有。"

原文

楚王与凡君坐，少焉，楚王左右曰："凡亡者三。"凡君曰："凡之亡也，不足以丧吾存。夫'凡之亡不足以丧无存'，则楚之存，不足以存存。由是观之，则凡未始亡而楚未始存也。"

译文

楚文王与凡国国君坐在一起，不一会儿，楚王的近臣一次又一次报告凡国已经灭亡。凡国国君说："凡国的灭亡，不足以丧失我的存在。既然'凡国的灭亡不足以丧失我的存在'，那么楚国的存在也不足以保存它的存在。由此看来，那么，凡国也就未曾灭亡，而楚国也就未曾存在了。"

徐 无 鬼

题 解

"徐无鬼"是开篇的人名，以人名作为篇名。本篇是《庄子》中的又一长篇，由十余个各不相关的故事组成，并夹带少量的议论。全篇内容很杂，中心不明朗，故事之间也缺乏关联，但多数是倡导无为思想的。

全篇大体可分为十四个部分。第一部分至"莫以真人之言謦欬吾君之侧乎"，写徐无鬼拜见魏武侯，用相马之术引发魏武侯的喜悦，借此讥讽诗、书、礼、乐的无用。第二部分至"君将恶乎用夫偃兵哉"，继续写徐无鬼跟魏武侯的对话，指出当世国君的做法实质上是在害民，只有"应天地之情"，才真正是"社稷之福"。第三部分至"称天师而退"，写黄帝出游于襄城之野，特向牧马小童问路，喻指为政者的迷乱。第四部分至"终身不反，悲夫"，批评事事"皆囿于物"的人。第五部分至"未始离于岑而足以造于怨也"，写庄子和惠子的对话，指出天下并没有共同认可的是非标准，从而批评了各家"各是其所是"的态度。第六部分至"吾无与言之矣"，写庄子对惠子的怀念。第七部分至"则隰朋可"，写管仲和桓公的对话，借推荐隰朋阐述无为而治的主张。第八部分至"三年而国人称之"，借吴王射杀猴子的故事，告诫人们不应有所自恃。第九部分至"其后而日远矣"，写南伯子綦对世人迷误的哀叹。第十部分至"大人之诚"，提出"无求，无失，无弃"和"不以物易己"的观点，强调不用言语、返归无为的功效。第十一部分至"然身食肉而终"，表述子綦游于天地不跟外物相违逆的生活旨趣。第十二部分至"夫唯外乎贤者知之矣"，批判唐尧，指斥仁义是贪婪者的工具。第十三部分至"于羊弃意"，批判三种不同的心态，提倡"无所甚亲""无所甚疏"的态度。余下为第十四部分，为杂论，主要是阐明顺任自适的思想。

原文

徐无鬼因女商见魏武侯，武侯劳之曰："先生病矣！苦于山林之劳，故乃肯见于寡人。"徐无鬼曰："我则劳于君，君有何劳于我！君将盈嗜欲，长好恶，则性命之情病矣；君将黜嗜欲，掔好恶，则耳目病矣。我将劳君，君有何劳于我！"武侯超然不对。

少焉，徐无鬼曰："尝语君，吾相狗也。下之质执饱而止，是狸德也；中之质若视日；上之质若亡其一。吾相狗，又不若吾相马也。吾相马，直者中绳，曲者中钩，方者中矩，圆者中规，是国马也，而未若天下马也。天下马有成材，若恤若失，若丧其一，若是者，超轶绝尘，不知其所。"武侯大悦而笑。

徐无鬼出，女商曰："先生独何以说吾君乎？吾所以说吾君者，横说之则以诗书礼乐，从说之则以金板六弢，奉事而大有功者不可为数，而吾君未尝启齿。今先生何以说吾君，使吾君说若此乎？"徐无鬼曰："吾直告之吾相狗马耳。"女商曰："若是乎？"曰："子不闻夫越之流人乎？去国数日，见其所知而喜；去国旬月，见所尝见于国中者喜；及期年也，见似人者而喜矣；不亦去人滋久，思人滋深乎？夫逃虚空者，藜藋柱乎鼪鼬之迳，踉位其空，闻人足音跫然而喜矣，又况乎昆弟亲戚之謦欬其侧者乎！久矣夫，莫以真人之言謦欬吾君之侧乎！"

译文

　　徐无鬼通过女商的引荐得见魏武侯，武侯慰问他说："先生是太贫困了！为隐居山林中，为辛劳困苦所累，所以来见我。"徐无鬼说："我是来慰问你的，你怎么反过来慰问我呢！你想要满足嗜好和欲望，增长喜好和厌恶，那么你的性命和真情就一定会受损；你应当放弃自己的嗜好和欲望，放弃喜好和厌恶，若是做不到这些，你的身心就会疲惫。因此我来慰问你，你凭什么慰问我！"武侯听了怅然若失，不能应答。

　　不一会儿，徐无鬼说："我尝试着给你说说，我善于观察狗的体态以确定它们的优劣。下等品类的狗只求填饱肚子也就行了，这是跟野猫一样的禀性；中等品类的狗好像总是凝视上方；上等品类的狗总像是忘掉了自身的存在。我观察狗，又不如我观察马。我观察马的体态，直的部分要合于墨线，弯的部分要合于钩弧，方的部分要合于角尺，圆的部分要合于圆规，这样的马就是国马，不过还比不上天下最好的马。天下最好的马具有天生的材质，缓步行走似茫然，好像失落的样子，奔逸时神采奕奕，像忘记自身的存在，超越马群疾如狂风，把尘土远远留在身后，这样高超的本领不知道从哪里得来。"魏武侯听了高兴地笑了起来。

　　徐无鬼走出宫廷，女商说："先生究竟是用什么办法使国君高兴的呢？我使国君高兴，要么向他介绍诗、书、礼、乐的内容，或向他谈论太公兵法。侍奉国君办事，而大有功绩的人不可计数，而国君从不曾有过笑脸。如今你究竟用什么办法来取悦国君，竟使国君如此高兴呢？"徐无鬼说："我只不过告诉他我怎么相狗、相马罢了。"女商说："仅仅说了这些吗？"徐无鬼说："你没有听说过越国流亡人的故事吗？离开国城几天，见到故交旧友便十分高兴；离开国城十天一个月，见到曾经见过的人便大喜过望；等到过了一年，见到好像是同乡的人便欣喜若狂；不就是离开故乡越久，思念故人的情意越深吗？逃向空旷原野的人，杂草丛生，野兽出没，长久栖身于郊野，听到人的脚步声就高兴起来，更何况是兄弟亲戚在身边说笑呢？已经很久了，没有谁用真诚的话语在国君身边说笑了啊！"

原文

　　徐无鬼见武侯，武侯曰："先生居山林，食芋栗，厌葱韭，以宾寡人，久矣夫！今老邪？其欲干酒肉之味邪？其寡人亦有社稷之福邪？"徐无鬼曰："无鬼生于贫贱，未尝敢饮食君之酒肉，将来劳君也。"君曰："何哉，奚劳寡人？"曰："劳君之神与形。"武侯曰："何谓邪？"徐无鬼曰："天地之养也一，登高不可以为长，居下不可以为短。君独为万乘之主，以苦一国之民，以养耳目鼻口，夫神者不自许也。夫神者，好和而恶奸；夫奸，病也，故劳之。唯君所病之，何也？"

武侯曰："欲见先生久矣。吾欲爱民而为义偃兵，其可乎？"徐无鬼曰："不可。爱民，害民之始也；为义偃兵，造兵之本也；君自此为之，则殆不成。凡成美，恶器也；君虽为仁义，几且伪哉！形固造形，成固有伐，变固外战。君亦必无盛鹤列于丽谯之间，无徒骥于锱坛之宫，无藏逆于得，无以巧胜人，无以谋胜人，无以战胜人。夫杀人之士民，兼人之土地，以养吾私与吾神者，其战不知孰善？胜之恶乎在？君若勿已矣，脩胸中之诚，以应天地之情而勿撄。夫民死已脱矣，君将恶乎用夫偃兵哉？"

译文

徐无鬼拜见魏武侯，武侯说："先生居住在山林，吃橡子而食葱韭之类的菜蔬，谢绝与我交往，已经很久很久了！如今是上了年岁？还是寻求酒肉之食？抑或是为国理政，使我能有社稷之福？"徐无鬼说："我出身贫贱，不敢奢望能够享用国君的酒肉美食，只是来慰问君主。"武侯说："为什么，你怎么慰问我？"徐无鬼说："前来慰问你的精神和形体。"武侯说："你说的是什么意思？"徐无鬼说："天地养育万物时，都一视同仁，登上了高位不可以自以为高人一等，身处低下的地位不可以认为是矮人三分。你作为大国的国君，奴役一国人民，填饱私欲来满足眼耳口鼻的享用，心神却不舒畅。人的心灵是这样的，喜欢和顺而厌恶躁乱是一种严重的病态，所以我特地前来慰问。只有国君你患有这种病症，为什么呀？"

武侯说："我希望见到先生已经很久了。我想爱护我的人民并为了道义而停止战争，这样做就可以了吧？"徐无鬼说："不行。所谓爱护人民，实乃祸害人民的开始；为了道义而停止争战，也只是制造新的争端的祸根；你从这方面着手治理，什么也不会成功。成就美好的名声，就是作恶的工具；你虽然是在推行仁义，却更接近于虚伪！有了仁义的行迹，必定会出现仿造仁义的形态，有了成功必定会自夸，自夸就会有隐患，隐患会导致变乱，变乱会有公开的战争。你一定不要像鹤群飞行那样布阵于丽谯楼前，不要陈列步卒骑士于锱坛的官殿，不要内包藏逆心，外表却显出仁德，不要用智巧去战胜别人，不要用谋划去打败别人，不要用武力去征服别人。杀死别国的士兵和百姓，兼并他们的土地，用来满足自己的私欲和精神的需求，像这样的战争究竟谁是正确的？胜利有何意义？你不如停止争战，修养心中的诚意，顺应自然的真情而不去扰乱内心的安宁。这样，百姓能免于战争带来的死亡，你将哪里用得着谈论息兵罢战的事呢？"

原文

黄帝将见大隗乎具茨之山，方明为御，昌寓骖乘，张若、謵朋前马，昆阍、滑稽后车；至于襄城之野，七圣皆迷，无所问塗。

适遇牧马童子，问塗焉，曰："若知具茨之山乎？"曰："然。""若知大隗之所存乎？"曰："然。"黄帝曰："异哉小童！非徒知具茨之山，又知大隗之所存。请问为天下。"小童曰："夫为天下者，亦若此而已矣，又奚事焉！予少而自游于六合之内，予适有瞀病，有长者教予曰：'若乘日之车而游于襄城之野。'今予病少痊，予又且复游于六合之外。夫为天下亦若此而已。予又奚事焉！"黄帝曰："夫为天下者，则诚非吾子之事。虽然，请问为天下。"小童辞。

黄帝又问。小童曰："夫为天下者，亦奚以异乎牧马者哉！亦去其害马者而已矣！"黄帝再拜稽首，称天师而退。

译文

黄帝到具茨山去拜见大隗，方明赶车，昌寓做陪乘，张若、謵朋在马前做向导，昆阍、滑稽在车后跟随；来到襄城的旷野，七位圣人都迷失了方向，而且没有什么地方可以问路。

正巧遇上一位牧马的少年，便向牧马少年问路，说："你知道具茨山吗？"少年回答："知道。"又问："你知道大隗居住在什么地方吗？"少年回答："知道。"黄帝说："这位少年真是奇怪啊！不只知道具茨山，而且知道大隗居住的地方。请问怎样治理天下。"少年说："治理天下，也像牧马一样罢了，又何须多事呢！我幼小时独自在宇宙范围内游玩，碰巧生了头眼眩晕的病，有位长者教导我说：'你可以乘坐太阳车去襄城的旷野游玩。'如今我的病已经有了好转，我又将到宇宙之外去游玩。至于治理天下恐怕也像牧马一样罢了，我又何须去多事啊！"黄帝说："治理天下，固然不是你操心的事。虽然如此，我还是要向你请教怎样治理天下。"少年听了拒绝回答。

黄帝又问。少年说："治理天下，跟牧马哪里有什么不同呢！也就是去除过分、任其自然罢了！"黄帝听了叩头至地行了大礼，口称"天师"而退去。

原文

知士无思虑之变则不乐，辩士无谈说之序则不乐，察士无凌谇之事则不乐，皆囿于物者也。

招世之士兴朝，中民之士荣官，筋力之士矜难，勇敢之士奋患，兵革之士乐战，枯槁之士宿名，法律之士广治，礼教之士敬容，仁义之士贵际。农夫无草莱之事则不比，商贾无市井之事则不比。庶人有旦暮之业则劝，百工有器械之巧则壮。钱财不积则贪者忧，权势不尤则夸者悲。势物之徒乐变，遭时有所用，不能无为也。此皆顺比于岁，不物于易者也。驰其形性，潜之万物，终身不反，悲夫！

译文

才智聪颖的人思虑上没有发生变换便不会感到快乐，善于辩论的人没有善辩的对手就不会感到快乐，喜于明察的人无人犯错可指责就不会感到快乐，这都是因为受到了外物的局限与束缚。

招引贤才的人在朝堂上建功立业，善于治理百姓的人以做好官为荣，身强体壮的人以排忧解难而自豪，英勇无畏的人遇上祸患总是奋不顾身，手持武器身披甲胄的人乐于征战，隐居山林的人追求的是清洁的名声，研修法制律令的人一心推行法治，崇尚礼教的人注重仪容，讲求仁义的人看重人际交往。农夫没有除草耕耘的事便觉内心不定无所事事，商人没有贸易买卖也会心神不安无所事事。百姓只要有短暂的工作就会勤勉，工匠只要有器械的技巧就会工效快、成效高。钱财积攒得不多且贪婪的人总是忧愁不乐，权势不大而私欲很盛的人便会悲伤哀叹。依仗权势掠取财物的人热衷于变故，一遇时机就会有所动作，不能做到清静无为。这样的人就像是顺应时令次第一样取舍俯仰，不能摆脱外物的拘累，使其身形与精神过分奔波驰骛，沉溺于外物的包围之中，一辈子也不会醒悟，实在是可悲啊！

原文

庄子曰："射者非前期而中，谓之善射，天下皆羿也，可乎?"惠子曰："可。"庄子曰："天下非有公是也，而各是其所是，天下皆尧也，可乎?"惠子曰："可。"

庄子曰："然则儒、墨、杨、秉四，与夫子为五，果孰是邪？或者若鲁遽者邪？其弟子曰：'我得夫子之道矣，吾能冬爨鼎而夏造冰矣。'鲁遽曰：'是直以阳召阳，以阴召阴，非吾所谓道也。吾示子乎吾道。'于是为之调瑟，废一于堂，废一于室，鼓宫宫动，鼓角角动，音律同矣。夫或改调一弦，于五音无当也，鼓之，二十五弦皆动，未始异于声，而音之君已。且若是者邪？"惠子曰："今夫儒、墨、杨、秉，且方与我以辩，相拂以辞，相镇以声，而未始吾非也，则奚若矣?"

庄子曰："齐人蹢子于宋者，其命阍也不以完，其求铟钟也以束缚，其求唐子也而未始出域，有遗类矣！夫楚人寄而蹢阍者，夜半于无人之时而与舟人斗，未始离于岑而足以造于怨也。"

译文

庄子说："射箭的人不是预先瞄准而中靶的，称他是善于射箭，那么普天下都是羿那样善射的人，可以这样说吗?"惠子说："可以。"庄子说："天下本没有共同认可的正确标准，却各以自己认可的标准为正确，那么普天下都是唐尧那样圣明的人，可以这样说吗?"惠子说："可以。"

庄子说："那么郑缓、墨翟、杨朱、公孙龙四家，跟先生你一共五家，到底谁家正确呢？像周初的鲁遽那样吗？鲁遽的弟子说：'我学得了先生的学问，我能在冬天烧鼎，在夏天制出冰块。'鲁遽说：'这是用阳气招出有阳气的东西，用阴气招出有阴气的东西，不是我所倡导的学问。我告诉给你我所主张的道理。'于是便调整好两张瑟弦的音调，一张瑟放在堂上，一张瑟放在内室，弹奏起这张瑟的宫音，而那张瑟的宫音也随之应和，弹奏那张瑟的角音，而这张瑟的角音也随之应和，调类相同的缘故啊。如果其中任何一根弦改了调，五个音不能和谐，弹奏起来，二十五根弦都发出震颤，然而却始终不会发出不同的声音，方才是乐音之王了。而你恐怕就是像鲁遽那样的人吧？"惠子说："如今郑缓、墨翟、杨朱、公孙龙，他们正跟我一道辩论，相互间用言辞进行指责，相互间用声望压制对方，却从不曾认为自己是不正确的，那么将会怎么样呢？"

庄子说："齐国有个人，把自己的儿子滞留于宋国，让他像个残废者，从事守门的工作，但把他的铃钟包了又包，捆了又捆，他的小孩失踪后，他不曾出过郊野寻找，他重物而不重人，这就像辩论的各家，为了辩论而辩论，都是本末倒置啊！楚国有个人，寄居别人家而怒责守门人，半夜无人时，走出门来又跟船家打了起来，还不曾离开岸边就又结下了怨恨。"

◎◎__ 原文

庄子送葬，过惠子之墓，顾谓从者曰："郢人垩慢其鼻端，若蝇翼，使匠石斫之。匠石运斤成风，听而斫之，尽垩而鼻不伤，郢人立不失容。宋元君闻之，召匠石曰：'尝试为寡人为之。'匠石曰：'臣则尝能斫之。虽然，臣之质死久矣。'自夫子之死也，吾无以为质矣！吾无与言之矣。"

◎◎__ 译文

庄子送葬，经过惠子的墓地，回头对跟随的人说："郢地有个人，他自己的鼻尖沾上了一层白灰泥，像蚊蝇的翅膀那样大小，他让匠石用斧子砍削掉这一层白灰。匠石挥动斧子，发出呼呼声，"嗖"的一下砍下去，鼻尖上的白泥完全除去，而鼻子一点儿也没有损伤，郢地的人站在那里也若无其事不失常态。宋元君知道了这件事，召见匠石说：'你为我也这么试试。'匠石说：'我曾经砍削掉鼻尖上的小白点。然而，敢让我砍者，已经死去很久了。'自从惠子离开了人世，我没有可以辩论的对手！也无与之相谈的人了！"

◎◎__ 原文

管仲有病，桓公问之，曰："仲父之病病矣，可不讳云，至于大病，则寡人恶乎属国而可？"管仲曰："公谁欲与？"公曰："鲍叔牙。"曰："不可。其为人絜廉善士也，其于不己若者不比之，又一闻人之过，终身不忘。使之治国，上且鉤乎君，下且逆乎民。其得罪于君也，将弗久矣！"

公曰："然则孰可？"对曰："勿已，则隰朋可。其为人也，上忘而下畔，愧不若黄帝而哀不己若者。以德分人谓之圣，以财分人谓之贤。以贤临人，未有得人者也；以贤下人，未有不得人者也。其于国有不闻也，其于家有不见也。勿已，则隰朋可。"

✿❧ 译文

管仲生了病，齐桓公看望他说："您的病已经很重了，不避讳地说，一旦病危不起，我将把国事托付给谁才合适呢？"管仲说："你想要交给谁呢？"齐桓公说："鲍叔牙。"管仲说："不可以。鲍叔牙为人，算得上是清正廉洁的好人，他对于不如自己的人从不去亲近，而且一听到别人的过错，一辈子也忘不掉。让他治理国家，对上必约束国君，对下必忤逆百姓。一旦得罪于国君，也就不会长久执政了！"

齐桓公说："那么谁可以呢？"管仲回答说："要不，隰朋还可以。隰朋为人，对上不显示位尊，对下不分别卑微，自愧不如黄帝又能怜悯不如自己的人。能用道德去感化他人的称为圣人，能用财物去周济他人的称为贤人。以贤人自居而驾临于他人之上，不会受到人们的拥戴；以贤人之名而能谦恭待人，会得到人们的拥戴。他对于国事一定不会事事听闻，他对于家庭也一定不事事看顾。不得已，那么还是隰朋可以。"

✿❧ 原文

吴王浮于江，登乎狙之山。众狙见之，恂然弃而走，逃于深蓁。有一狙焉，委蛇攫揉，见巧乎王。王射之，敏给搏捷矢。王命相者趋射之，狙执死。

王顾谓其友颜不疑曰："之狙也，伐其巧恃其便以敖予，以至此殛也，戒之哉！嗟乎，无以汝色骄人哉！"颜不疑归而师董梧以助其色，去乐辞显，三年而国人称之。

✿❧ 译文

吴王渡过长江。登上猕猴聚居的山岭。猴群看见吴王打猎的队伍，惊惶地四散奔逃，躲进了荆棘丛林的深处。有一个猴子留下了，它从容不迫地腾身而起，抓住树枝跳来跳去，在吴王面前显示它的灵巧。吴王用箭射它，它敏捷地接过飞速射来的利箭。吴王下命令叫来左右随从打猎的人一起上前射箭，猴子躲避不及抱树而死。

吴王回身对他的朋友颜不疑说："这只猴子夸耀它的灵巧，仗恃它的迅捷而蔑视于我，以至于受到这样的惩罚而死去！要以此为戒啊！唉，不要用傲气对待他人啊！"颜不疑回来后便拜贤士董梧为师，用以清除自己的傲气，弃绝淫乐，辞别尊显，三年时间全国的人个个称赞他。

原文

南伯子綦隐几而坐，仰天而嘘。颜成子入见曰："夫子，物之尤也。形固可使若槁骸，心固可使若死灰乎？"曰："吾尝居山穴之中矣。当是时也，田禾一睹我，而齐国之众三贺之。我必先之，彼故知之；我必卖之，彼故鬻之。若我而不有之，彼恶得而知之？若我而不卖之，彼恶得而鬻之？嗟乎！我悲人之自丧者，吾又悲夫悲人者，吾又悲夫悲人之悲者，其后而日远矣。"

译文

南伯子綦靠着几案静静地坐着，仰头缓缓地吐气。颜成子进屋看见后说："先生，你真是了不起的人物！人的形体固然可以使它像枯槁的骸骨，心灵难道也可以像死灰一样吗？"南伯子綦说："我曾在山林洞穴里居住。那时候，齐太公田禾来看望我，因而齐国的民众以为他礼贤下士，再三向他表示祝贺。我是名声在先，他所以知道我；我是先自我张扬名声，所以他能利用我的名声。假如我不具有名声，他怎么能够知道我呢？假如我不是名声张扬于外，他又怎么能利用我的名声呢？唉，我悲悯自我迷乱失却真性的人，我又悲悯那些悲悯别人的人，我还悲悯那些悲悯人们的悲悯者，从那以后，我便一天天远离人世沉浮而达到虚静境界。"

原文

仲尼之楚，楚王觞之，孙叔敖执爵而立，市南宜僚受酒而祭曰："古

・ 173 ・

之人乎！于此言已。"曰："丘也闻不言之言矣，未之尝言，于此乎言之。市南宜僚弄丸而两家之难解，孙叔敖甘寝秉羽而郢人投兵，丘愿有喙三尺。"

彼之谓不道之道，此之谓不言之辩，故德总乎道之所一。而言休乎知之所不知，至矣。道之所一者，德不能同也；知之所不能知者，辩不能举也，名若儒墨而凶矣。故海不辞东流，大之至也；圣人并包天地，泽及天下，而不知其谁氏。是故生无爵，死无谥，实不聚，名不立，此之谓大人。狗不以善吠为良，人不以善言为贤，而况为大乎！夫为大不足以为大，而况为德乎！夫大备矣，莫若天地；然奚求焉，而大备矣。知大备者，无求，无失，无弃，不以物易己也。反己而不穷，循古而不摩，大人之诚。

译文

孔子去到楚国，楚王宴请孔子，孙叔敖拿着酒器站立一旁，市南宜僚把酒洒在地上祭祷，说："古时候的人啊！在这种情况下总要说一说话。"孔子说："我听说有不言之教的言论，从不曾说过，就这里说说吧。市南宜僚从容不迫地玩弄弹丸而使两家的危难得以解脱，孙叔敖运筹帷幄使敌国不敢对楚国用兵，而楚国得以停止征战。我孔丘多么希望有长嘴能言善辩！"

市南宜僚和孙叔敖他二人的典故说明什么是不言之道，孔子可以称作不用言辞地说辩，所以循道所得归结到一点就是德与道一齐的。因而言语停留在才智所不知晓的地方，这就是最高境界。大道是混沌同一的，而德仅是大道赋予人类的属性；才智不能通晓大道，辩者也不能表述道，名声如儒家、墨家那样的人也常因不知以为知而招致凶祸。所以，大海不辞向东流水，成就了博大；圣人包容天地，恩泽施及天下百姓，而百姓却不知道他们的姓名。因此生前没有爵禄，死后没有谥号，财物不曾汇聚，名声不曾树立，这才可以称作是伟大的人。狗不因为善于狂吠便是好狗，人不因为善于说话便是贤能，何况是成就于伟大的啊！人有心成就伟大，反而远离了伟大，何况随顺自然啊！伟大而又完备，莫过于天地；然而天地哪里会求取什么，它却是伟大而又完备的。懂得了完备的人，没有追求，没有丧失，没有取舍，不因外物而改变自己的本性。返归自己的本性，精神丰富不穷尽，遵循亘古不变的规律就会没有矫饰，这就是伟大的人的真情。

庄子 老子

原文

子綦有八子，陈诸前，召九方歅曰："为我相吾子，孰为祥？"九方歅曰："梱也为祥。"子綦瞿然喜曰："奚若？"曰："梱也将与国君同食以终其身。"子綦索然出涕曰："吾子何为以至于是极也！"九方歅曰："夫与国君同食，泽及三族，而况父母乎！今夫子闻之而泣，是御福也。子则祥矣，父则不祥。"

子綦曰："歅，汝何足以识之，而梱祥邪？尽于酒肉，入于鼻口矣，而何足以知其所自来？吾未尝为牧而牂生于奥，未尝好田而鹑生于宎，若勿怪，何邪？吾所与吾子游者，游于天地。吾与之邀乐于天，吾与之邀食于地；吾不与之为事，不与之为谋，不与之为怪；吾与之乘天地之诚而不以物与之相撄，吾与之一委蛇而不与之为事所宜。今也然有世俗之偿焉！凡有怪征者，必有怪行，殆乎，非我与吾子之罪，几天与之也！吾是以泣也。"

无几何而使梱之于燕，盗得之于道，全而鬻之则难，不若刖之则易，于是乎刖而鬻之于齐，适当渠公之街，然身食肉而终。

译文

子綦有八个儿子，排列在子綦身前，叫来九方歅说："给我八个儿子看看相，谁最有福气。"九方歅说："梱最有福气。"子綦惊喜地说："怎么最有福气呢？"九方歅回答："梱将会跟国君一道饮食而终了一生。"子綦泪流满面地说："我的儿子为什么会达到这样的境遇！"九方歅说："跟国君一道饮食，恩泽将施及三族，何况只是父母啊！如今先生听了这件事就泣不成声，这是拒绝要降临的福禄。你的儿子倒是有福气，你做父亲的却是没有福分了。"

子綦说："歅，你怎么能够知道，梱确实是有福呢？享尽酒肉，只不过从口鼻进到肚腹里，又哪里知道这些东西从什么地方来？我不曾牧养羊而羊子却出现在我屋子的西南角，不曾喜好打猎而鹌鹑却出现在我屋子的东南角，假如不把这看作是怪事，又是为了什么呢？我和我的儿子所游乐的地方，只在于天地之间。自由自在地生活，我们同乐于天，我们能求食

· 175 ·

于地；我不会和儿子们去追求什么事物，不和他们去谋划什么权势、名利，我更不想和他们享受奇怪降临的所谓福分。我只和他们一起，顺应天地的实情，自然真实地过日子，而不想让外物来扰乱我们的宁静，我和他们顺应自然，力求做适宜的事。如今我却得到了世俗的回报啊！大凡有了怪异的征兆，必定会有怪异的行为，实在是危险啊，并不是我和我儿子的罪过，大概是上天降下的罪过！我因此泣不成声。"

没过多久梱被派遣到燕国去，强盗在半道上劫持了他，想要保全其身形而打算卖掉他，实在担心他跑掉，不如截断他的脚容易卖掉些，于是截断他的脚卖到齐国，正好齐国的富人渠公买了去给自己看守街门，仍能一辈子吃肉而终了一生。

原文

齧缺遇许由①，曰："子将奚之②?"曰："将逃尧。"曰："奚谓邪?"曰："夫尧，畜畜然仁③，吾恐其为天下笑。后世其人与人相食与！夫民，不难聚也。爱之则亲，利之则至，誉之则劝，致其所恶则散。爱利出乎仁义，捐仁义者寡，利仁义者众。夫仁义之行，唯且无诚，且假乎禽贪者器④。是以一人之断制利天下，譬之犹一瞥也⑤。夫尧知贤人之利天下也，而不知其贼天下也，夫唯外乎贤者知之矣。"

注释

①齧（niè）缺：虚拟人名。
②子：你。奚：什么地方。之：去。
③畜畜然：恤爱勤劳之貌。
④禽贪：谓贪于猎获。
⑤瞥（piē）：同"瞥"，看一眼。

译文

齧缺遇见许由，说："你准备去哪里呢?"许由回答："准备逃避尧。"齧缺说："你说些什么呢?"许由说："尧，孜孜不倦地推行仁的主张，我担心他被天下人所耻笑。后世一定会人与人相食啊！百姓，并不难以聚合。爱护他们，他们就会亲近；给他们好处，他们就会靠拢；给他们奖励，他们就会勤勉；送给他们所厌恶的东西，他们就会离散。爱和利益出自仁义，而弃置仁义的少，利用仁义的多。仁义的推行，只会没有诚信，而且还会被禽兽一般贪婪的人借用为工具。所以一个人的裁断与决定给天下人带来了好处，就好像是一瞥之见。唐尧知道贤人能给天下人带来好处，却不知道他们对天下人的残害，而只有身处贤者之外的人才能知道这个道理。"

原文

有暖姝者①，有濡需者②，有卷娄者③。

所谓暖姝者，学一先生之言，则暖暖姝姝而私自说也，自以为足矣，而未知未始有物也，是以谓暖姝者也。濡需者，豕虱是也，择疏鬣自以为广宫大囿④，奎蹏曲隈⑤，乳间股脚，自以为安室利处，不知屠者之一旦鼓臂布草操烟火，而己与豕俱焦也。此以域进，此以域退，此其所谓濡需者也。卷娄者，舜也。羊肉不慕蚁，蚁慕羊肉，羊肉膻也。舜有膻行，百姓悦之，故三徙成都，至邓之虚而十有万家。尧闻舜之贤，举之童土之地⑥，曰："冀得其来之泽。"舜举乎童土之地，年齿长矣，聪明衰矣，而不得休归，所谓卷娄者也。

是以神人恶众至，众至则不比，不比则不利也⑦。故无所甚亲，无所甚疏，抱德炀和以顺天下⑧，此谓真人。于蚁弃知，于鱼得计，于羊弃意。

注释

①暖姝（shū）：这里指沾沾自喜。

②濡需：苟且偷安。

③卷娄：腰弯背曲，劳形自苦所致。

④鬣（liè）：猪颈上的长毛。大囿：大园子。

⑤奎：两腿之间。蹏（tí）：同"蹄"。曲隈：这里指猪身上皱褶的深曲处。

⑥童土：荒地。

⑦不比：无不结党营私。

⑧炀和：温和。

译文

有沾沾自喜的人，有苟且偷安的人，有弯腰驼背、勤苦不堪的人。

所谓沾沾自喜的人，懂得了一家之言，就沾沾自喜地私下里暗自得意，自以为满足了，却不知道空虚无物，所以称他为沾沾自喜的人。所谓苟且偷安的人，就像猪身上的虱子，选择稀疏的鬃毛当中自以为就是广阔的宫廷与园林，腿和蹄子间弯曲的部位，乳房和腿脚间的夹缝，就认为是安宁的居室和美好的处所，殊不知屠夫一旦挥动双臂、布下柴草、生起烟火，便跟随猪身一块儿烧焦。这就是依靠环境而安身，又因为环境而毁灭，而这也就是所说的苟且偷安的人。所谓弯腰驼背、勤苦不堪的人，就是舜那样的人。羊肉不会爱慕蚂蚁，蚂蚁则喜爱羊肉，因为羊肉有膻腥味。舜有膻腥的行为，百姓都十分喜欢他，所以他多次搬迁居处都自成都邑，去到邓的废址就聚合了有十万家人。尧听说舜的贤能，举荐他治理荒漠之地，说是希望他能把恩泽带给百姓。舜治理这块土地，年岁逐渐老了，敏捷的听力和视力衰退了，还不能退回来休息，这就是所说的弯腰驼背、勤苦不堪的人。

所以神人讨厌众人到来，众人到来就会结党营私，结党营私就会不利。因此没有什么特别的亲近，没有什么格外的疏远，持守德行、温暖和气以顺应天下，这就叫作真人。就像是蚂蚁不再追慕膻腥，鱼儿得水似的悠闲自在，羊肉也清除了膻腥的气味。

原文

以目视目，以耳听耳，以心复心。若然者，其平也绳，其变也循。古之真人，以天待人，不以人入天。古之真人，得之也生，失之也死；得之也死，失之也生。药也，真实堇也，桔梗也，鸡癕也，豕零也，是时为帝者也，何可胜言！

勾践也以甲楯三千栖于会稽。唯种也能知亡之所以存①，唯种也不知其身之所以愁。故曰：鸱目有所适②，鹤胫有所节，解之也悲。故曰：风之过河也有损焉，日之过河也有损焉。请只风与日相与守河，而河以为未始其撄也，恃源而往者也。故水之守土也审③，影之守人也审，物之守物也审。

故目之于明也殆，耳之于聪也殆，心之于殉也殆。凡能其于府也殆④，殆之成也不给改。祸之长也兹萃，其反也缘功，其果也待久。而人以为己宝，不亦悲乎？故有亡国戮民无已，不知问是也。

故足之于地也践，虽践⑤，恃其所不蹍而后善博也⑥；人之于知也少，虽少，恃其所不知而后知天之所谓也。知大一⑦，知大阴⑧，知大目⑨，知大均⑩，知大方⑪，知大信⑫，知大定，至矣。大一通之，大阴解之，大目视之，大均缘之，大方体之，大信稽之，大定持之。

尽有天，循有照，冥有枢，始有彼。则其解之也似不解之者，其知之也似不知之也，不知而后知之。其问之也，不可以有崖，而不可以无崖。颉滑有实，古今不代，而不可以亏，则可不谓有大扬搉乎⑬！阖不亦问是已，奚惑然为！以不惑解惑，复于不惑，是尚大不惑。

注释

①种：人名，即文种，越国大夫。

②鸱（chī）：猫头鹰。

③审：安定。

④府：指心脏。

⑤践：通"浅"。

⑥蹍（zhǎn）：践。善博：安善广博。

⑦大一：贯通为一，绝对同一性。

⑧大阴：绝对的静止。

⑨大目：以认大道为眼目，大道的观点。

⑩大均：大道的均衡作用。

⑪大方：大道无所不包容。

⑫大信：大道的本性不妄。

⑬大扬搉（què）：大体轮廓。

译文

用眼睛看自己眼睛所应看见的东西，用耳朵来听取自己耳朵应听取的声音，用心灵领悟心灵能领悟的。像这样的人，他们的内心既平静又直率，他们的行为既变化也顺应。古时候的真人，用顺任自然的态度来对待人事，不会用人事来干扰自然。古时候的真人，获得生存就听任生存，失掉生存就听任死亡；获得死亡就听任死亡，失掉死亡就听任生存。药物，乌头也好，桔梗也好，芡草也好，猪苓也好，这几种药更换着作为主药，怎么可以说得完呢！

勾践率领三千士兵栖身在会稽，只有文种能知道在即将灭亡时求得生存的谋略，也只有文种不知道自身未来的忧患。所以说，猫头鹰的眼睛只有在夜晚才适宜，仙鹤适宜小腿长，截断就会悲哀。所以说，风儿吹过了河面，河水就会有所减损；太阳照过河，河水也会有所减损。假如风与太阳总是盘桓在河的上空，而河水却不曾受到过干扰，这是由于依靠河水源头不断汇聚。所以水流在土地上有所安定，影子跟着人就得以显现，物固守物就融合不离。

所以，眼睛过于求明就危险了，耳朵过于求聪也就危险了，心思过于虑物也就危险了。才能从内心深处显露出来就会危险，危险一旦形成已经来不及悔改。灾祸滋生多端，再返回来就需要修养功夫，它的成效就得时间。可是人们以为耳目心思机能可贵，不可悲吗？因此有国亡杀戮不止，不知道问个根源。

所以，脚对于地的践踏很少，虽然很少，还要仰赖所不曾践踏的地方而后才可能到达广远；人对于各种事物的了解也很少，虽然很少，仰赖所不知道的而后才能知道天道。知道绝对的同一，知道绝对的静止，知道绝对的道观，知道大道的均衡作用，知道大道的包容，知道大道的取信不妄，知道大道的安定，就最好了。大一来贯通，大阴来化解，大目来观照，大均来遂顺，大方来体悟，大信来核实，大定来持守。

万物都有自然，遂顺有照头，冥默有枢机，太始有彼端。对其理解的好像不理解的，无心的知好像无所知，无心的知才是真知。要追问它，它是没有端绪的，而又不可以没有端绪。万物纷纭而有实理，古今不能更替，然而又不能缺少，这不也可以说是有个大略的轮廓吗？为什么不追问这个妙理，何必疑惑呢！以不疑惑来理解疑惑，返回到不疑惑，这样才能不疑惑。

寓　言

　　"寓言"本是篇首二字，但也是本文讨论的主要内容之一。所谓寓言，就是寄寓的言论。《庄子》阐述道理和主张，常假托于故事人物，寓言的方法正是《庄子》语言表达上的一大特色。

　　全文大体分成六个部分，第一部分至"天均者天倪也"，讨论了"寓言""重言"和"卮言"，指出宇宙万物从根本上说是齐一的、等同的，辨析事物的各种言论说到底是不符合客观事理的，要么不如忘言，要么随顺而言不留成见，日日变化更新。第一部分是全文的主体。第二部分至"吾且不得及彼乎"，借庄子之口评说孔子不再励志用心，指出再好的言论也不能使人心悦诚服。第三部分至"如观雀蚊虻相过乎前也"，写曾参两次做官心情不一样，但都不能做到心无牵挂，所以还是不能摆脱外物的拘系。第四部分至"若之何其有鬼邪"，表述体悟大道的过程，指出这其间最为重要的是忘却死生。第五部分至"强阳者又何以有问乎"，写影外微阴问影子变化不定的故事，指出无所依恃才能随心而动。余下为第六部分，写老子对阳子居的批评以及阳子居的悔改，借此说明去除骄矜、容于众人，方才能真正做到修身养性。

原文

　　寓言十九，重言十七，卮言日出[①]，和以天倪[②]。寓言十九，藉外论之。亲父不为其子媒。亲父誉之，不若非其父者也；非吾罪也，人之罪也。与己同则应，不与己同则反；同于己为是之，异于己为非之。重言十七，所以已言也，是为耆艾[③]。年先矣，而无经纬本末以期年耆者，是非先也。人而无以先人，无人道也；人而无人道，是之谓陈人。卮言日出，和以天倪，因以曼衍，所以穷年。

不言则齐，齐与言不齐，言与齐不齐也，故曰无言。言无言，终身言，未尝不言；终身不言，未尝不言。有自也而可，有自也而不可；有自也而然，有自也而不然。恶乎然？然于然。恶乎不然，不然于不然。恶乎可，可于可。恶乎不可？不可于不可。物固有所然，物固有所可，无物不然，无物不可。非卮言日出，和以天倪，孰得其久！万物皆种也，以不同形相禅，始卒若环，莫得其伦，是谓天均。天均者天倪也。

注释

①卮言：随心所说的话，没有规律可循的话。日出：每日一出，指多而频繁。

②和：符合，相合。天倪：自然的常理。

③耆艾：长寿的人。

译文

寄托于他人的言论在书中占有十分之九，引用前辈的话占十分之七，随心所说的话不断更新，正符合自然变化的规律。寄托于他人的言论有十分之九让人相信，是由于借助外人来论述。父亲不给儿子做媒。父亲夸赞儿子，不如让别人来称赞显得真实可信；这不是做父亲的过错，是人们易于猜疑的过错。跟自己的观点一致就应和，跟自己的观点不同就反对；跟自己的看法一致就肯定，跟自己的看法不一致就否定。引述前辈的言论十分之七让人相信，是因为传告了前辈的论述，这些人都是年事已高的长者。年龄比别人大，却不能具备治世的本领和通晓事理的端绪而符合长者的厚德，这样的人就不能算是前辈长者。如果一个人没有过人的长处，也就缺乏做人之道；如果一个人缺乏做人之道，这就称作陈腐无用的人。随心表达言论层出不穷，跟自然的分际相互吻合，遵循事物发展的客观规律，因此能持久延年。

不发表任何言论就能与自然相统一，不言与言不能相互统一，言与不言也不能相统一，所以只能说没有成见的言论。说出与自然不能相统一的话就如同没有说话，一生都在说话也像是一生不曾说过话；而一生不说话，又像一生在说话。总是有所缘由才判断对错，有所缘由去判断对，也有所缘由判断错。要怎样去判断对的呢？对的就在于它是对的。怎样算是错的？错的就在它是错的。怎样判断它是对的呢？对的就在于它可以被肯定。怎样当作是错的？错的就在于它应当被否定。万物原本就有它对的方面，万物原本就有它可以肯定的方面，没有什么物类不存在对的方面，没有什么物类不存在应当被肯定的方面。如果不是顺应自然来进行阐述符合常理，又有什么言论能够维持长久？万物都有一个共同的起源，却用不同的形态相互转换，开始和终了就像在循环往复，没有谁能掌握其间的规律，这就称作自然的均衡。自然的均衡也就是常说的自然的分际。

原文

庄子谓惠子曰："孔子行年六十而六十化①，始时所是②，卒而非之③，未知今之所谓是之非五十九非也。"惠子曰："孔子勤志服知也④。"庄子曰："孔子谢之矣⑤，而其未之尝言。孔子云：'夫受才乎大本，复灵以生。'鸣而当律，言而当法。利义陈乎前，而好恶是非直服人之口而已矣。使人乃以心服，而不敢蘁立⑥，定天下之定。已乎已乎！吾且不得及彼乎！"

注释

①行年六十：历时六十年。化：是指认识上的变化。
②始：相当于当初。
③卒：后来。
④勤志服知：既努力于道德修养，又重视接受新知识。
⑤谢：拒绝。
⑥蘁（wù）立：违逆。

译文

庄子对惠子说："孔子的认识活动历时六十岁，而六十年来他的认识一直都在变化，当初所认为对的，最后又认为错了，还不记得今天说对的，就是五十九岁时所认为是错的。"惠子说："这是因为孔子既努力于道德修养，又重视接受新知识。"庄子说："孔子其实弃绝了你说的'勤志服知'，只是他不曾直接说过罢了。孔子说过：'人是从自然禀受材质，但是靠灵生存的。'如今发出的声音合于乐律，说出的话语合于法度。只因后来出现了功利、仁义之类的观念，还有了相应的措施，人们才分辨好恶与是非，这仅仅只能使人口服罢了。要使人们能够内心诚服，而且不敢有丝毫违逆，还得确立天下的规定。算了算了，我还比不上他呢！"

原文

曾子再仕而心再化，曰："吾及亲仕①，三釜而心乐②；后仕，三千钟而不洎亲③，吾心悲。"弟子问于仲尼曰："若参者，可谓无所县其罪乎？"曰："既已县矣④。夫无所县者，可以有哀乎？彼视三釜三千钟，如观雀蚊虻相过乎前也。"

注释

①及亲：父母在世。

②釜："釜"与下文的"钟"都是容量单位，一釜是六斗四升，一钟是六釜四斗。

③洎亲：侍奉父母。

④县：通"悬"，牵挂。

译文

曾参第二次出来做官，内心感情较前一次又有了不同，说："我当年做官双亲在世，我靠三釜微薄的俸禄赡养父母，心里真有说不出的高兴；自那以后再次做官，虽然俸禄加到三千钟，但是不能侍奉双亲了，所以我心里很悲伤。"孔子的弟子问孔子："像曾参这样至孝的人，可以说是没有对俸禄在意的人吧？"孔子说："曾参的心思已经跟俸禄联系起来了。如果内心不在乎俸禄，会出现悲伤的感情吗？对待俸禄心无所系的人，他们看待三釜乃至三千钟，就像是看待雀儿和蚊虻从眼前飞过一样，毫无区别。"

原文

颜成子游谓东郭子綦曰："自吾闻子之言，一年而野，二年而从，三年而通，四年而物，五年而来，六年而鬼入，七年而天成，八年而不知死、不知生，九年而大妙。

"生有为，死也。劝公，以其死也，有自也；而生阳也，无自也。而果然乎？恶乎其所适？恶乎其所不适？天有历数，地有人据，吾恶乎求之？莫知其所终，若之何其无命也？莫知其所始，若之何其有命也？有以相应也，若之何其无鬼邪？无以相应也，若之何其有鬼邪？"

译文

颜成子游对东郭子綦说："自从我听了你的话，一年之后就返归质朴，两年之后就顺从世俗，三年之后豁然贯通，四年之后与物混同，五年之后神情自得，六年之后灵会神悟，七年之后融于自然，八年之后就忘却生死，九年之后便达到了玄妙的境界。

"生而妄为，遭遇死难。劝说世人，死难是有原因的；而生命的勃勃生机是没有原因的。真的是这样吗？哪里有合适？哪里有不合适呢？天有四时变化，地有人群居住，我还求索什么呢？这一切，不知道它的未来，像这样下去没有命数吗？不知道它的过去，像如今这样有命数吗？有命数相应，像这样怎能没有鬼神呢？没有命数相应，像这样怎能有鬼神呢？"

原文

众罔两问于景曰[1]："若向也俯而今也仰[2]，向也括而今也被发[3]，向也坐而今也起，向也行而今也止，何也？"景曰："搜搜也[4]，奚稍问也[5]！予有而不知其所以。予，蜩甲也[6]，蛇蜕也，似之而非也。火与日[7]，吾屯也；阴与夜，吾代也。彼吾所以有待邪？而况乎以无有待者乎！彼来则我与之来，彼往则我与之往，彼强阳则我与之强阳。强阳者又何以有问乎！"

注释

①众罔两：多个影外的微影。景：通"影"。
②向：从前，过去。俯：低头。
③括：指束发。被：通"披"。
④搜搜：区区的意思。
⑤奚：何。
⑥蜩甲：蝉蜕。
⑦火：指火光。日：指日光。

译文

影外的微影向影子问道："你刚刚低着头而现在又仰起头，刚刚束发而现在又披着头发，刚刚坐着而现在站起，刚刚行走着而现在又停下来，这是什么原因呢？"影子回答："区区小事，何足谈论！我这般样子却不知道所以然。我，就如同寒蝉蜕下来的壳、蛇蜕下来的皮，像是而又不是，有火与阳光的地方，我显现；有阴暗与黑夜的地方，我得以隐没。你我是有所依赖吧，何况是没有依赖的呢！形体来，我便随之到来；形体离去，我也随之离去；形体运动不止，我就随之不停地运动。又有什么可问的呢？"

原文

阳之居南之沛，老聃西游于秦，邀于郊①，至于梁而遇老子。老子中道仰天而叹曰："始以汝为可教，今不可也。"阳子居不答。至舍②，进盥漱巾栉③，脱屦户外，膝行而前曰："向者弟子欲请夫子，夫子行不闲，是以不敢。今闲矣，请问其过。"老子曰："而睢睢盱盱④，而谁与居？大白若辱，盛德若不足。"阳子居蹴然变容曰："敬闻命矣！"其往也，舍者迎将。其家公执席，妻执巾栉，舍者避席，炀者避灶⑤。其反也，舍者与之争席矣。

注释

①邀：迎候。
②舍：旅店。
③盥漱巾栉：各种盥洗用具。
④睢睢盱盱：形容傲慢的神态。
⑤炀：烘干，烤火。

译文

　　阳子居往南到沛地去，得知老聃到西边的秦地闲游，阳子居于是离开沛地去迎接，可是到了梁城的地方时就遇到了老子。老子一见到阳子居仰天长叹说："当初我把你看作是可以教诲的人，如今看来你是不可受教的。"阳子居听了一句话也没说。到了旅店，阳子居给老子奉上各种盥洗用具，（等到老子梳洗完毕）把鞋子脱在门外，跪下用膝盖走到老子面前说道："刚接到先生时，听先生那样责备，我正想请教先生，考虑到先生旅途劳顿，还没有休息过来，所以不敢贸然启齿。如今先生休息好了，恳请先生指出我的过错。"老子说："你看人时仰头张目，显得傲慢跋扈，你还能够跟谁相处？要知道：最洁白的好像总会含有污点，最高尚的好像总会有所缺陷。"阳子居听了，脸色大变，羞惭不安地说："弟子由衷地接受先生的教导。"这以前，阳子居刚来旅店的时候，店里的客人都得迎来送往，旅舍的男主人亲自为他安排座席，女主人亲手拿着毛巾梳子侍候他盥洗，旅客们见了他都得让出座位，烤火的人见了也就远离火边。这以后，旅店的客人已经争着与他坐在一起了。

国学 经典 阅读

老子

上篇 《道经》

原文

道可道①，非常道②；名可名③，非常名④。

无⑤，名天地之始；有⑥，名万物之母。

故常无⑦欲以观其妙；常有⑧欲以观其徼⑨。

此两者同出而异名。同谓之玄⑩，玄之又玄，众妙之门。

注释

①道可道：第一个"道"即指"道理"，第二个"道"即言说的意思。

②道：《老子》哲学上的专有名词，指构成宇宙的实体与动力。

③名可名：第一个"名"字，是指具体事物的名称。第二个"名"字是称谓的意思，作动词使用。

④名：《老子》特用术语，是称"道"之名。

⑤无：指天地的本始。

⑥有：指万物的根源。

⑦常无：认识道的一种方法。

⑧常有：认识道的一种方法。

⑨徼（jiào）：边际、边界。引申为端倪的意思。

⑩玄：隐性。

译文

"道"如果可以用言辞来表述，就不是永恒不变的"道"；"名"如果可以用言辞说出来，就不是永恒不变的"名"。

"无"，是天地的本始；"有"，是万物的根源。

所以，经常从"无"中去观察"道"的奥妙；经常从"有"中去认识"道"的端倪。

"无"和"有"这两者，来源相同而具有不同的名称。它们都可以说是极其幽深的；极远极深，是一切奥妙的门径。

原文

天下皆知美之为美，斯恶已。皆知善之为善，斯不善已。故有无相生，难易相成，长短相形，高下相倾，音声相和，先后相随，恒也。是以圣人处无为之事①，行不言之教②，万物作焉而不辞，生而不有，为而不恃，功成而弗居。夫唯弗居，是以弗去。

注释

①处无为之事：持"无为"的立场对待一切。处，站某某立场。无为，意思是人在行为做事时要从"无"出发，也就是说站到时空和环境的客观立场上思考问题。事，从事。

②行不言之教：不以谁的言论作为教条。行，执行某某方针。言，言论，语录。教，教导。

译文

天下的人都知道什么是美好的，这就有了丑；都知道什么是善，这就有了恶。所以有和无相互产生，难和易相互形成，长和短相互彰显，高和低相互扩展，音和声相互和谐，前和后相互跟从，这是永远不变的（对立统一体）。因此，圣人处世以"无为"为事，以"不言"教，任凭万物自然地生长不去强为主宰，万物育成而不据为己有，抚育万物而不自恃自己的能力，功成业就而不居功自夸。正是由于不居功自夸，所以他的功绩不会泯灭。

原文

不尚贤①，使民不争；不贵难得之货，使民不为盗；不见可欲，使民不乱。是以圣人之治，虚其心②，实其腹③，弱其志④，强其骨⑤。常使民无知无欲。使夫智者不敢为也。为无为，则无不治。

注释

①尚贤：崇尚贤才异能，即鼓励百姓竞相"成名"。
②虚其心：让百姓放下成见。
③实其腹：填饱百姓的肚子。
④弱其志：减弱百姓的竞争意志。
⑤强其骨：强健百姓的体魄。

译文

如果社会上没有恭维有才华的人，就不会导致老百姓相争；如果珍贵的东西大家都不认为它是珍贵的，也就不会有偷窃之人；不显耀引起贪心的事物，就不会导致民心迷乱。所以圣人的治理原则就是，使人民都放下成见，使人民填饱肚子，使人民没有野心，使人民身体强健。全民都形成了不出风头、安居乐业、不欲壑难填的风尚，即使其中有个别的"聪明人"，也不敢"冒天下之大不韪"了。圣人按照"无为"的原则去做，办事顺应自然，那么社会就不会不太平了。

原文

道冲①，而用之有弗盈也②；渊呵，似万物之宗；挫其锐，解其纷，和其光，同其尘。湛呵，似或存。吾不知其谁之子，象帝之先③。

注释

①冲：空虚。

②盈：溢流出来。
③帝：天帝的意思。

译文

"道"是虚而不见的，然而它的作用却无穷无尽；它是那样渊深啊，好像是万物的宗主；它是那样幽隐啊，似无而实存。我不知道它是从哪里产生的，似乎在有天帝之前它就存在了。

原文

天地不仁，以万物为刍狗①；圣人不仁，以百姓为刍狗。
天地之间，其犹橐籥②与，虚而不屈。动而愈出。
多闻数穷，不若守于中。

注释

①刍狗：古代祭祀物，草把扎成的狗，比喻不分高低贵贱一律平等。
②橐籥（tuó yuè）：风箱。

译文

天地无所私，任凭万物自然生灭；"圣人"无所偏爱，依照百姓的自然本性都一视同仁，任凭他们自作自息。
天地之间，像风箱一样，虽虚空但不会穷尽，越动付出越多。
言多必然有失，不如抱心守一。

原文

谷神①不死，是谓玄牝②。玄牝之门，是谓天地之根。绵绵若存，用之不勤。

注释

①谷神：这里是神的玄妙之意。谷，指两山之间的空隙。

②玄牝（pìn）：指母性动物的生殖器官。万物孕育就像母性生殖器官生孩子一样。

译文

天地之间的神妙作用是永远不会消失的，它像一个玄妙的母体。而这一母体的生殖器官，就是产生万物的根源。万物从来不是骤然而生，而是绵绵不绝，在若存若亡的状态下慢慢衍生出来的。它就是这样永存，作用是无穷无尽的。

原文

天长地久。天地之所以能长且久者，以其不自生，故能长生。

是以圣人后其身而身先，外其身而身存。非以其无私邪？故能成其私。

译文

天地是长久存在的。天地之所以能长久存在，是因为它不自生，而孕育万物，使其生长，所以能够长久。

因此，圣人因为谦让反而获得人民的拥戴，置之身外反而让人民依赖他的存在。不正是因为他们不自私吗？所以反倒成就了他们个人。

原文

上善如水①，水善利万物而不争。处众之所恶②，故几于道矣③。居善地，心善渊④，与善仁，言善信，政善治，事善能，动善时⑤。夫唯不静，故无尤。

注释

①上善：最善。上，最的意思。
②处众之所恶：居于众人所不愿去的地方。
③几于道：接近大道。
④渊：沉静、深沉。
⑤动善时：行为动作善于把握有利的时机。

译文

最高的善好像水一样，水善于滋润万物而不与万物相争。停留在众人都不喜欢的地方，所以最接近于"道"。最善的人，居最善于选择的地方，心胸善于保持沉静而深不可测。待人善于真诚、友爱和无私，说话善于恪守信用，为政善于精简处理，能把国家治理好，处事善于发挥所长，行动善于把握时机。最善的人所作所为正因为有不争的美德，所以没有过失，也就没有怨咎。

原文

持而盈之，不若其已①。揣而锐之②，不可长保也。金玉盈室，莫之能守也。贵富而骄，自遗咎也。功遂身退，天之道也③。

注释

①不若其已：谓不如适可而止。
②揣（zhuī）而锐之：把铁器磨得又尖又利。揣，捶击。
③天之道也：指自然的规律。

译文

财物盈满，不如停止下来。显露锋芒，锐势难以保持长久。金玉满堂，没有守得住的。如果富贵而骄傲，那是自己招灾。一件事情做得圆满了，就要会收敛，这是合于自然规律的。

原文

载营魄抱一①，能毋离乎？
抟气至柔②，能婴儿乎？
涤除玄鉴③，能毋有疵乎？
爱民治国，能毋以智乎④？
天门启合⑤，能为雌乎？
明白四达，能毋以知乎？
生之畜之，生而弗有，为而不恃长而弗宰也，是谓玄德⑥。

注释

①营魄：魂魄，即精神。抱一：抱守大道。一，指"道"。
②抟气至柔：聚精气使身体柔顺。
③玄鉴：鉴心之意。玄，有深奥之意。
④以智：用心智。
⑤天门启合：开合天之"道"，也就是"知其雄"了。
⑥玄德：玄妙之德。或大德。

译文

精神和身体合一，能不分离吗？
结聚精气，致力柔和，能像初生的婴儿吗？
洗涤心灵之镜，能没有瑕疵吗？
爱民治国，能不用智巧吗？
开合天之"道"，能不被诱惑吗？
理事明白通达，能不用心智吗？
创造万物，养育万物，养育万物而不据为己有，使万物生长了而不去主宰它们，这就叫有"玄德"的人。

原文

三十辐同一毂①，当其无②，有车之用。
埏埴为器③，当其无，有器之用。
凿户牖以为室，当其无，有室之用。
故有之以为利，无之以为用④。

注释

①毂：车轮的中心部分，有圆孔，可以插轴。
②当其无：车轮当中有空心的部分。无，空心。
③埴：黏土。
④有之以为利，无之以为用："有"给人便利，"无"发挥了它的
作用。

译文

三十根辐条围成一个轱辘，有了毂中间的洞孔，才有了车的作用。
揉捏黏土做成器皿，有了器皿中间的虚空，才有了器皿的作用。
开凿门窗建造房屋，有了门窗四壁，中间才具备房屋的作用。
所以有形的东西之所以被人们利用，是因为看不见的无形在发挥
作用。

原文

五色使人目盲①，五味使人之口爽②，五音使人之耳聋，驰骋田猎使人
心发狂，难得之货使人之行妨。
是以圣人之治也，为腹不为目。故去彼取此③。

注释

①五色：指青、赤、黄、白、黑。目盲：比喻眼花缭乱。

②五味：指酸、苦、甘、辛、咸。

③去彼取此：即如何做到眼、鼻、口、耳、身、意不被五色、五味、娱乐、钱财所吸引，内观其身，修身是根本。

译文

缤纷的色彩使人眼花缭乱；丰美的饮食，使人贪图口舌；靡靡之音令人失去心智，不愿听别的声音；纵情围猎，使人内心疯狂难以自控；难得之物，使人起盗心。

因此，心性自觉的圣人追求自身圆满而不被眼、鼻、口、耳、身、意六识所影响，故能摒弃物欲而获得自我。

原文

宠辱若惊，贵大患若身。何谓宠辱若惊？宠为下，得之若惊，失之若惊，是谓宠辱若惊。何谓贵大患若身？吾所以有大患者，为吾有身，及吾无身，吾有何患？故贵以身为天下，若可寄天下；爱以身为天下，若可托天下。

译文

有的人得宠和受辱都感到惊恐，把这种得失看得如同自己的生命一样重要。什么叫宠辱若惊呢？受人尊崇必居于人下，得人主之宠惊恐不安，失去也忧虑不止，这样就叫作宠辱若惊。什么叫把宠辱得失看得跟自己的生命一样重要呢？我之所以有这么大的惊恐忧虑，是因为我有的只是一己之身的私欲，如果我没有一己之身的私欲，宠辱得失对我来说有什么可惊恐忧虑的？所以看重以一己之身为天下而存，没有己身之私欲，如此之人好像就可以把天下托付给他治理。出自心中本然之爱，毫无一己之私欲，完全以一己之身为天下而存，如此之人就好像可以把天下托付给他治理。

原文

视之不见，名曰微①；听之不闻，名曰希②；搏之不得③，名曰夷④。

此三者不可致诘⑤，故混而为一⑥。一者，其上不悠，其下不忽⑦。寻寻呵⑧，不可名也，复归于无物⑨，是谓无状之状，无物之象，是谓忽恍⑩。迎而不见其首，随而不见其后。

执古之道以御今之有，以知古始⑪，是谓道纪⑫。

注释

①微：微弱、渺小。这里一个"微"字，便涵盖了诸多"弗见"的原因。

②希：同"稀"，依稀、渺茫之意。

③搏：抚摸。

④夷：本有展开、扩散之意。这里引申为世界太广阔了。

⑤不可致诘：（力所不及）不可能搞清楚。诘，究竟。

⑥一：一个整体，即整个世界。

⑦其上不悠，其下不忽："上"和"下"是方位词。"悠"和"忽"，勘校本作"嗷"和"味"，帛书甲本作"攸"和"忽"。"攸"当为"悠"之误。以为从古本妥。

⑧寻寻呵：勘校本作"绳绳呵"，帛书甲本作"寻寻呵"。以为从古本妥。

⑨无物：空间景象。无，天空。物，景象。

⑩忽恍：即惚恍。说的是：消逝的景物给我们留下了可供回忆的印象。

⑪以：通"已"。

⑫道纪：世间的法则。"道"的纲纪，即"道"的规律。

译文

看它看不见，叫作"微"；听它听不到，叫作"希"；摸它摸不着，叫作"夷"。这三者的形象无法追究下去，它们是浑然一体的。它们上面不显得光明，下面也不显得昏暗，渺茫幽远不可名状，（一切的运动都）会回归到无形的状态，这就叫作没有形状的形状；不见物体的形象，这就叫作"恍惚"。迎着它，看不见它的前头；跟着它，看不见它的背后。

根据早已存在的"道"来驾驭现在的具体事物，就能够认识宇宙的起始，这就叫"道"的规律。

古之善为道者^①，微妙玄通^②，深不可识。夫唯不可识，故强为之容。曰：豫兮，其若冬涉川；犹兮，其若畏四邻；严兮，其若容；涣兮，其若将释；敦兮，其若朴；旷兮，其若谷；混兮，其若浊。孰能浊以静之徐清？孰能安以久动之徐生？保此道不欲盈，夫唯不欲盈，故能蔽不新成^③。

注释

①道者：懂得道的人。
②微妙玄达：细致深邃而通达。
③蔽不新成：虽然破败但不会穷竭，不必作新补充。

译文

古时候懂得"道"的人，细致、深邃而通达，深刻到难以被人认识的地步。正因为难以被人认识，所以只好勉强地形容他：小心谨慎呵，像冬天踏冰过河；警惕疑惧呵，像提防着周围的攻击；庄重严肃呵，像在做客；融和疏脱呵，像冰柱消融；敦厚质朴呵，像未经雕琢的素材；空旷豁达呵，像深山幽谷；浑朴厚道呵，像江河的浑浊。谁能够在浑浊中安静下来，慢慢地澄清？谁能在长久的安定中变动起来，慢慢地趋进？保持这种"道"的人，他不会要求圆满。正因为他不自求圆满，所以虽然破败，却也不至于穷竭，不必制造新的东西去补充。

原文

致虚极也^①，守静督也。万物并作，吾以观其复也。夫物芸芸，各复归其根。归根曰静，是谓复命。复命曰常，知常曰明，不知常，妄作凶^②。知常容，容乃公，公乃王，王乃天，天乃道，道乃久，没身不殆^③。

注释

①致虚极：就是要做到空，没有杂念。致，作动词用，做到的意思。极，极致。

②妄作凶：恣意妄为必招致凶险灾难。作，自作。

③道乃久，没身不殆：自然界的源远流长，是人类世代平安的根本保障。

译文

尽量使心灵达到一种虚寂的状态，牢牢地保持这种宁静。万物自然生长，观察万物的循环有常的规律。芸芸万物，都有其内在的规律。万物纷繁茂盛，（最终）各自又会回到原点。回归原点就是"静"，"静"就是"复命"。"复命"就是"常"，认识了"常"就是"明"，不了解"常"就会招致灾祸。认识"常"才能无所不包，拥有天道的智慧，无为而为，就会容纳天下万物，万物皆有其根，就会遵守天道之公平和公正，公平公正就是王道，王道皆是天道，天道是永恒的，永远不会消失。

原文

太上，下知有之；其次，亲誉之；其次，畏之；其下，侮之。信不足①，有不信焉。

悠兮，其贵言也②。功成事遂③，而百姓皆谓"我自然"④。

注释

①信不足：诚信不足的君王。

②悠兮，其贵言也：谨慎，不随意发号施令。

③功成事遂：成就了事业。事，指君王治国安邦大业。

④自然：自己如此。然，如此也。

译文

最高明的统治者，人民根本意识不到他的存在；其次的统治者，人民亲近他并且赞扬他；再次一等的统治者，人民害怕他；更次一等的统治者，人民轻视他。统治者的诚信不足，人民才对他不信任。

最好的统治者谨慎且不轻易发号施令。帮助百姓实现愿望，百姓都说："我们本来就应该是这样的。"

原文

故大道废①，安有仁义；智慧出②，安有大伪③；六亲不和④，安有孝慈；邦家昏乱，安有贞臣。

注释

①大道：这里指社会政治制度和秩序。
②智慧：聪明，智巧。
③大伪：这里是指那些有智慧的人偏离了大道，他们对国家的危害极大。
④六亲：父、子、兄、弟、夫、妇。

译文

所以，大道废了，才有所谓的"仁义"；智慧出来了，那些偏离大道人的智慧越大，对国家的危害性也越大；六亲不合，才讲究孝慈；国家陷于混乱了，才知道大讲忠臣了。

原文

绝圣弃智①，民利百倍。绝仁弃义，民复孝慈。绝巧弃利，盗贼无有。此三言也，以为文未足，故令之有所属②，见素抱朴③，少私而寡欲，绝学无忧④。

注释

①圣：圣贤。

②以为文未足，故令之有所属：以巧诈文饰了社会的不足，所以让三者回归本来的面目。

③见素抱朴：坚持素朴本色。

④绝学无忧：谓抛弃所谓的圣贤仁义就没有忧患了。

译文

杜绝所谓的圣贤和智慧，人民才可以得到百倍的好处；杜绝所谓的"仁"和"义"，人民才能回归孝慈的天性；杜绝巧和利，盗贼自然消失。圣智、仁义、巧利这三样东西全是巧饰的东西，不足以治理天下。所以，要让这三者回归到本真的面目（去除伪诈的文饰，恢复百姓古朴的本来面目），即回归纯洁、淳朴的本性，减少私心杂念，抛弃了所谓的圣贤仁义智慧之学，就没有忧患了。

原文

唯与诃，其相去几何？美与恶，其相去何若？人之所畏，亦不可以不畏人。

望呵，其未央哉①！

众人熙熙，若乡于大牢而春登台②。

我泊焉未兆，若婴儿未咳。

累呵③，如无所归。

众人皆有余，我独遗④。我愚人之心也，蠢蠢呵。

鬻人昭昭，我独若昏呵。

鬻人察察，我独闷闷呵。

忽呵，其若海；恍呵，其若无所止。

众人皆有以⑤，我独顽以俚⑥。

我欲独异于人，而贵食母⑦。

注释

①未央：未尽，没完结。
②乡于大牢：参加祭祀典礼。乡，参加。
③累呵：连续不断。
④我独遗：我反而要舍弃。
⑤有以：有作为。
⑥顽以俚：愚顽而忧虑。
⑦食：探索，解决。母：源头，根本。

译文

唯诺与苛责，相差能有多少？而美善与丑恶，它带给人的差别相差几何？所以，人畏惧自己的东西，自己也不可能不畏惧别人！

既然如此，这种情况还不知何时才会完结！

众人熙熙攘攘，如同参加祭祀典礼。

而我自甘淡泊，没有这种轻佻的念头，就像一个无知无欲还不会笑的婴儿。

身心疲惫啊，却又似乎无处可归。

众人皆有余裕，只有我有舍弃。只因我有一颗愚人之心，蠢笨无比啊！

卖货者似乎都很聪明，只有我好像糊涂昏愦。

卖货者似乎都能明察一切而忙来忙去，唯我闷声不响而无所作为。

这现象啊，犹如大海而无边无际；看样子啊，还要继续下去而似乎永无止地！

众人皆有所作为，只有我愚顽而忧虑。

我独异于众人，只重视追寻问题的根源和解决根本问题。

原文

孔德之容①，惟道是从②。道之为物，惟恍惟惚③。惚兮恍兮，其中有象；恍兮惚兮，其中有物；幽兮冥兮，其中有精，其精甚真，其中有信。自今及古，其名不去，以阅众甫④。吾何以知众甫之然哉？以此。

注释

①孔德：高妙的德行。
②惟道是从：遵从于道。
③惟恍惟惚：恍恍惚惚的样子。
④以阅众甫：以察看万物之开端。

译文

高妙的德行，完全是由道所决定的。道这种物体，唯有变动叵测的形状和表象。没有物体形状，其中却有表象；没有物体表象啊，其中却有物体；幽虚难测啊，其中却存在着变动规律，这种规律是确实存在的，作用应时，非常守信。因而无论现代还是古代，其盛名一直不去，以此探索各种事物的起源。我是如何知道各种事物的起源的缘由呢？这正是根据"道"认识的。

原文

炊者不立①，自视者不彰，自见者不明，自伐者无功，自矜者不长②。其在道，曰：余食赘行，物或恶之③？故有欲者弗居④。

注释

①炊者：自我膨胀而轻浮的人。炊，同"吹"，吹嘘。勘校本作"企"，帛书甲本、乙本均作"炊"。以为从古本妥。
②自矜：自以为有贤能，自高自大。
③物：这里指大众。
④欲：勘校本作"裕"，帛书甲本、乙本均作"欲"。以为从古本妥。

译文

自我吹嘘的人，反而不会有什么成就。自以为是的人，反而不能声名远扬。自我显示的人，反而不显得高明。自我夸耀的人，反而不能取得功业。骄傲自满、自高自大的人，反而不能（长久）作为领导人。

用"道"来衡量，这些急于自我表现、自以为是的言行，恰恰像剩饭和赘瘤一样，令大家心生厌烦。所以得道之人，即使有理想有抱负，也决不会这样做。

原文

曲则全，枉则正，洼则盈，敝则新，少则得，多则惑。

是以圣人执一以为天下牧①。不自是故明，不自见故彰②，不自伐故有功，弗矜故能长。

夫唯不争，故莫能与之争。古之所谓曲全者几语哉③，诚全归之。

注释

①执一以为天下牧：圣人执守大道，不偏不倚，代天牧民。

②不自是故明，不自见故彰：勘校本作"不自是故彰，不自见故明"，帛书甲本、乙本均作"不自是故明，不自见故章（彰）"。以为从古本妥。

③几：勘校本作"岂"，帛书甲本缺，乙本作"几"。以为从古本妥。

译文

能曲反而能保全，枉弯反而能伸直，低洼反而能充盈，破旧反而能新生，减少反而能获得，贪多反而会迷惑。

所以，"圣人"执守大道，不偏不倚，代天牧养百姓。不自以为是，反而能显著；不自我显示，反而能彰显；不自我夸耀，所以能有功劳；不自高自大，所以能长久。

正因为不跟人争，所以天下没有谁能与他争。古人所说的"曲则全"的话，怎能是空话呢？它实实在在是能够做到的。

原文

希言自然①，飘风不终朝，暴雨不终日。孰为此？天地而弗能久，又况于人乎？故从事而道者同于道②，德者同于德，失者同于失③。同于德者道亦得之④，同于失者道亦失之。

注释

①希言：少说话，这里指少发号施令。
②从事：做事情。这里指办理政事。
③德者、失者：德者，指好德之人。失者，指失道之人。
④得：勘校本作"德"，帛书甲本、乙本均作"德"。根据文义，以为写作"得"才能通顺。

译文

少发号施令，少干涉，事物就能按其本性发展完成。所以，狂风和暴雨都不能持续很长时间。是谁使它这样的？是天地。天地引发的狂风暴雨都不能持久，何况人呢？所以，从事于"道"的，就与"道"相同；从事于"德"的，就与"德"相同；同于失者"道"也失之。与"道"会同于"德"，"道"亦使之有所得；和"道"会同于"失"，"道"也使之所失。

原文

有物混成，先天地生。绣呵，缪呵①，独立而不垓②，可以为天地母。吾未知其名，字之曰道。吾强为之名，曰大，大曰筮，筮曰远③，远曰返④。道大，天大，地大，人亦大。国中有四大，而人居一焉。人法地，地法天，天法道，道法自然。

注释

①绣呵，缪呵：穿梭啊，缭绕啊。勘校本作"寂呵，寥呵"，帛书甲本作"绣呵，缪呵"。以为从古本妥。

②独立而不垓：独立运行在不着边际的宇宙中。垓，边际。"垓"，勘校本作"改"，帛书甲本缺，乙本作"垓"。疑"改"为"垓"之误。故作"垓"。

③筮：筮卦，意为包罗万象。勘校本作"逝"，帛书甲本、乙本均作"筮"。以为从古本妥。

④返：循环往复，指斗转星移往复无限。

译文

有一个浑然一体的东西，它在天地产生以前就已经存在了。它无声又无形，独立长存永不衰竭，循环运行而生生不息，它可以算作天下万物的根源。我不知道它的名字，我们姑且称之为"道"，再勉强给它取个名字叫"大"。它广大无边而周流不息，周流不息而伸展辽远，伸展辽远而返回本原。所以，"道"大，天大，地大，人也大。宇宙空间有四大，而人是四大之一。人以地为法则，地以天为法则，天以"道"为法则，"道"则纯任自然，以它自己的样子为法则。

原文

重为轻根，静为躁君。

是以君子终日行，不离其辎重，唯有环官，燕处则昭若①。若何万乘之王而以身轻于天下②？

轻则失本，躁则失君。

注释

①燕：通："宴"。

②万乘之王：指大国的君主。以身轻于天下：治天下而轻视自己的

生命。

译文

　　厚重是轻率的基础，宁静是躁动的主宰。

　　因此君子出行，整天不离作为根基的辎重。虽然有美食盛景的生活，却能安然处之。为什么身为大国的君主，却以轻率躁动的行为来治理天下呢？

　　轻率就失去了根基，躁动就必然丧失主宰。

原文

　　善行者无辙迹①，善言者无瑕谪②，善数者不以筹策，善闭者无关钥而不可启也③，善结者无纆约而不可解也④。

　　是以圣人恒善救人，故无弃人；常善救物，故无弃物，是谓袭明。

　　故善人，善人之师，不善人，善人之资也。不贵其师，不爱其资。虽智乎大迷，是谓妙要。

注释

　　①善：善于。行：行事、行动。辙迹：指车轮的轨迹，这里引申为明显的痕迹。

　　②瑕谪：瑕疵、过错。

　　③钥：钥匙，这里引申为正确的方式方法。

　　④约：要点、要领。

译文

　　善于行事的，不留明显的痕迹，所以难以追寻；善于言谈的，言语间没有什么瑕疵，所以不会受到指责；善于计算的人，不用筹码工具，因为心中有数；善于关闭物件的人，如果没有找到正确的开启方法，就不能打开；善于打结的人，如果不懂得打结的要领，就没办法把绳子解开。

因此，有"道"的"圣人"常常善于救人，因为他善于秉持自然发展的规律制定制度，因此他一视同仁，没有人会被排除在制度之外。并且能区分物的用途，做到物尽其用，这种品行就是明君所具备的通明事理的特点。

所以，好人往往是不好的人的榜样；而不好的人，往往是好人用来借鉴的反面教材。如果一个人不重视能引领他前行的人，并以他作为榜样，也不珍惜借鉴反面教材的经验和教训，那么他看起来虽然是很聪明的人，但却是一个很糊涂的人，往往很容易迷失自我，也容易迷失方向。这就是所说的精深微妙，而且至关重要的东西。

原文

知其雄，守其雌，为天下溪。为天下溪，恒德不离，恒德不离复归于婴儿。

知其荣①，守其辱②，为天下谷。为天下谷，恒德乃足，恒德乃足复归于朴。知其白，守其黑，为天下式。为天下式，恒德不贷，恒德不贷复归于无极。

朴散则为器③。圣人用则为官长，夫大制无割④。

注释

①荣：指荣耀显贵。
②辱：凌辱、屈辱。
③散：扩散、散开。
④割：分割、割裂。

译文

明白强弱表现而待人时示弱，甘做天下最低的地方。因为低所以常德不曾离失，就保持了婴儿般的纯真。

知道荣耀尊贵对自己意味着什么，但对于一个做大事的人来说，懂得让自己受些屈辱又意味着什么。如此一来，则天下百姓就会归顺你，就像水流入深谷一样顺势而为。清楚扩张和收敛关系而选择收敛，像上车用的轼一样，为天下人默默奉献，提供无私帮助，正因为这样，常德不会有过失，达到无极的状态。

圣人在官场上利用"朴"的品质，事事亨通，则可以升任为百官之首。如果能做到百官之首，则天下可取得大治并统一，社会将不会四分五裂。

原文

将欲取天下而为之，吾见其弗得也。夫天下神器也，非可为者也，为者败之，执者失之。物或行或随，或嘘或吹，或强或羸，或载或隳①。是以圣人去甚、去泰、去奢。

注释

①载（zài）：成就。隳（huī）：毁坏、崩毁。

译文

想要治理天下，却又要用强制的办法，我看他不能够达到目的。天下的人民是神圣的，不能够违背他们的意愿和本性而加以强力统治，否则用强力统治天下，就一定会失败。一切事物，有的走在前面，有的跟在后面；有的气势红火，有的处境艰难；有的势力强大，有的软弱无力；有的坐在车上，有的坠于车下。因此圣人要抛去极端、过分、奢侈的东西。

原文

以道佐人主①，不以兵强于天下，其事好还，师之所居，楚棘生之②。大军之后，必有凶年，善者果而已矣③，毋以取强焉。果而毋骄，果而勿矜，果而勿伐，果而毋得已居，是谓果而不强。物壮而老，是谓之不道，不道早已。

注释

①以道：凭借自然规律。佐：辅助。人主：百姓之主。
②楚棘：即荆棘。
③善：擅长，善于。果：结果，目的。已：停止，终结。

译文

凭借自然法则作为思想基础去辅佐君主的人，不会凭借军事的手段去向天下展现他们的强大，因为战争的行为很容易引起相应的反映，发生过战争的地方，往往都是荒无人烟，荆棘丛生。善于达到目的的人，一旦达到了的目的，就会马上适可而止，而不会再凭借武力去继续强行夺取。所以，那些善于达到目的的人往往达到了目的以后，显得没有什么骄傲自满；得到了想要的结果，也不会显得自高自大；取得了预定的成果，也不会自我夸耀；相反，他们达到了他们想要的结果以后，还要表现得好像是不得已而这么做一样。这就是所谓的达到了目的却不表现出自己的强势。当一件事物已经表现得很强盛的时候，它本身就已经开始处于衰退老化的阶段了。这就是说，它没有能够遵循自然法则。而如果一件事物，本身已经意识到它自身违反了自然法则，却还要继续下去，那么它就必然会提早消亡。

原文

夫兵者不祥之器也，物或恶之①，故有欲者弗居②。君子居则贵左③，用兵则贵右，故兵者非君子之器也。兵者不祥之器也，不得已而用之，铦袭为上④，勿美也。若美之，是乐杀人也。夫乐杀人，不可以得志于天下矣！是以吉事上左，丧事上右。是以偏将军居左，上将军居右，言以丧礼居之也。杀人众，以悲哀莅之；战胜，以丧礼处之。

注释

①物或恶之：人所厌恶、憎恶的东西。物，指人。

②有欲者：有欲望的人。"欲"，勘校本作"裕"，帛书甲本作"欲"。以为从古本妥。

③贵左：文东武西，君主面南而治，所以文在左，武在右。

④铦（xiān）袭：这里谓轻装突袭，即速战速决。铦，利也。勘校本作"恬淡"，帛书甲本作"铦袭"。以为从古本妥。

译文

战争是不祥的事情，谁都厌恶、反对它，所以意欲治天下的人主不凭借它来行事。君子在日常生活中，礼仪以左边为贵位，打仗却以右边为贵位，所以战争不应该是君子用来处理问题的手段。战争是不祥的事情，事情无法解决时才使用它，要以速战速决为上策，不要以战争为美。若以之为美则是以杀人为乐。以杀人为乐，是无法凭此得志于天下的。举办吉庆的仪式，以左边为尊位；举办丧事，以右边为尊位。正因为如此，偏将军（副将）统领部队在左边，上将军（主将）统领军队在右边，这就表示，是参照了办丧事的礼仪。战争中杀人众多，要用悲痛的心情来凭吊死者；打了胜仗，要像对待丧礼那样来对待胜利。

原文

道恒无名①。朴虽小而天下弗敢臣。侯王若能守之，万物将自宾。天地相合，以降甘露，民莫之令而自均焉。

始制有名②，名亦既有，夫亦将知止，知止所以不殆。

俾道之在天下也③，犹小谷之与江海也。

注释

①道恒无名："真正的道"不可描述。名，指名状、描述、理解。

②始制有名："道"在按自己的自然法则运行，于是始制有名。

③俾：使、把。"俾"，勘校本作"譬"，帛书甲本作"俾"。以为从古本妥。

译文

"道"不可言状，虽然它很小不可见，但天下没有谁能使它服从自己。侯王如果能够依照"朴"无为的特性治理天下，百姓将会归附这样的自然管理。天地间阴阳之气相合，就会降下甘露，没有人指使它却会自然均匀地分配。

这种自然的规则一直显现，既然知道这是自然的现象，就不能违背自然要对自己的行为有所制约，适可而止；知道制约、适可而止，不违背自然就没有什么危险了。

天下与"道"的关系，就像一切河川溪水终归都要流于江海一样。

原文

知人者，智也；自知者，明也。

胜人者，有力也；自胜者，强也。

知足者，富也；强行者①，有志也。

不失其所者久也；死而不亡者寿也②。

注释

①强行：勤勉力行。

②死而不亡：身死而道犹存。

译文

了解别人的人有智慧，了解自己的人有洞察力。

战胜别人的人有力量，战胜自己的人才是强者。

知道满足的人才是富有的人，坚持力行、努力不懈的就是有志气的人。

不离失本分的人就能长久不衰，身虽死而"道"仍存的人才算真正的长寿。

原文

道泛呵^①，其可左右也^②，成功遂事而弗名有也，万物归焉弗为主。则恒无欲也，可名于小，万物归焉而弗为主，可名于大。是以圣人之能成大也，以其不为大也，故能成大。

注释

①泛：即普遍、无所不在。

②左右：古时写作"左""右"，今作"佐""佑"，本意为帮助。

译文

道，它的影响无所不在，它可以通过辅助的方式起作用。事业成功，但不居功恃有；万物归顺却不做它们的主宰。一贯对此不生欲望，可称之为"小"；万物归顺却不做它们的主宰，可称之为"大"。因此圣人能贴合治道中所要求的"恒无欲也""成功遂事而弗名有也"之"小"，亦即"不为大"，则是符合了天道的"万物归焉而弗为主，可名为大"。

原文

执大象天下往^①，往而不害安平泰^②。

乐与饵^③，过客止。故道之出言也，曰：淡呵，其无味也，视之不足见也，听之不足闻也，用之不可既也。

注释

①执大象：即坚守大道。

②往而不害：即使天下的人们投靠它，也不会互相伤害。

③乐与饵：音乐和美味佳肴。

译文

如果谁恪守大"道"，天下的人就都会向他投靠。即使大家向他投靠也不会互相妨害，于是大家都平和安泰。

音乐和美食，能使过路的行人停下脚步。而"道"要说出来，就淡得没有味道。看它，看不见；听它，又听不到；用它，却用不完。

原文

将欲翕之，必固张之。将欲弱之，必固强之。将欲废之，必固兴之。将欲取之，必固与之。是谓微明。

柔弱胜强，鱼不可脱于渊，邦利器不可以示人①。

注释

①邦利器不可以示人：治理天下的利器，是不可以用来明示天下的。

译文

将要收束的，必定先扩张；将要削弱的，必定先强盛；将要废弃的，必定先兴起；将要夺取的，必定先给予。这就叫作隐微的征兆。

柔弱胜过刚强，鱼不能离开深渊生存，国家的权势禁令这些凶利的政治制度不随便施于人。

原文

道恒无名，侯王若能守之，万物将自化。化而欲作，吾将阗①之以无名之朴。阗之以无名之朴，夫将不辱②。不辱以静，天地将自正。

注释

①阗（tián）：充满，恢复。勘校本作"镇"，帛书甲本缺失，乙本作

"阗"。以为从古本妥。

②辱：勘校本作"欲"，帛书甲本、乙本均作"辱"。以为从古本妥。

译文

道是永恒的，不采取强加的方式发挥作用，侯王若能守持道的行为法则，万物都将依循其本身自有的方式而发展变化。在发展变化时，萌生贪欲，我将用"道"的真朴来将其镇住，贪欲就兴不起来。不萌生贪欲而归于宁静，天下自然太平安定。

下篇 《德经》

原文

上德不德，是以有德①。下德不失德，是以无德②。上德无为而无以为也，下德无为而有以为，上仁为之而无以为也，上义为之而有以为也，上礼为之而莫之应也，则攘臂而仍之③。故，失道而后德，失德而后仁，失仁而后义，失义而后礼。夫礼者，忠信之薄也，而乱之首也。前识者④，道之华也⑤，而愚之首也。是以大丈夫居其厚而不居其薄，居其实而不居其华，故去彼取此。

注释

①上德不德，是以有德：高层次的"德"不强调表面"有德"，因此才是真正的"有德"。

②下德不失德，是以无德：低层次的"德"自认为不丧失"德"，因此实际上是没有"德"。

③攘臂：捋起袖子，露出胳膊。仍：一而再。"仍"，勘校本作"扔"，帛书甲本、乙本均作"乃"。"乃"与"仍"，古相通。以为作"仍"妥。

④前识者：能先觉先知的人。

⑤道之华：能先觉先知只是有道之人的华丽外表。

译文

具备高层次的"德"不强调表面"有德"，因此才是真正"有德"。低层次的"德"，自认为不丧失"德"，因此实际上是没有"德"。真正有德行的人，不会把德行挂在嘴上，故意用某种行为证明自己的德行，这才是真正的有德之人。处在德之下品之类的人，看似处处都彰显德行，处处用德的框架来比较似乎都很恰当，但是事实上却是一个无德之人。于是就扬着胳膊强引别人。所以，失去了"道"而后才有"德"，失去了"德"而后才有"仁"，失去了"仁"而后才有"义"，失去了"义"而后才有"礼"。"礼"这个东西，是忠信不足的产物，而且是祸乱的开端。所谓"先知"，不过是"德"的虚华，由此愚昧开始产生。所以大丈夫立身敦厚，不居于浅薄；存心朴实，不居于虚华。所以要舍虚华而取朴实敦厚。

原文

昔之得一者①：天得一以清；地得一以宁；神得一以灵②；谷得一以盈③；侯王得一而以为天下正④。

其诚之也。谓天毋已清将恐裂，谓地毋已宁将恐发，谓神毋已灵将恐歇⑤，谓谷毋已盈将恐竭⑥，万物无以生将恐天，谓侯王毋已贵以高将恐蹶⑦。

故必贵而以贱为本，必高矣而以下为基。夫是以侯王自谓：孤、寡、不谷。此其贱之本与？非也。故致数誉无誉⑧。是故不欲禄禄若玉，硌硌若石⑨。

注释

①得一：即得道。
②灵：灵性、灵妙。
③谷：指生命。
④正：即首领。

⑤歇：消失、绝灭、停止。

⑥竭：干涸、枯竭。

⑦蹶：跌倒、失败、挫折。

⑧致数誉无誉：最高的荣誉是无须称赞的。

⑨珞珞：形容这里像石块坚硬。

译文

往昔有哪些事物得到了道：天得道而清明，地得道而宁静，神得道而灵妙，川谷得道而充盈，侯王得道才能执持天下的宝鼎。

这反过来就是一种告诫和训勉。天不清明恐怕要崩裂，地不宁静恐怕要废弃，神不灵验恐怕要停歇，川谷不充盈恐怕要枯竭，万物无以生恐怕要毁灭，侯王若不能保持首领的地位，恐怕就会亡国。

所以，贵以贱为根本，高以下为根基。因此真正有道的侯王们常常自称"孤家寡人"或者"不谷"，谦称自己德行不够，这不正是因为害怕失去民众的支持，而以贱下的百姓为根本吗？不是！所以最高的赞誉是无须夸耀的。因此侯王们不愿意如玉一般华美，而宁可像玉石一样坚实朴质。

原文

上士闻道，勤能行之。中士闻道，若存若亡。下士闻道，大笑之。弗笑不足以为道。是以建言有之曰①：明道如费②；进道如退；夷道如类③；上德如谷；广德如不足；建德如偷；质真如渝；大白如辱；大方无隅；大器晚成④；大音希声；大象无形。道褒无名。夫唯道，善始且善成。

注释

①建言：有益的言论。

②费：通"悖"。

③夷：平坦。

④晚：勘校本作"免"，帛书甲本缺失，乙本作"免"。疑"免"为"晚"之误，故作"晚"。

译文

"上士"听道之后，立即就心领神会，而且马上就去实践。"中士"听道之后，有的记在心里，有的忘记。"下士"听道之后，会加以嘲笑，说明对"道"完全不相信，因与他世俗所见所闻完全不同，而加以排斥、嘲讽。因为"下士"认为不被嘲笑的反而算不上真正的"道"。以箴言中说：明白易懂的道理反而看似难以理解；促人上进的道理反而看似劝人后退；容易倡导的道理反而看似难以实施；崇高的德好似峡谷；广大的德好像不足；刚健的德好似怠惰；质朴而纯真好像混浊未开；最洁白的东西，反而含有污垢；最方正的东西，反而没有棱角；最大的声响，反而听来无声无息；最大的形象，反而没有形状。道幽隐而没有名称，无名无声。只有"道"，才能使万物善始善终。

原文

反也者，道之动也。弱也者，道之用也。

天下之物生于有，有生于无。

译文

"道"的运动是相反相成、循环往复的。力量表现出柔弱，是"道"在发生作用。

天下的万事万物都是"有"所生化出来的，而"有"却是从"无"生化出来的。

原文

道生一，一生二，二生三，三生万物。万物负阴而抱阳①，冲气以为和②。

天下之所恶，唯孤、寡、不谷，而王公以自名也。物或损之而益，益之而损。古人之所教，亦我而教人。故强梁者不得其死。我将以为学父③。

注释

①负阴而抱阳：背阴朝阳。即背负着阴，怀抱着阳。

②冲气以为和：生命的气息是吸吮天地之精华化合而成。冲气，指身体里运行着的气息。和，化合。

③学父：师父，引申为终身教诲。

译文

道是独一无二的，道本身包含阴阳二气，阴阳二气相交而形成一种适匀的状态，万物在这种状态中产生。万物背阴而向阳，并且在阴阳二气的互相激荡下而成新的和谐体。

人们最厌恶的就是"孤""寡""不谷"，但王公却用这些字来称呼自己。所以一切事物，有时减损它反而得到增加；有时增加它反而得到减损。别人这样教导我，我也这样去教导别人。强暴的人死无其所。我把这句话当作施教的宗旨。

原文

天下之至柔，驰骋于天下之致坚①。无有入于无间②。吾是以知无为之有益也③。

不言之教④，无为之益，天下希能及之矣。

注释

①骋（pīng）：豪侠、任侠；引申为任气畅行。致：致密。

②入于无间：进入无间隙的物体。

③无为之有益："无为"是有好处的。

④不言之教：不说出来的教化。

译文

　　天下至柔的水，畅行于天下最致密的坚土之中。至柔的水不能也无法进入无间隙的物体之内，我因此知道了"无为"是有益处的。

　　"不言"的教化，"无为"的益处，天下人很少有人能认识或做得到。

原文

　　名与身孰亲？身与货孰多？得与亡孰病？

　　甚爱必大费，多藏必厚亡①。

　　故知足不辱，知止不殆，可以长久。

注释

　　①多藏必厚亡：倾注的越多，则损失的越重。藏，倾注，投入。亡，损失。

译文

　　名誉与生命比起来哪一个更重要？生命与财产比起来哪一个更重要？得到名声与失去生命，哪一个是对我有害的？

　　因此，越是让人喜爱的东西，想获得它就必须付出更多。珍贵的东西收藏得越多，失去时越难过。

　　所以，知足的人不会遭受屈辱；知道适可而止，就不会遇到险情，这样才可以保持长久。

原文

　　大成若缺，其用不敝①。

　　大盈若盅②，其用不穷③。

　　大直如屈④，大巧如拙，大赢如绌⑤。

静胜躁⑥，寒胜热⑦，清静可以为天下正。

注释

①其用：大成之人的作用。敝：衰败、破旧。
②盅：器皿，虚空的意思。
③穷：穷尽。
④大直：指大成之人胸怀坦荡正直。
⑤赢：古代指货币、钱。绌：不足。
⑥躁：是"动"之意，与静相对。
⑦胜：此意是"优于、愈加"之意。

译文

大成之人，必有真知灼见，必然大智若愚；为人谦虚低调，处事谨言慎行；表现犹犹豫豫，迟疑愚钝，故而似有缺陷。大成之人德才兼备，其发挥作用则事业振兴，繁荣昌盛。大成之人，堪当大用。

大成之人，面对名誉、财富滚滚而来，当如"酒杯"一样虚怀若谷，不求满盈；谦虚谨慎，切莫骄傲自满，妄言妄动，则其大用延绵不绝，无尽无穷。

大成之人，胸怀坦荡，正直，拥有超群技能，知道细节决定成败，谨小慎微，故而看似笨拙。真正富有的人，比穷人更节俭。

静胜动，寒胜热，清静无为，乃天下正道！

原文

天下有道，却走马以粪①。天下无道，戎马生于郊。
罪莫大于可欲，祸莫大于不知足，咎莫憯于欲得②。故知足之足恒足矣③。

注释

①走马：战马。原意是善于奔跑的马。

②咎：过失、罪过。
③恒足：恒久满足。

译文

统治者治理天下如果遵循"道"的规律，就可以做到政治清明，民间太平安定，就能把运载的战马还给农夫去耕种。如果治理天下不合乎"道"，政治不清明，祸乱四起，就连怀孕的母马也要上战场。

最大的罪恶莫过于放纵欲望，最大的灾祸莫过于不知满足，最大的罪过莫过于贪得无厌。所以，知道欲望有度，不贪得无厌，才能保持恒久的满足。

原文

不出于户，以知天下；不窥于牖①，以知天道。其出弥远，其知弥少。是以圣人不行而知，不见而名②，弗为而成。

注释

①牖：窗户。
②名：同"明"。

译文

不出门户，就能知道天下的事情。不望窗外，就能了解日月星辰运行的自然规律。他向外奔走得越远，他知道的道理就越少。

所以，有"道"的圣人不走出去就能推知事理，不窥见而能明白"天道"，不妄为而有所成就。

原文

为学者日益，闻道者日损①，损之又损，以至于无为，无为而无以为^②。

取天下也^③，恒无事；及其有事也，不足以取天下。

注释

①闻：接受，学习。
②无以为：即无不为。
③取：治理的意思。

译文

求取学问的人，他的知识一天比一天增加；求取道的人，他的欲望则一天比一天减少。减少了又减少，到最后以至于到达"无为"的境界。如果能做到清静虚无，顺应自然，不妄作为，就能到达"无为"的境界。

若要想治理好国家，就要经常以不骚扰人民为治国之本。如果经常好烦其令，那就不能够治理国家了。

原文

圣人恒无心^①，以百姓之心为心。
善者善之，不善者亦善之，德善也^②。
信者信之，不信者亦信之，德信也。
圣人之在天下歙歙焉，为天下浑心^③，百姓皆瞩耳目焉，圣人皆孩之。

注释

①恒：长久、固定。
②德善：得到善事。德，通"得"。
③浑心：统一思想使之浑然一体。

译文

圣人没有自己的欲望和期待，以百姓的期待为期待。

善待善人也善待不善的人，从而构筑社会整体的向善的方向发展。

诚信对待诚信的人，也诚信对待不诚信的人，这样才能使得社会向诚信的方向发展。

有道的圣人在天下治理上，不断地收敛自己，治理天下使众志成城。百姓的事都汇聚于圣人的关注之中，有道的圣人像观察不能言的婴孩般体悟百姓的疾苦。

原文

出生入死，生之徒十有三，死之徒十有三，而民生生①，动皆之死地之十有三。夫何故也，以其生生也。盖闻善摄生者，陵行不避兕虎②，入军不被甲兵③，兕无所投其角，虎无所措其爪，兵无所容其刃。夫何故也，以其无死地焉④。

注释

①民生生：生命生存一辈子。民，通"命"，生命、寿命的意思。
②陵行：登山。
③入军：即入军营。甲兵：指武器装备。
④死地：绝境之意。

译文

从出生到死亡，能自然长寿者大概占十分之三；受制于外在原因不得生者大概占十分之三；本来可以得生，自己却妄为导致自寻死路者，也占十分之三。为什么会这样呢？因为他们为了活得更好而妄为。据说，善于持守生命的人，登山不用回避犀牛和老虎，入军营不用装备武器。犀牛用不上它的角，老虎用不上它的爪，战争用不上兵器。为什么会这样呢？因为善于持守生命的人不会自陷于绝境。

原文

道生之而德畜之，物形之而器成之。是以万物尊道而贵德。

道之尊、德之贵也，夫莫之爵而恒自然也。

道生之畜之，长之遂之，亭之毒之，养之覆之。生而弗有也，为而弗恃也，长而弗宰也。此谓之玄德①。

注释

①玄德：自然无为的德性。

译文

道（对于万物来说）体现的是如何生的意义，而德（对于万物来说）体现的是如何养的意义。物体现的是以何种形式显现的意义，而器体现的是达成何种功能的意义。（正因为道与德对于万物来说体现的是生与养的重要意义）所以万物都尊崇道而宝贵德。

道的尊崇、德的宝贵，并非由于谁强加封爵给它们，而是本来就如此。

道的作用之于万物，体现在生养、蓄积、发展、成熟、颐养、灭亡的全过程。（而德的作用体现在）缔造万物而不占有，成就作为而不居持，作为君主而不宰制，这称之为"玄德"。

原文

天下有始①，以为天下母②。既得其母，以知其子；既知其子，复守其母，没身不殆。塞其兑，闭其门，终身不勤。启其兑，济其事，终身不棘③。见小曰明④，守柔曰强。用其光，复归其明，毋遗身秧，是谓袭常。

注释

①始：起源。
②母：指孕育万物的母体。
③棘：勘校本作"救"，帛书甲本缺失，乙本作"棘"。以为从古本妥。

④见（xiàn）：表现，显现。

译文

天下之物都有个起始，这个起始是天下事物的母体。既然得到母体，就知可得子嗣，知道会有子嗣，就要守护母体，生死不断，存续不亡。塞住窥视起始的孔穴，闭起通向起始的门径，终身都得不到道的帮助。如果打开窥视起始的孔穴，做成事情，终身都不需要救济。呈现微小才叫明智，保持柔弱才叫顽强；保持着自己微弱的光，又恢复了自己本来的明亮，不给自己留下灾难，这叫因循常道。

原文

使我挈有知①，行于大道，唯他是畏②。

大道甚夷③，民甚好解④，朝甚除，田甚芜，仓甚虚。服文采⑤，带利剑，厌食⑥，货财有余，是谓道夸。非道也。

注释

①使：假使，假如。挈：这里是持有、拥有的意思。

②唯：只。他：别的。

③夷：平坦。

④解：通"懈"，懈怠。

⑤服：穿着。

⑥厌：满足。

译文

假如我拥有关于"道"的认识，按照"大道"施行，只对其他的念头保持警惕。

"大道"不是显现的，而是在潜在地发挥作用，故而使得人们容易产生懈怠，而这种懈怠则会造成时光被虚度，田地荒芜，仓廪空虚。穿着华美的衣服，佩带着锋利的兵器，厌腻了精美的饮食，储藏了多余的财货；这是对"大道"的浮夸表面化，并非真正的"大道"。

原文

善建者不拔①，善抱者不脱②，子孙以祭祀不绝。

修之身③，其德乃真；修之家，其德有余；修之乡，其德乃长；修之国，其德乃丰；修之天下，其德乃博。以身观身，以家观家，以乡观乡，以邦观邦，以天下观天下。吾何以知天下之然哉？以此。

注释

①建：建立。
②抱：抱守的意思。
③修：实行，从事某种活动。

译文

尊道贵德的统治者功业坚不可摧，善于守柔处弱的统治者功业牢不可破，子孙们也能尊行这个道理，祭神祀祖的权位就可以世代传承，不会断绝。

王侯、士大夫等统治者们如果能够用道来修身，那么他们的德就会真实；用道来持家，那么他们的德就会富余；用道来治理乡里，那么他们的德就会长久；用道来治理王国，那么他们的德就会昌盛；用道来治理天下，那么他们的德就会广大。所以用修身之道可以考察己身，用持家之道可以考察一家，用治乡之道可以考察一乡，用治国之道可以考察一国，用平天下之道可以考察天下。我凭什么知道天下是否大治呢？就是依据修身、持家、治国、平天下的这些道理啊！

原文

含德之厚者，比于赤子。蜂虿虺蛇弗螫，攫鸟猛兽弗搏；骨弱筋柔而握固，未知牝牡之会而朘怒，精之至也；终日号而不嗄，和之至也①。

知和曰常，知常曰明。益生曰祥，心使气曰强。物壮即老，谓之不道，不道早已。

注释

①和：调治，调和。

译文

拥有淳厚品德者，就像一个男婴一样：蜂蝎毒蛇不会伤害他，凶鸟猛兽不会攻击他。婴儿筋骨柔弱，拳头却握得很牢固。未知雌雄交合而小雄器怒挺——这是其体内精气非常旺盛的结果；整天哭叫，但嗓子却不会嘶哑——这是其体内自行调和得很好的结果。

能调和从而能持久，就叫"常"，懂得何为常就叫"明"。能调和持久则有益于养生，就叫"祥"，不能调和心理而任性使气就叫"强"。物体强壮了即会衰老，这就叫不符合道，不符合道就会早日衰亡。

原文

知者弗言，言者弗知。

塞其兑，闭其门，挫其锐，解其纷①，和其光，同其尘②，是谓玄同③。故不可得而亲，亦不可得而疏；不可得而利，亦不可得而害；不可得而贵，亦不可得而贱；故为天下贵④。

注释

①挫其锐，解其纷：即用虚柔不盈的方式来化解纷扰。

②和其光：收敛光芒。

③玄同：微妙的同一。

④为天下贵：为天下所尊敬。

译文

聪明的智者不多说话，而到处说长论短的人就不是聪明的智者。

塞堵住嗜欲的孔窍，关闭住嗜欲的门径，挫去人们的锋芒，解脱他们的纷争，收敛他们的光耀，混同他们的尘世，这就是深奥的玄同。达到"玄同"境界的人，已经超脱亲疏、利害、贵贱的世俗范围，所以就为天下人所尊重。

原文

以正治邦①，以畸用兵②，以无事取天下。吾何以知其然也哉？

夫天下多忌讳而民弥贫，民多利器而邦家兹昏③，人多智巧而奇物兹起，法物兹彰而盗贼多有。

是以圣人之言曰："我无为而民自化，我好静而民自正④，我无事而民自富，我无欲而民自朴。"

注释

①正：这里指清静无为。
②畸：同"奇"。
③利器：即武器。兹：同"滋"，增益。
④好静：即坚守根本。静，即根本。

译文

以清静无为之道治国，以出奇诡秘的计谋用兵，用无为的政治统治天下。我根据什么知道是这样的呢？

天下的禁忌越多，人民就越贫穷；民间武器越多，国家就越混乱；人民的技巧智慧越多，邪恶的事情就层出不穷；法令越严明，盗贼反而越多。

所以有"道"的统治者说："我以'无为'施政，而人民自然而然地以‘道’而行，得以教化，尊‘道’而贵‘德’。我以道而行，坚守以人民为本，一心为了人民，而人民自然而然会以道而行，而且自正。我不役使人民，不发生战争和劳役之苦，人民自然而然就会富足起来。我无欲，人民就自然淳朴。"

原文

其政闷闷①，其民屯屯②。其政察察③，其民夬夬④。

祸，福之所依；福，祸之所伏。孰知其极，其无正也。正复为奇，善复为妖，人之迷也，其日固久矣。

是以方而不割，廉而不刺，直而不肆，光而不曜。

注释

①闷闷：有诚惶诚恐，敬畏之意。

②屯屯：《说文》："屯者，盈也。"《广雅释诂三》："屯，聚也。"

③察察：明辨之意。

④夬夬：引申为决断。

译文

执政者怀着一种敬畏的态度来执政，其结果能使国家发展，人口增多；执政者抱着明辨的态度来管理政务，自会使得国家在决策过程中有所决断。

灾祸啊，幸福隐藏在它里面；幸福啊，灾祸藏伏在它之中。谁知道它们的奥妙？难道君主执政就没有准则可以遵循吗？正可以转变为奇，善可以转变为恶。人们对于是否有可赖以依循的准则的迷惑，已经很久了。

所以，有道的圣人不剥离人民，不伤害人民；有了正确的主张不勉强行推行，即使面对光明的前景也不能超越现有状况冒进，违背客观规律行事（的原则）。

原文

治人事天莫若啬①。夫唯啬是以蚤服②，蚤服是谓重积德③，重积德则无不克④，无不克则莫知其极，莫知其极可以有国，有国之母可以长久⑤。是谓深根固柢、长生久视之道也。

注释

①啬：本意是收藏，引申为爱惜之意。

②蚤服：契合之意。蚤，原指车轮内辕与辐（支柱）相连接的榫头，即意味着契合得十分严实。服，古代四匹马拉的马车的中间两匹马称为"服"。

③重：多、厚，有不断增加之意。

④克：胜任之意。

⑤母：根本原因。

译文

统治者在治理人事的过程中，要在爱民之心的基础上不任意所为，不以自己的主观意志乱用民力。这样才契合统治者的职能，这样契合民心的执政是不断积累君之德的过程。不断积累君之德就没有什么事不能胜任；没有什么事不能胜任，则不知他（能力）的极致所在；不知道他（能力）的极致所在，则可以凭借此（由"重积德"至"莫知其极"）而拥有国家。只有知道拥有国家的根本原因，才能借此而长久。这才是能使国家的根基深入稳固，能长久地生养民众、治理政务的行为法则。

原文

治大国若烹小鲜①。

以道莅天下②，其鬼不神。非其鬼不神也，其神不伤人也。非其神不伤人也，圣人亦弗伤神也。夫两不相伤，故德交归焉。

注释

①若烹小鲜：像烹饪小鲜一样。
②以道莅天下：以道为国之根本来治理天下。

译文

治理大国，好像烹煮小鲜一样。

以道为国之本来治理天下，那么鬼怪就不灵验了；不是鬼怪不灵验了，而是灵验但不伤人了；不是灵验但不伤人了，而是圣人不加伤害。鬼神和圣人都不伤害人，所以自然德性都回复到人民身上了。

原文

大邦者下流也，天下之牝，天下之交也。牝恒以静胜牡，为其静也，故宜为下。

大邦以下小邦，则取小邦①，小邦以下大邦，则取于大邦，故或下以取，或下而取。故大邦者不过欲兼畜人②，小邦者不过欲入事人。夫皆得其欲，则大者宜为下。

注释

①取：借为聚。
②兼畜人：把人聚在一起来养护。

译文

大国要像居于江河的下游一样，使百川河流交汇在这里，处于雌柔的位置。雌柔常常以安静战胜雄强，就是因为它处于柔下的缘故。

大国以谦下的态度对待小国，就可以取得小国的信任；小国以谦下的态度对待大国，也才能取得大国的信任。所以，有时大国以谦下的态度取得小国的信任，有时小国以谦下的态度取得大国的信任。大国不过分想统治小国，小国不过分顺从大国。这样大国、小国都各自满足了愿望，大国还是应当以谦下忍让的态度来处事。

原文

道者万物之注也①。善人之宝也，不善人之所保也。美言可以市，尊行可以贺人②。人之不善也，何弃之有？故有立天子置三卿，虽有拱之璧以先驷马，不若坐而进此。古之所以贵此者，何也？不谓求以得，有罪以免与？故为天下贵。

注释

①注：属也。
②贺：嘉奖，赞美。

译文

道，万物都归属它主宰。对于那些善于自觉遵循道的人来说，道是他们的法宝；善的方面是人主动保持的，不善的方面是人被动保有的。美丽的言语可以哄骗他人、牟取利益，尊贵的举止可以博得赞美。人的不善之处，有什么可抛弃的呢？所以拥立天子，设置三卿官员，虽有美玉和上等的车马，不擅自乘用而贡献出这些厚遇来给他们。很久以来（人民）之所以崇尚这些（高官、美玉、车马等）是为什么呢？不就是为了有需求的时候可以得到满足、有罪过的时候可以得到宽免吗？所以（国君）才被天下人所重视。

原文

为无为，事无事，味无味①。

大小多少，报怨以德。图难乎其易也，为大乎其细也，天下之难作于易，天下之大作于细。是以圣人终不为大，故能成其大。

夫轻诺必寡信，多易必多难。是以圣人犹难之，故终于无难。

注释

①事无事，味无味：治理尚未发生之变，研究尚未滋盛之事。

译文

处理尚未成势之事，治理尚未发生之变，研究尚未滋盛之事。

重视出现的小问题，把它当作大问题来对待，对于民众的意见和不满，要及时通过"君德"，即为政的基本原则与要求来处理、化解。难事从容易处着手，做大事从细微处入手。所有难事都是由易事发展的，所有大事都是由细微处的小事发展而来的。所以圣人不从大事着手（关注于刚萌芽的易事、小事），因此反而能完成大事。

轻易许诺的人，必定丧失信用，看似容易必定有很多困难。所以圣人总是对困难做充分的准备，因此反而没有困难。

原文

其安也，易持也。其未兆也，易谋也。其脆也，易破也。其微也，易散也。为之于其未有也，治之于其未乱也。合抱之木生于毫末，九成之台作于累土，百仞之高始于足下。为之者败之①，执之者失之②。是以圣人无为也，故无败也，无执也，故无失也。民之从事也，恒于几成而败之，故慎终若始，则无败事矣。是以圣人欲不欲③，而不贵难得之货，学不学④，而复众人之所过，能辅万物之自然，而弗敢为。

注释

①为之者败之：仅有主观努力，一定会失败。为之，尽力而为之。
②执之者失之：只凭执着行事，必然犯错误。执之，执着地行事。
③欲不欲：求人所不求。
④学不学：学人所不学。

译文

事物稳定时就容易掌握，事物还没有出现变化的迹象时，容易处理它。事物脆弱时容易分解，事物还微小时容易打散。要在事情还没有发生变化时就把它做好，要在混乱还没有产生时就把它治理好。合抱的大树，是从细小的萌芽生长起来的；九层的高台，是由一筐筐土堆积而成的；千里的远行，是从脚下第一步开始的。（硬要去）做，就必然会遭到失败；（紧紧）抓住不放，就必将会遭受损失。因此有"道"的圣人不（轻易）做，所以就没有失败，不抓着不放，所以没有损失。人们做事情，总是在快要成功的时候就失败。（如果）在事情要完成的时候也能像事情开始时那样谨慎，就不会有失败的事情了。因此有"道"的圣人所向往的事，是别人所不向往的。（他）不看重那些稀罕的财物；他学习的东西是别人所不学的；改正众人的错误，用（上述原则）辅助万物自然发展，不敢轻率去做。

原文

故曰：为道者非以明民也，将以愚之也①。民之难治也，以其智也。故以智治邦，邦之贼也。以不智治邦，邦之德也。恒知此两者亦稽式也②，恒知稽式，此谓玄德。玄德深矣、远矣，与物反矣，乃至大顺。

注释

①愚之：愚钝之意。
②稽式：考核的标准，衡量的法则。

译文

所以说：依道而行的君主，不认为自己比百姓高明，自认为比百姓愚钝。民众之所以难治，是因为君主想通过智谋来进行治理。因此，君主以智谋来治理邦国，将会对国家造成损害。不以智谋来治理邦国，将造福于国家。是否一贯了解这两点，是对君主的衡量标准之一。一贯了解掌握对君主的那些衡量标准，叫玄德。玄德深远，与大家对事物的通常理解相反，由此而达到天下顺治。

原文

江海之所以能为百谷王者①，以其善下之，是以能为百谷王。

是以圣人之欲上民也，必以其言下之；其欲先民也，必以其身后之。故居上而民弗重也，居前而民弗害也，天下乐推而弗厌也。非以其无争与，故天下莫能与争。

注释

①百谷王：百川汇聚的地方。

译文

江河大海能成为众多河流汇聚的地方，是因为它善于处在低下的地方，所以才能成为百川汇聚的地方。

所以，圣人想要教导人民，就必须用言辞来对人民表示谦下；想要领导人民，必须把自己的利益置于人民的利益之后。因此，圣人处于人民之上而人民不感到有负担；处于人民之前而人民不感到有灾害。因此天下人民乐于推戴他而不厌弃。正因为他不与人争，所以天下才没有人能与他争。

原文

小邦寡民，使有十百人之器而毋用①，使民重死而远徙②，有舟车无所乘之，有甲兵无所陈之。使民复结绳而用之。

甘其食，美其服，乐其俗，安其居，邻邦相望，鸡犬之声相闻，民至老死不相往来。

①使：连词，如果、假设之意。
②重死：爱惜生命。

译文

一个国家，疆域不要太大，人口不要太多，如果这样，那些徭役、祭祀用的大鼎、各种各样的器具就用不上了；人民会珍惜生命而不背井离乡迁徙远方。虽然有船只车辆，也没有用来打仗的必要；虽然有武器装备，也没有必要去拿出来备用。使人民再回到结绳记事的时代。

（人民）吃得香甜，穿得舒服，住得安适，就能自我满足于朴素宁静的生活和习俗。邻国之间可以互相看得见，鸡鸣狗叫的声音彼此都听得清楚，但人民直到老死也不会再迁居到邻邦去了。

原文

信言不美，美言不信。
善者不多，多者不善。
知者不博，博者不知。
圣人无积①，既以为人己愈有，既以予人矣己愈多。
故天之道，利而不害，人之道，为而弗争。

注释

①无积：指圣人不积名、利、功，即不滞于名，不系于物。

译文

诚实的言谈并不漂亮，正如漂亮的话语并不诚实。
善良的人不巧辩，正如巧辩的人不善良。
真正懂的人并不广博，广博的人不能深入地懂得。

"圣人"不私自保留什么，他总是尽全力帮助别人，自己反而更充足；他总是尽可能地给予别人，自己反而因此更丰富。

自然的法则，是利物而不害物；"圣人"的准则，是帮助别人而不和别人争夺。

原文

天下皆谓我大，大而不肖①。夫唯不肖，故能大，若肖，久矣其细也夫②。我恒有三宝，持而保之，一曰慈，二曰俭，三曰不敢为天下先。夫慈故能勇，俭故能广，不敢为天下先故能为成事长。今舍其慈且勇，舍其俭且广，舍其后且先，则必死矣③。夫慈，以战则胜，以守则固。天将建之，以慈垣之。

注释

①肖：像也。

②细：小。引申为无足轻重。

③死矣：走向灭亡。

译文

天下的人都说我的"道"大得无边际，好像它什么也不像。正因为它的漫无边际，所以它才不像任何具体的东西。如果它像什么具体东西的话，它早就很渺小了！我有三件宝贝，我掌握并保存着它们。第一件叫慈爱，所以勇敢；第二件叫节俭，所以广为天下；第三件叫不敢处在天下人的前边。所以能做万物的首长。现在，舍弃慈爱而求取勇敢，舍弃节俭而求取富裕，舍弃退让而求取争先，结果只有等待灭亡！慈爱，用它去征战就能获胜，用它去守卫城池就会固若金汤。如果上天要建立一个国家，就会用慈爱去保卫这个国家。

原文

善为士者不武，善战者不怒①，善胜敌者弗与，善用人者为之下。是谓不争之德，是谓用人，是谓配天^②，古之极也。

注释

①怒：发怒，动气。
②配天：合乎道义。

译文

善于带兵打仗的将帅，是不逞其勇武的；善于作战的人，不轻易动怒；善于战胜敌人的人，不在于动辄跟敌人争斗；善于用人的人，对人态度是很谦卑的。这叫不与人争的"德"，这叫利用别人的力量，这叫符合"道"的规律，这是古来就有的最高行为准则。

原文

用兵有言曰："吾不敢为主，而为客，吾不敢进寸，而退尺。"是谓行无行^①，攘无臂^②，执无兵^③，乃无敌矣。
祸莫大于无敌，无敌近亡吾宝矣。
故称兵相若，则哀者胜矣。

注释

①行无行：以不行动为行动。
②攘无臂：攘之不用手臂。
③执无兵：以无兵作千军。

译文

精通用兵策略的人说过这样的话："我不贸然进攻，而是采取按兵不动；我不贸然前进一寸，而是要后退一尺。"这就是说，看似没有行动，其实已悄然布阵；挥臂于无臂而迎敌，以无兵作千军之势去战斗，以无敌之心去对敌。（这样的用兵之法战无不胜）

最大的祸患莫过于低估了敌人的力量，低估敌人的力量就几乎丧失了我的"三宝"的原则。

所以，当两军相对、力量相当时，慎重的一方可以获胜。

原文

我言甚易知也，甚易行也。而人莫之能知也，而莫之能行也。

言有宗，事有君，夫唯无知也①，是以不我知②。

知我者希，则我贵矣，是以圣人被褐而怀玉。

注释

①无知：别人不理解。

②不我知：不了解我。

译文

我的话很容易了解，很容易实行。天下却没有人能明白，没有人能实行。

说话要有宗旨，做事要有根据。正由于人们不了解这个道理，所以他们不了解我。

了解我的人很少，那么能效法我的人就更难得了。因此，有"道"的圣人总是穿着粗布衣服、怀内揣着美玉。

原文

知不知，尚矣。不知知，病矣。是以圣人之不病，以其病病，夫唯病病是以不病。

译文

知道自己有所不知，这是很高明的。不知道却自以为自己知道，这是毛病。有"道"的圣人没有这种毛病，因为他把"不知知"当成一种毛病。正因为将毛病当成毛病，因此才不至于犯这种毛病。

原文

民之不畏威^①，则大威将至矣。
毋狭其所居，毋厌其所生。夫唯弗厌，是以不厌。
是以圣人自知而不自见也，自爱而不自贵也。故去彼取此。

注释

①畏：恶的意思。

译文

人民不厌恶君主立法树威，才是君主最高的尊严。
人民对君主居住的地方既爱戴又敬畏，不厌弃君主的存在。人民不厌弃君主的存在，是因为君主处尊位人民不受伤害。
正因为君主有自知之明而不炫耀自己的功德，自爱且从不自视尊贵而有异于人民。所以舍弃"立威之心"。

原文

勇于敢者则杀，勇于不敢者则活，此两者或利或害，天之所恶。孰知其故。
天之道，不战而善胜，不言而善应，不召而自来，坦而善谋。天网恢恢，疏而不失^①。

注释

①天网恢恢，疏而不失：天网虽然稀疏，但是竟是如此疏而不漏。

译文

勇于表现刚强者易于送命，善于表现柔弱者反而能生存。此两者有时有利，有时有害。就是自然规律，可又谁知道是什么缘故呢？

自然的规律是，不争夺而善于取胜，不发令而能得到好的回应，不强行征召而大家自行来到，坦然从容而善于谋划。天道好像一张无边的大网，网眼虽然稀疏，却什么也不会漏掉。

原文

若民恒且不畏死，奈何以杀惧之也。若民恒且畏死，而为奇者，吾得而杀之，夫孰敢矣。

夫代司杀者杀。夫代司杀者杀，是代大匠斫也。夫代大匠斫者，则希不伤其手矣。

译文

假如人民不畏惧死亡，那么统治者靠暴力的镇压、刑杀、惩罚来威胁是没有用的；如果人民总是畏惧死亡，那么违法作乱的将被统治者靠暴力来镇压、刑杀、惩罚，这样的话，谁还敢违法作乱。

常有一个"司杀者"主宰杀的事情。如果统治者代替"司杀者"（天道）来履行"杀"的权利，则是在替木匠劈砍。替木匠劈砍则很少有不伤及自身的。

原文

人之饥也，以其取食税之多也，是以饥。

百姓之不治也，以其上有以为也，是以不治。

民之轻死，以其求生之厚也，是以轻死。

夫唯无以生为者，是贤贵生。

译文

　　人民之所以陷于饥饿，是因为统治者征收税租太多，因此才会食不果腹。

　　人民之所以难于统治，是因为统治者强作妄为，使人民生活陷入困顿，所以难以统治。

　　人民之所以把生死看得很轻，是因为人民无法生活，所以人民才敢冒死反抗。

　　唯有身处高位淡泊名利者，才是真正懂得珍惜人民生命的人。

原文

　　人之生也柔弱，其死也筋仞坚强。

　　万物草木之生也柔脆，其死也枯槁。

　　故曰：坚强者死之徒也，柔弱者生之徒也。

　　兵强则灭，木强则折[①]。

　　强大居下，柔弱居上。

注释

　　①兵强则灭，木强则折：勘校本作"兵强则不胜，木强则烘"。高明在其《校注》中说："《列子·黄帝》篇引老聃曰：'兵强则灭，木强则折'。""兵强则灭，木强则折"如同"大器晚成"一样，是贯通古今的成语。故从此说。

译文

　　人活着的时候筋骨是柔软的，死后则变得僵硬。

　　万物草木生长着的时候是柔脆的，死了则变得干枯坚硬了。

　　所以坚强的东西是属于死亡一类的，柔弱的东西属于具有生命力一类。

因此打仗逞强就不能获胜，树木坚强就会遭受砍伐。

凡是强大的，反而处在下面的位置；凡是柔弱的，反而处在上面的位置。

原文

天之道，犹张弓者也，高者抑之，下者举之，有余者损之，不足者补之。

故天之道，损有余而补不足。人之道则不然，损不足而奉有余。

孰能有余而有以取奉于天者乎，唯有道者乎！

是以圣人为而弗有，成功而弗居也，若此，其不欲见贤也。

译文

天之道不是很像张弓射箭吗？弓身举高了就把它压低一些，瞄低了就把它抬高一些，弦拉得太满就放松一些，力量不足就补充一些。

所以自然规律是，减损有余的补充不足的。而人道则反之，是减损不足的以增益有余的，致使不足者越不足，有余者越有余。

谁能有余而像自然法则那样去做呢？唯有得道圣人才能做得到。以增益天下人的不足呢？唯有得道圣人才能做到。

所以，圣人应事理来索取供养而不过分；执政很成功也不居功。既然这样，他也不愿意在人民面前表现自己的贤能啊。

原文

天下莫柔弱于水，而攻坚强者莫之能胜也，以其无以易之也。

柔之胜刚，弱之胜强，天下莫弗知也，而莫能行也。

故圣人之言云：受邦之垢，是谓社稷之主，受邦之不祥，是谓天下之王。正言若反。

译文

天下的事物没有比水更柔弱的，但是攻击坚硬的东西，没有什么能胜过水的，这是因为没有任何东西能代替水。

所以弱能胜刚，弱能胜强，天下的人没有不懂这个道理的，但是没有人能遵循它。

因此圣人说："能承担国家的屈辱，这才能叫作国家的君主；能承担国家的一切不幸、灾难，这才配做天下的君王。"这些正面的话听起来却像是反面的话一样。

原文

和大怨必有余怨，焉可以为善？
是以执左契而不以责于人。故有德司契①，无德司彻。
夫天道无亲②，恒与善人。

注释

①有德司契：有德之君运用契约从事管理。司，掌管、从事。司契，运用契约的方式进行管理。
②天道无亲：自然之道对万物没有亲疏之分。

译文

如果有了怨恨，就是和好了还会心存芥蒂，这怎么能算是好办法呢？

所以圣人实行德政，哪怕手里握有契据，也不会以之去威逼对方，强行索债。有德的国君通过平等约定建立契约，让老百姓自觉自愿地完成义务，而无德的国君则是通过征税而强行向老百姓索取。

自然之道对万物没有亲疏之分，唯一的标准就是照顾依道而行一直行善的善人，惩罚不悔改的恶人。